纪法践悟

——刘飞作品文集

刘飞 著

中国政法大学出版社

2017·北京

图书在版编目（ＣＩＰ）数据

纪法践悟/刘飞著. —北京：中国政法大学出版社，2017.4
ISBN 978-7-5620-7403-8

Ⅰ.①纪… Ⅱ.①刘… Ⅲ.①中国共产党－纪律检查－文集②法学－中国－文集
Ⅳ.①D262.6-53②D920.0-53

中国版本图书馆CIP数据核字(2017)第051705号

出 版 者　　中国政法大学出版社

地　　址　　北京市海淀区西土城路 25 号

邮寄地址　　北京 100088 信箱 8034 分箱　邮编 100088

网　　址　　http://www.cuplpress.com（网络实名：中国政法大学出版社）

电　　话　　010-58908586(编辑部)　58908334(邮购部)

编辑邮箱　　zhengfadch@126.com

承　　印　　保定市中画美凯印刷有限公司

开　　本　　720mm×960mm　　1/16

印　　张　　22.5

字　　数　　370 千字

版　　次　　2017 年 4 月第 1 版

印　　次　　2017 年 4 月第 1 次印刷

定　　价　　49.00 元

初识刘飞，是 2007 年春他来中国青年政治学院参加研究生面试那次。导师们对每个学生都进行了提问，以测试学生的法学理论功底。刘飞顺利回答我提出的三个问题后，我又追问了几个问题，一是如何正确理解刑法用语相对性，例如，致人死亡在不同条文中的含义；二是为何故意毁坏公私财物罪法定刑比盗窃罪法定刑要轻一些。与其他同学相比，他的回答显然更加充分，令我对他有了很好的第一印象。入学后，他选我做他的导师，我也很乐意接收这名爱学习、爱钻研的学生。入学后，令我印象愈加深刻的是，他经常在课后和我讨论问题时说的两句口头禅：老师，我就一个问题；或者：老师，我就一句话。然后便是一大堆问题和无法阻拦的、滔滔不绝的讨论。

在攻读硕士期间，刘飞苦读中外刑法名著，夯实刑法理论根基，并且勤于笔耕，科研水平也有了大幅度提升。在读研期间，就在《检察日报》等报刊公开发表学术论文 12 篇，这在我带的众多研究生中，确实是为数不多的一个。之后他因成绩优秀提前毕业，并获得了北京市优秀毕业生荣誉称号。

毕业的时候，我曾经鼓励他继续攻读博士学位，也推荐他继续在北京工作。不过，刘飞是一个很认真负责的人，基于家庭的原因，他回到驻马店继续从事纪委工作。毕业之后，我们见面虽少，但是仍然保持了密切的联系。例如，他经常会给我发微信、电子邮件或者打电话，热烈地讨论刑事法律问题。令我感到欣慰的是，无论生活工作如何进步、变化，他探求法学真知的热情没有减弱，对于实务上种种司法疑难问题的敏感和敏锐没有钝化，对于法律精神的追求没有消失。

尤为可贵的是，刘飞对于实务中的问题十分的敏感，而且又勤于思考、勤于动笔，因此，他写的很多文章都来源于对实践中所遇到问题的深度思索，尤其是结合现在从事的纪检监察工作，探讨了很多实务和理论能够很好结合的问题。比如，《党员干部工作日午间饮酒违纪问题条规适用问题研究》《求婚不成掐人脖，误认死亡施奸淫——徐某的第二行为如何定性》《从四个方面完善敲诈勒索罪立法》《敲诈勒索罪重罪情节的司法认定》等均是如此。他还善于学习知名专家和优秀学者的长处。读研期间，他协助办理江苏省苏州市原副市长姜人杰受贿案（辩护），从中感悟很多，随后发表了5篇既有理论深度又切合实践需要的文章：《受贿违纪取证要点解析》《有效避免出现"翻供"情况的对策》《如何使谈话笔录具有无可辩驳的效力》《三种方法巧解一对一贿赂案件难题》《审理复杂疑难违纪案须提高阅卷技巧》。

此书汇集了刘飞最近的思考成果，具有专业性、指导性、实用性的特点。书中知识点以指导纪检监察机关监督执纪问责和司法实务中具体的业务工作为着眼点，侧重于方法论和办案技巧的传授，作者对有关问题的研究比较精细、深入，不满足于浅尝辄止，这从他对受贿问题的研究可以看出——对受贿犯罪的心理原因及其治理对策，受贿犯罪的构造及其认定，收受财物后及时上交或退还的认定及误区解析，收受贿赂与收受礼金和劳务报酬的区分，个人受贿与单位受贿、个人行贿与单位行贿的区分等若干问题进行深入细致的研究。

俗话说："授人以鱼，不如授人以渔。"细心的读者一定可以从中"悟"到很多办案技巧和学习、科研方法。

中国青年政治学院副校长、教授
最高人民法院刑一庭副庭长　　林　维
2016 年 12 月 30 日

得知刘飞的作品《纪法践悟》即将出版，作为他的大学老师，我由衷地为他感到高兴。这让我想起当年给他讲授合同法的有关情景。刘飞 1997 年 9 月进入中南政法学院（现中南财经政法大学）就读，1998 年上学期我给他们班讲授合同法。在我的印象中，他听课特别认真、爱钻研，课前课后总向我提一些有思考深度的问题。他曾告诉我，他来自农村，兄弟俩同时考上大学，父母又都是农民，家庭负担特别沉重。1996 年，中国大学开始实行并轨招生，学费大幅增加，中南政法学院本科生的学费较高，这对贫困的家庭来说，无疑是一笔沉重的负担。刘飞很孝顺，体谅父母，四处勤工俭学，艰苦的生活以及为安身立命所做的学习外工作，不但没有影响到他的学业，反而促使他更加珍惜来之不易的学习机会。他大学一年级通过英语四级考试，大二上学期即通过英语六级考试，大学 4 年他拿过 3 次二等奖学金（一等奖学金空缺），多次被评为"三好学生"。在本科学习期间，他就在科研方面初露头角，公开发表 3 篇文章。

2008 年春，在我现在执教的中国政法大学校园内，我偶遇十多年未曾谋面的刘飞，我一眼就认出他来了。当时我们相谈甚欢，他说他至今都记得我曾在课堂上说过的话："我可以基于伦理的情怀放弃我的债权，但不能够被强制性地要求基于伦理的情怀放弃我的债权""如果要求一个人基于兄弟的情谊去经商，我想，不出三个月，他的子女就会沦为乞丐"。我很惊讶于他的惊人记忆力，这也从一个侧面说明他当时学习的认真。他告诉我，他2001年考清华大学法学院民商法专业研究生失利，就选择工作了，先进入河南省驻马店市检察院工作，后又考入驻马店市纪委工作，一直坚持边工作、边考研，最终实现梦想——考入中国青年政治学院攻读刑法专业研究生。我很欣赏他坚忍不拔的毅力。

刘飞爱读书，爱思考，抱持着做学问的理想，长期笔耕不辍，集腋成裘，这本书就是他长期精细思考的结晶。从文字数量、思考深度、理论与实践的紧密结合等方面看，该书蔚为大观，这恐怕也是十多年前初入写作之门的他始料未及的。借用英国著名经济学家和政治哲学家哈耶克的话来说，这"是人的行动而非设计的结果"。幸运和机会只垂青有准备的头脑。付出了，成功往往会不期而至。

是为序。

中国政法大学教授　易　军

2016 年 12 月 20 日于德国·波恩大学

我思故我在。16年的检察与纪检工作实践，我始终不曾停下思考的步伐，积思成文，一路走来却也小有收获，汇集成册，命名为《纪法践悟》。这本书收集了我2001年9月工作以来在《检察日报》《中国纪检监察报》等国家级刊物公开发表的文章，主要分为两大部分：第一部分是纪律思考；第二部分是法学思考。纪律思考部分，涉及《中国共产党纪检机关监督执纪工作规则（试行）》学习感悟、基层纪委常见违纪问题解析、审理谈话、阅卷技巧、阅卷笔录制作、涉案款物的认定与收缴、证据的搜集和认定、纪律审查误区等问题的思索、讨论，还对贪污、受贿、挪用公款、失职渎职等常见违纪问题进行深入研究，《收受财物后及时上交的刑事司法认定》（《检察日报》2011年1月10日第3版）一文还为著名刑法学专家、清华大学法学院张明楷教授在其《受贿罪中收受财物后及时退交的问题分析》（《法学》2012年第4期）所引用，《四大法纪

误区 公职人员当远离》一文在《中国纪检监察报》发表后，被媒体广泛转载；《基层纪检监察案件审理业务》2015 年入选中央纪委监察部北戴河培训教材；《党员干部工作日午间饮酒违纪条规适用研究》在《我们都是纪检人》发表后，53 分钟微信阅读量即突破 1 万人次，并被广泛转载；《对笑着受贿、哭着认罪等现象的十点思考》一文，通俗易懂，有同仁在执纪审查时让审查对象学习，审查对象看了赞不绝口，悔恨读到此文太晚。最让我引以为自豪的是，我在文章末尾提出两点结论性意见：一是珍惜自由；二是切勿走出迈向悬崖的第一步，即正确看待"小"和"早"，与目前党中央着力提倡的"抓早抓小、把纪律挺在前面"不谋而合，我深为自己工作和思考的价值而感到欣慰。第二部分是司法实务研究和法学理论研究，司法实务研究的灵感基于我在河南省驻马店市人民检察院工作期间，对所办理的疑难案件的思考。其中《求婚不成掐人脖　误认死亡施奸淫——徐某的第二行为如何定性》在《检察日报》发表后，引发了全国多名法律人参与讨论，清华大学法学院黎宏教授亲自点评，刑法专家张明楷教授还在其专著《刑法学》上提及此案。法学理论研究主要来源于导师林维教授等老师在课堂上提出的问题。林维教授先后两次否定我的硕士论文选题，最终选定前人研究较少的《敲诈勒索罪研究》。实践证明，此课题具有巨大的实践和理论价值——《从四个方面完善敲诈勒索罪立法》的立法建议多数为 2011 年 2 月 25 日《刑法修正案（八）》所采纳。《敲诈勒索罪研究》专题收录本书，供读者参考。

发表众多作品让我在全国纪检监察系统有较高知名度，以致上级纪委时常或抽调我前往协助办案，或邀请我前往授课。近年来，先后多次抽调到河南省纪委和中央纪委参与很多大案要案的办理，丰富的办案实践为我精彩生动授课提供了充足的素材；中央纪委监察部北戴河培训中心、杭州培训中心先后五次邀请我讲课，河南省纪检监察宣教基地、青海、河北、湖北、湖南、江苏等地多次邀请我讲课。听众喜欢我脱稿讲解、站着授课、互动教学，伸长脖子听三个小时还意犹未尽，让我倍受感动。这些成绩的取得，一方面，源于自己长期把学习作为一种追求、一种爱好、一种健康的生活方式；另一方面，更缘于中南财经政法大学、中国青年政治学院各位老师的传道授业解惑，以及驻马店市人民检察院、驻马店市纪委领导和同事帮助、指导，这些造就我相对扎实的基本功和成熟的授课方法。在这里，我要特别感谢研究生导师林维教授：2007 年，在本科同学王海鹏的推荐下，林维教授慧眼如炬，将我收为门生，让我学术水准有了大幅度提升，学到很多科研方法、办案技巧，思考问题不再蜻蜓点水，实现了人生的二次飞跃！同时，我要特别感谢驻马店市纪委领导的真诚关怀与帮助，让我从事专业对口的审理业务，在审理室工作，是一件极其愉快的事情——这里可以施展才华、满足自尊，人际关系和谐，为我从事科研提供了良好的工作环境和丰富的第一手资料。

我还要特别感谢父母的养育之恩，节衣缩食培养我读书成人，这辈子报答不完！感谢"唠叨"的妻子鞭策我前行，感谢可爱的女儿熙熙在生活中给我带来无限的快乐。

驻马店市汝南县委书记彭宾昌同志、同事王松同志对本书提出了很好的修改建议，同事冯伟为我拍摄了优美的照片，中国政法大学出版社丁春晖老师编辑此书过程中付出很多，在此一并表示衷心的致谢。让我最为感动的是，作为纪检人精神家园、知名自媒体《我们都是纪检人》（微信号 sword2015）对我作品高度信任，以至全国 31 个省、市、自治区数千名纪检同仁、法律人和数十家纪检机关在未看到此书目录情况下订阅作品！这是对我最大的信任！所有的劳累，皆因读者的高度信任而消失。

"明明德，以致良知。"我对实践中出现的问题进行梳理时，一直秉持"心中充满正义"的理念，目光不断游离于规范和事实之间，提出自己的见解。"路漫漫其修远兮，吾将上下而求索。"无思而不进，在今后的工作和生活中，我还将思考并快乐地走好自己的人生，以期有更多的作品以飨诸君。但本人能力有限，书中观点不一定成熟，不妥之处，敬请读者批评指正（429458363@ qq. com）。

刘 飞

2017 年 2 月 13 日于驻马店市纪委

目 录

——CONTENTS——

《监督执纪工作规则（试行）》专题

《监督执纪工作规则（试行）》与之前的《案件检查工作条例》等条例是什么关系？

问：《中国共产党纪律检查机关监督执纪工作规则（试行）》（以下简称《监督执纪工作规则（试行）》）与《中国共产党纪律检查机关控告申诉工作条例》《中国共产党纪律检查机关案件检查工作条例》《党的纪律检查机关案件审理工作条例》等是什么关系？

首先，《中国共产党纪律检查机关控告申诉工作条例》《中国共产党纪律检查机关案件检查工作条例》《党的纪律检查机关案件审理工作条例》（以下简称《条例》）是为党的纪律检查机关的控告申诉、案件检查、案件审理工作提供了初步遵循的具体指南，说白了，是根据党章的规定对纪委进行"授权"。而《监督执纪工作规则（试行）》是总结了上述条例运行多年的成功经验，解决了存在的一定问题，并结合当下全面从严治党新形势、新要求，进一步完善、更新的时代的产物。《监督执纪工作规则（试行）》比上述《条例》要求更高、更先进、更符合时代要求，中央纪委"带头强化自我约束，把监督执纪权力关进制度笼子，做到正人先正己的实际行动，充分表明了严格自律的担当和决心"。简言之，是将纪委的权力进行规范和约束——"束权"，既要全面从严治党，又要保障受审查党员的权利，更要防范纪检机关及其工作人员执纪违纪、失职失责，确保党和人民赋予的权力不被滥用。

其次，《监督执纪工作规则（试行）》是对《条例》的一次系统归纳、梳理和更新。以线索处置为例，之前相关规定分散于《中国共产党纪律检查机关控告申诉工作条例》《中央纪委监察部关于保护检举、控告人的规定》《中国共产党纪律检查机关案件监督管理工作规则（试行）》《中共中央纪委关于进一步加强和规范办案工作的意见 》等，《监督执纪工作规则（试行）》按其内在逻辑整理、规范、统一；案件检查工作要求主要集中在《中国共产党纪律检查机关案件检查工作条例》《中国共产党纪律检查机关案件检查工作条例实施细则》《中共中央纪委关于进一步加强和规范办案工作的意见》等；案件审理相关规定主要集中在《中国共产党纪律检查机关案件审理工作条例》《中央纪委关于审理党员违纪案件工作程序的规定》《关于进一步加强和改进新形势下纪检机关案件审理工作的意见》；涉案款物相关规定分散在《中共中央纪委关于进一步加强和规范办案工作的意见》《中央纪委监察部关于纪检监察机关加强对没收追缴违纪违法款物管理的通知》等规定之中。这次《监督执纪工作规则（试行）》按监督执纪工作流程进行了更新完善，如请示报告、线索处置、初步核实、立案审查、案件审理、涉案款物管理等工作规程，将之前《条例》中没有规定的谈话函询及工作程序提炼、充实到《监督执纪工作规则（试行）》中去。

最后，能否用《中国共产党党内法规制定条例》（2013年5月27日）去衡量、评价20世纪90年代制定的《案件检查工作条例》等党内法规？对此，笔者持否定态度。根据法不溯及既往的原则，《中国共产党党内法规制定条例》只能去规范和约束2013年5月27日之后的党内法规制定行为，而不能衡量、评价20世纪90年代制定的党内法规。根据《中国共产党党内法规制定条例》第3条、第4条规定，中央纪律检查委员会可以制定规则、规定、办法、细则。如果要制定条例（如《中国共产党党内监督条例》《中国共产党问责条例》），则须报党中央批准，由党中央制定、发布。《中国共产党纪律检查机关案件检查工作条例》是1994年1月28日中共中央纪律检查委员会常务委员会第六十五次会议通过的（1994年5月1日生效施行），如果按现在的党内法规制定要求，制定条例须报党中央批准，由党中央制定、发布。

细心的读者或许会不解，《监督执纪工作规则（试行）》与之前的《条例》是同一位阶的新法与旧法的关系，还是《条例》的效力高于《监督执纪工作规则（试行）》效力？对此，笔者认为，从制定主体、调整内容等方面来看，《监督执纪工作规则（试行）》与之前的《条例》是同一位阶的新法与旧法的关系。理由如下：

一是王岐山同志在关于《〈中国共产党纪律检查机关监督执纪工作规则〉（试行）的说明》中提到："案件审理工作条例颁布于1987年，案件检查工作条例修改于 1994 年，不少内容已难以适应当前工作需要，一百多个配套制度、规定零散、标准不一，一些关键环节存在制度漏洞。"二是《监督执纪工作规则（试行）》第 57 条规定："本规则自发布之日起施行。此前发布的有关纪检机关监督执纪工作的规定，凡与本规则不一致的，按照本规则执行。"这两点说明，《监督执纪工作规则（试行）》是对《控告申诉工作条例》《案件检查工作条例》《案件审理工作条例》等条例的更新、修订完善，是新法与旧法的关系。如果将《监督执纪工作规则（试行）》界定为下位法，将《案件检查工作条例》界定为上位法，根据下位法应遵循上位法的原理，则《监督执纪工作规则（试行）》无权对《案件检查工作条例》《案件审理工作条例》等条例进行修订，理论上、逻辑上明显说不通，而把《监督执纪工作规则（试行）》与《案件检查工作条例》等条例解释为同一位阶的新法、旧法，则能很好地解决这个问题。

《监督执纪工作规则（试行）》与
《中国共产党纪律处分条例》是什么关系？

问：《监督执纪工作规则（试行）》与《中国共产党纪律处分条例》是什么关系？

《监督执纪工作规则（试行）》是一部关于规范纪检机关监督执纪工作的党内法规，从内容上看是规范、约束和限制纪检机关权力的程序法；《中国共产党纪律处分条例》是一部正确实施纪律处分、保障党员民主权利和保障党组织权益的实体法。《监督执纪工作规则（试行）》与《中国共产党纪律处分条例》的关系基本上是程序法与实体法的关系。

值得注意的是，不要走入"程序法是为了依附实体法存在或者为保障实体法实施"的传统思维误区，程序法也有自身存在价值，某些情况下，实体法以其自身的严厉规定要求监督执纪者严格遵循程序法，若有违反，按实体法有关规定处理。例如，《监督执纪工作规则（试行）》第53条规定："对纪检干部越权接触相关地区、部门、单位党委（党组）负责人，私存线索、跑风漏气、违反安全保密规定，接受请托、干预审查、以案谋私、办人情案，以违规违法方式收集证据，截留挪用、侵占私分涉案款物，接受宴请和财物等违纪行为，依照《中国共产党纪律处分条例》严肃处理。"由此可见，《中国共产党纪律处分条例》还以其自身规定的严厉纪律处分保障程序法的实施，传统"程序法是为了保障实体法的实施"的观点已不合时宜。

问：监督执纪工作原则与纪律处分工作坚持的原则，有何不同？为何不同？

《监督执纪工作规则（试行）》第3条规定了监督执纪工作应当遵循的四个原则："（一）坚持以习近平同志为核心的党中央集中统一领导，牢固树立政治意识、大局意识、核心意识、看齐意识，体现监督执纪的政治性，严守政治纪律和政治规矩；（二）坚持纪律检查工作双重领导体制，监督执纪工作以上级纪委领导为主、线索处置、立案审查在向同级党委报告的同时必须向上级纪委报告；（三）坚持以事实为依据，以党规党纪为准绳，把握政策、宽严相济，惩前毖后、治病救人；（四）坚持信任不能代替监督，严格工作程序、有效管控风险点，强化对监督执纪各环节的监督制约。"

《中国共产党纪律处分条例》第4条规定："党的纪律处分工作应当坚持以下原则：（一）党要管党、从严治党。加强对党的各级组织和全体党员的教育、管理和监督，把纪律挺在前面，注重抓早抓小。（二）党纪面前一律平等。对违犯党纪的党组织和党员必须严肃、公正执行纪律，党内不允许有任何不受纪律约束的党组织和党员。（三）实事求是。对党组织和党员违犯党纪的行为，应当以事实为依据，以党章、其他党内法规和国家法律法规为准绳，准确认定违纪性质，区别不同情况，恰当予以处理。（四）民主集中制。实施党纪处分，应当按照规定程序经党组织集体讨论决定，不允许任何个人或者少数人擅自决定和批准。上级党组织对违犯党纪的党组织和党员作出的处理决定，下级党组织必须执行。（五）惩前毖后、治病救人。处理违犯党纪的党组织和党员，应当实行惩戒与教育相结合，做到宽严相济。"

细心的读者或许会发现，上述原则既有共同点，例如，都要坚持以事实为依据，以党规党纪为准绳，把握政策、宽严相济，坚持惩前毖后、治病救人的原则，但也存在一定区别：《监督执纪工作规则（试行）》对监督执纪政治性要求、监督执纪工作以上级纪委领导为主、坚持信任不能代替监督的规定更为明确。追问一句：为何存在这样的差别（区别）？笔者认为，这与两部法规的性质有关，《监督执纪工作规则（试行）》是程序法，注重的是过程，注重加强上级纪委对下级纪委和党委行使权力的监督，《中国共产党纪律处分条例》是实体法，注重的是结果，各自价值取向不同。

省级纪委制定《监督执纪工作规则》实施办法或者细则时，应遵循哪些原则？

根据《监督执纪工作规则（试行）》第55条第1款的规定："各省、自治区、直辖市可以根据本规则，结合工作实际，制定实施办法。"那么，省级纪委在制定《监督执纪工作规则（试行）》实施办法时，应遵循哪些原则？笔者认为，至少应遵循三个原则：

第一，遵循"两个务必"。务必牢记《监督执纪工作规则（试行）》的本质是将纪检机关的权力关在制度的笼子里，本质上是"束权"，而不是扩权。有些部门在起草法规草案时，或多或少站在部门立场，赋予本部门尽可能多的权力，而此次中央纪委带了一个好头，其在制定党内法规时，尽可能给纪检机关"减肥强身"，而不是给自身"增肥"。务必牢记纪检机关是政治机关，其政治属性是纪检机关的本质属性，纪检机关要把违反政治纪律、政治规矩、中央八项规定精神、组织纪律作为监督执纪的重点。

第二，坚持有的放矢。紧紧围绕基层纪检机关权力运行过程中存在的问题制定切实可行的实施办法。市、县、乡三级纪委机关权力运行与中央纪委、省级纪委权力运行轨迹、运行特点、案件类型、监督对象身份等方面均存在不同之处，廉政风险的表现形式也不尽相同，这就要求省级纪委对基层纪检机关的廉政风险点进行详尽的排查、梳理，有的放矢。

第三，坚持精益求精。省级纪委在制定《监督执纪工作规则（试行）》实施办法时，应努力避免立法上的"大跃进"，应虚心听取基层纪检机关、基层纪检干部、基层党组织、基层党员、人民群众的意见和建议，应向党中央和中央纪委学习、看齐，采取十分审慎、精益求精的态度审议自身制定的工作规则实施办法。《监督执纪工作规则（试行）》起草过程中，中央纪委征集到的意见和建议多达 1150 条。中央纪委先后召开十多次常委会会议、办公会议、专题会议对规则送审稿进行深入研究、讨论和修改，中央政治局常委会会议、中央政治局会议也审议规则送审稿。省级纪委在制定《监督执纪工作规则（试行）》实施办法时，不应一蹴而就，不能简单照抄照搬《监督执纪工作规则（试行）》，而应树立精品意识，针对《监督执纪工作规则（试行）》在基层纪检机关运行过程中存在的困惑（比如，基层纪检机关负责人、基层党组织负责人权力规范），反复调研、论证、推敲，结合本地区党风廉政建设及反腐败斗争的宏观现状和基层微观实际，制定出切实可行的实施办法。

八问《监督执纪工作规则（试行）》

一问：《监督执纪工作规则（试行）》是否涵盖纪检机关所有业务？

《监督执纪工作规则（试行）》主要针对监督执纪业务工作。对办公厅（室）、研究室、法规室、机关党委、宣传、组织人事等部门业务不适用《监督执纪工作规则（试行）》，《监督执纪工作规则（试行）》主要是围绕监督执纪工作流程而设定的规则，涉及的部门主要有信访室、案件监督管理室、纪检监察室、审理室（含申诉复查复议）、干部监督室等。

二问：办公厅（室）、研究室、法规室、机关党委、宣传、组织人事等部门的廉政风险，如何防范？

根据《中国共产党党内监督条例》第34条后半部分的规定，各级纪律检查机关必须加强自身建设，健全内控机制，自觉接受党内监督、社会监督、群众监督，确保权力受到严格约束。一旦发现纪律检查机关及其工作人员有违反纪律问题的，必须严肃处理。《监督执纪工作规则（试行）》是践行《中国共产党党内监督条例》第34条规定的生动体现，但尚不完全。如何将办公厅（室）、研究室、法规室、机关党委、宣传、组织人事、网络信息中心等部门的权力"关进制度的笼子里"，还需要进一步研究探索。笔者初步认为，对纪检机关办公厅（室）、研究室、法规室、机关党委、宣传、组织人事、网络信息中心等部门的廉政风险点，主要由纪检机关切实履行主体责任，严格教育、管理、监督。

三问：《监督执纪工作规则（试行）》是否适用政纪案件？

《监督执纪工作规则（试行）》的制定根据是《中国共产党章程》，以维护党的纪律为目的，《监督执纪工作规则（试行）》是纪检机关执行党的政治纪律和政治规矩、组织纪律的具体标准，因此，《监督执纪工作规则（试行）》只适用于党纪案件，不适用于政纪案件。虽然纪检机关与监察机关合署办公，但涉及政纪案件时应当适用《行政监察法》《行政机关公务员处分条例》等规定。

四问：关于派驻纪检组，《监督执纪工作规则（试行）》有何新意？

《中国共产党党内监督条例》第28条第3款规定了派驻纪检组的职责和义务："派驻纪检组应当带着实际情况和具体问题，定期向派出机关汇报工作，至少每半年会同被监督单位党组织专题研究1次党风廉政建设和反腐败工作。对能发现的问题没有发现是失职，发现问题不报告、不处置是渎职，都必须严肃问责。"

而《监督执纪工作规则（试行）》第11条则规定派出机关的义务，要求派出机关经常听取工作汇报，直接赋予派驻纪检组"通报权"，依据有关规定和派出机关授权，对被监督单位党的组织和党员干部开展监督执纪工作，重要问题应当向派出机关请示报告，必要时可以向被监督单位党组织通报。应该说，这对派驻纪检组来说，是一大利好。

五问：回避制度，是否适用于线索处置、谈话函询、执纪监督部门及纪检机关、同级党委负责人？

《监督执纪工作规则（试行）》第47条规定审查审理人员要严格执行回避制度。审查审理人员是被审查人或者检举人近亲属、主要证人、利害关系人，或者存在其他可能影响公正审查审理情形的，不得参与相关审查审理工作，应当主动申请回避，被审查人、检举人及其他有关人员也有权要求其回避。不仅执纪审查人员、案件审理人员要执行回避制度，借调人员、看护人员、审查场所都要严格执行回避制度。

需要研究的问题有两个：

第一个问题是线索处置、谈话函询、执纪监督部门是否需要适用回避制度？以谈话函询为例，谈话函询对象是纪检监察干部的近亲属或者关系不错的同学、战友，对此是否应当回避？《监督执纪工作规则（试行）》没有明确，建议省级纪委在制定实施办法时予以明确。笔者初步认为，基于程序正义的内在要求，线索处置、谈话函询、执纪监督部门人员在线索处置、谈话函询、执纪监督环节遇到可能影响公正行使公权力的情形时，应主动报告，主动申请回避，由有关领导决定是否回避。

第二个问题是纪检机关主要负责人、同级党委主要负责人在行使立案审查、审批权力时，如果涉案对象与自己存在利害关系，是否应当适用回避？笔者认为，基于"信任不能代替监督""将权力关进制度的笼子里"等立法要求和程序正义的立法理念，应当适用回避，由纪检机关主要负责人、同级党委主要负责人主动向上级纪委报告，主动申请回避，是否回避，由上级纪委决定。

六问：审查谈话与调查谈话有何区别？

《监督执纪工作规则（试行）》第34条规定了审查谈话、重要的调查谈话，审查谈话与调查谈话的区别。审查谈话、调查谈话区别在于适用对象不同：审查谈话主要适用于严重违纪的被审查人，调查谈话主要适用于证人、受侵害人。

七问：核查组、调查组还是审查组？

《中国共产党纪律检查机关案件检查工作条例》第14条规定："初步核实后，由参与核实的人员写出初步核实情况报告，纪检机关区别不同情况作出处理……"由此可见，《中国共产党纪律检查机关案件检查工作条例》对初核阶段的人员组成名称未予明确。

《监督执纪工作规则（试行）》第22条规定："采取初步核实方式处置问题线索，应当制定工作方案，成立核查组，履行审批程序……"《监督执纪工作规则（试行）》明确将初步核实的人员组成称之为核查组。

《中国共产党纪律检查机关案件检查工作条例》第23条规定："对已经立案的案件，立案机关应根据案情组织调查组。"《监督执纪工作规则（试行）》第27条第2款前半部分规定："纪检机关相关负责人批准成立审查组。"由此可见，名称上由调查组改为审查组，相应的案件调查改为立案审查。

八问：案件审理还是执纪审理？问题线索还是案件？

《监督执纪工作规则（试行）》第七章共分六个条文对审理作出专门规定，第40条第1项、第3项均称之为"案件审理"，而不是执纪审理，且《监督执纪工作规则（试行）》不回避"案件"一词的称呼和使用。例如，《监督执纪工作规则（试行）》第 42 条第 2 款规定："案件移送司法机关后……"第 43 条第 3 款规定："对经认定不属于违纪所得的，应当在案件审结后依纪依法予以返还，办理签收手续。"均使用"案件"一词。但需要注意的是，应对"案件"与"问题线索"加以区别。《监督执纪工作规则（试行）》第三章对纪检机关初步受理的信访举报称之为"问题线索"；而在违纪问题被查证属实后、构成违纪的，称之为案件。

《监督执纪工作规则（试行）》执纪审查六大疑问

一、初核是否不再有期限限制？

《中国共产党纪律检查机关案件检查工作条例》第 15 条规定："初步核实的时限为两个月，必要时可延长一个月。重大或复杂的问题，在延长期内仍不能初核完毕的，经批准后可再适当延长。"《监督执纪工作规则（试行）》第五章关于初步核实没有明确规定初步核实的时限。对此，笔者认为，虽然没有明确规定初步核实的时限，但根据中央纪委关于"三转"不能吃干榨尽、快进快出的要求，应该及时初步核实，不能久拖不决，具体时限可以参照《中国共产党纪律检查机关案件检查工作条例》第 15 条的要求。

二、被审查人是单位党委（党组）主要负责人的，立案决定向谁通报？

《中国共产党纪律检查机关案件检查工作条例》第 24 条第 1 款规定："调查组要熟悉案情，了解与案件有关的政策、规定，研究制订调查方案，并将立案决定通知被调查人所在单位党组织。"根据《中国共产党纪律检查机关案件检查工作条例实施细则》第 23 条规定，将立案决定通知被调查人所在单位党组织，是指将《立案决定书》送交被调查人所在单位党组织的主要负责人。《监督执纪工作规则（试行）》基本上沿袭上述有关规定，例如，《监督执纪工作规则（试行）》第 26 条第 3 款前半部分规定："立案审查决定应当向被审查人所在党委（党组）主要负责人通报。"对被审查人是所在单位党委（党组）主要负责人的，立案决定书向谁通报、由谁签收，《监督执纪工作规则（试行）》未予明确。比如，省级纪委对涉嫌严重违纪的某地级市委书记立案审查，立案决定书该由谁签收？笔者认为，可以考虑由代为履行党委

（党组）主要负责人职权的常务副书记签收。

三、采取审查措施如何"通知"？

《监督执纪工作规则（试行）》第26条第3款后半部分规定："对严重违纪涉嫌犯罪人员采取审查措施，应当在24小时内通知被审查人亲属。"《案件检查工作条例》原来没有规定，这次《监督执纪工作规则（试行）》借鉴《刑事诉讼法》第83条第2款规定，增加"通知"义务，在采取"两规"措施后的24小时内履行通知义务，通知对象是被审查人亲属。我国《刑事诉讼法》第86条第2款规定通知"被拘留人的家属"，相比之下，亲属的范围要比家属范围更广一些。不过这里的亲属，应作限制解释，是指成年人亲属，如果亲属是未成年人，为保护未成年人身心健康，告知时应采取十分慎重的态度。

四、《监督执纪工作规则（试行）》如何注重人文关怀？

《监督执纪工作规则（试行）》第30条第2款、第3款要求审查组对被审查人以同志相称，尊重其人格，保障其饮食、休息，提供医疗服务。这些措施都具有浓厚的人文关怀色彩。为切实保障被审查人作为党员所享有的申辩权，《监督执纪工作规则（试行）》第30条第3款要求审查组充分听取被审查人陈述。"充分听取"意味着审查组要全方位多角度听取申辩，听取内容极其广泛：违纪性质（错与非错、是此错与还是彼错）；被审查人身份不清，如是否党员、党委委员、纪委委员、人大代表或者政协委员；决定立案审查的纪检机关是否有管辖权等；采取"两规"措施的批准机关及时间；本人陈述前后矛盾（存在疑点）或者违背常理的，据以定性量纪的主要证据之间是否存在重大矛盾的；有线索或者证据表明审查期间可能存在威胁、引诱、欺骗及其他违规违法方式收集证据；接受审查期间，本人是否患有严重疾病，是否存在为争取摆脱疾病困苦而编造违纪事实；本人存在主动交代、坦白、立功等法定的从轻、减轻处分情节的，但审查组未予认定；接受审查期间，本人主动上交违纪所得，审查组是否及时出具扣押凭证等；对本人主动交代但缺少证据支持的问题线索涉及的涉案款物处置等，均要听取本人陈述。

五、对收集、鉴别证据提出新的要求

针对基层实践中，与被审查人、重要涉案人员谈话，重要的外查取证、暂扣、封存涉案款物，以往只强调二人以上即可（至于二人是本机关的还是借调人员，在所不问）。针对个别借调人员存在执纪不规范、执纪水平不高、借调人员不享有法定的监督执纪权等问题，《监督执纪工作规则（试行）》第29条特别强调，与被审查人、重要涉案人员谈话，重要的外查取证，暂扣、封存涉案款物，应当以本机关人员为主，借调人员只能从事辅助性工作（比如，开车、打印材料、订购车票、校对笔录等）；借调人员无权代表审查组向被审查人、重要证人许诺政策，给出路。

收集证据须全面、客观；鉴别证据要相互印证、完整稳定的证据链。《监督执纪工作规则（试行）》第32条第1款规定："严格依规收集、鉴别证据，做到全面、客观，形成相互印证、完整稳定的证据链。"针对个别审查人员只收集对被审查人员有错、错重的证据，对被审查人员无错、从轻、减轻的证据不收集或者收集后不随案移送的情况，《监督执纪工作规则（试行）》第32条、第38条予以明确，审查组全面、客观搜集证据，且要全案移送审理。需要说明的是，《监督执纪工作规则（试行）》对证据的认定标准提出新的要求，即相互印证、完整稳定的证据链。这次确定的证据标准，不仅是相互印证、完整的证据链，而且要求证据稳定，证据稳定主要针对言词证据。为加深理解，有必要对《监督执纪工作规则（试行）》确立的证据标准与《中华人民共和国刑事诉讼法》第53条规定的"证据确实、充分"标准进行比较。"证据确实、充分，应当符合以下条件：（一）定罪量刑的事实都有证据证明；（二）据以定案的证据均经法定程序查证属实；（三）综合全案证据，对所认定事实已排除合理怀疑。"《监督执纪工作规则（试行）》第32条第1款确立的证据标准与我国《刑事诉讼法》第53条第2款规定的证据标准，哪个更严？需要读者仔细品味。笔者初步认为，后者要求更高，因为，刑事诉讼的证据须在法庭上出示、经控辩双方质证无异议才可以作为证据使用，纪检机关取得的证据尚处于闭合状态，对抗性不足，在发现证据疑点方面还有很大改进空间。

重要取证全程录音录像。为强化对审查组的取证监管，《监督执纪工作规则（试行）》学习借鉴检察机关职务犯罪侦查全程录音录像的经验成果和

《刑事诉讼法》第 121 条之内核，《监督执纪工作规则（试行）》第 34 条规定："审查谈话、重要的调查谈话和暂扣、封存涉案款物等调查取证环节应当全程录音录像。录音录像资料由案件监督管理部门和审查组分别保管，定期核查。"

此外，《监督执纪工作规则（试行）》还规定了若干负面清单。如《监督执纪工作规则（试行）》第 31 条第 2 款规定了"三个不得"："外查工作期间，执纪人员不得个人单独接触任何涉案人员及其特定关系人，不得擅自采取调查措施，不得从事与外查事项无关的活动。"第 32 条第 3 款规定了"两个严禁"，即"严禁以威胁、引诱、欺骗及其他违规违法方式收集证据；严禁隐匿、损毁、篡改、伪造证据"。第 35 条规定了"三个不得"，即"未经批准并办理相关手续，不得将被审查人或者其他谈话调查对象带离规定的谈话场所，不得在未配置监控设备的场所进行审查谈话或者重要的调查谈话，不得在谈话期间关闭录音录像设备"。

需要说明的是，《监督执纪工作规则（试行）》第 32 条第 3 款规定了"两个严禁"，较《刑事诉讼法》第 54 条标准更高、要求更严。《刑事诉讼法》第 54 条规定的非法证据排除规则，通常只限于犯罪嫌疑人、被告人供述，证人证言、被害人陈述等言词证据，而《监督执纪工作规则（试行）》则不限于言词证据。但《监督执纪工作规则（试行）》存在不足，如未明确确立非法证据排除规则，也未明确"以威胁、引诱、欺骗及其他违规违法方式收集证据；严禁隐匿、损毁、篡改、伪造证据"的发现主体、发现路径及后果等，建议省级纪委在制定实施办法或者细则时予以明确。

六、纪律审查措施初探

《监督执纪工作规则（试行）》虽然是党的纪检机关在办理党纪案件时必须遵循的规则，但由于纪检机关与监察机关是"两块牌子、一套人马"，因此，纪检机关在办理党员领导干部严重违纪案件时，无法做到党纪案件与政纪案件绝对分离。《监督执纪工作规则（试行）》制定时，为修改行政监察法（国家监察法的出台）、国家监察委的成立和运作、《刑事诉讼法》的修改预留了空间。在国家监察法出台之前，有必要对与纪律审查措施的有关规定进行梳理。

《监督执纪工作规则（试行）》第 26 条第 2 款规定："纪检机关主要负

责人主持召开执纪审查专题会议，研究确定审查方案，提出需要采取的审查措施。"第 3 款规定："立案审查决定应当向被审查人所在党委（党组）主要负责人通报。对严重违纪涉嫌犯罪人员采取审查措施，应当在 24 小时内通知被审查人亲属。"第 2 款所说的"审查措施"与第 3 款所说的"审查措施"，在内容上存在差别，前者广于后者，也包括后者（后者主要是指"两规"）。

《监督执纪工作规则（试行）》第 28 条列举的审查措施有：调查谈话，查阅、复制有关文件资料，查询有关信息，暂扣、封存、冻结涉案款物，提请有关机关采取技术调查、限制出境等措施。相比《刑事诉讼法》第 162 条规定的侦查措施、《中华人民共和国行政监察法》第 19 条、第 20 条、第 21 条规定的调查措施，既有相同之处，例如，均查阅、复制有关文件资料、可以审查谈话（相当于讯问犯罪嫌疑人）、调查谈话（相当于询问证人）、暂扣、封存涉案款物（相当于查封、扣押物证）。也有不同之处，以冻结为例，《中华人民共和国行政监察法》第 21 条规定，若需冻结在银行或者其他金融机构的存款，须提请人民法院依法进行，《监督执纪工作规则（试行）》则规定纪检机关直接进行；查询有关信息是《监督执纪工作规则（试行）》赋予纪检机关新的手段之一，如查询手机短信，通话记录，微信、QQ 聊天记录，电子邮件等信息。

《监督执纪工作规则（试行）》没有明确规定审查措施是否包括"两规"，因此，有人猜测可能取消"两规"。笔者倾向认为没有取消。理由如下：一是"两规"是反腐的有效手段，是突破严重违纪人的有效手段，短期内不具备取消的实践基础。二是《监督执纪工作规则（试行）》第 28 条第 2 款规定："审查时间不得超过 90 日。在特殊情况下，经上一级纪检机关批准，可以延长一次，延长时间不得超过 90 日。"这里的审查时间，既包括对事（违纪事实）的审查、也包括对人的审查。《监督执纪工作规则（试行）》第 30 条第 3 款规定："审查应当充分听取被审查人陈述，保障其饮食、休息，提供医疗服务。严格禁止使用违反党章党规党纪和国家法律的手段，严禁侮辱、打骂、虐待、体罚或者变相体罚。"《监督执纪工作规则（试行）》第 35 条规定："未经批准并办理相关手续，不得将被审查人或者其他谈话调查对象带离规定的谈话场所，不得在未配置监控设备的场所进行审查谈话或者重要的调查谈话，不得在谈话期间关闭录音录像设备。"笔者认为，"审查时间不得超过 90 日""保障其饮食、休息""不准带离规定的谈话场所"，可推知对严重违反党纪涉嫌犯罪的党员立案审查没有取消"两规"，《监督执纪工作规则（试行）》对"两规"的适用再次进行严格规范。

此外，纪检机关还可以采取暂停履行职务或者建议采取停职、免职等组织措施，例如，根据中央纪委、中央组织部《关于在查处违犯党纪案件中规范和加强组织处理工作的意见（试行）》，被调查的党员干部错误严重，已不适宜担任现任职务或妨碍调查的，可及时建议党委或党外组织停止其职务或免去其职务。

以上是纪检机关办理党纪案件时可以采取的措施。

政纪案件和涉嫌犯罪的案件，监察机关尤其是监察委员会成立后，可以采取的措施值得研究。2016 年 12 月 26 日《全国人民代表大会常务委员会关于在北京市、山西省、浙江省开展国家监察体制改革试点工作的决定》指出：试点地区监察委员会按照管理权限，对本地区所有行使公权力的公职人员依法实施监察；履行监督、调查、处置职责，监督检查公职人员依法履职、秉公用权、廉洁从政以及道德操守情况，调查涉嫌贪污贿赂、滥用职权、玩忽职守、权力寻租、利益输送、徇私舞弊以及浪费国家资财等职务违法和职务犯罪行为并作出处置决定，对涉嫌职务犯罪的，移送检察机关依法提起公诉。为履行上述职权，监察委员会可以采取谈话、讯问、询问、查询、冻结、调取、查封、扣押、搜查、勘验检查、鉴定、留置等措施。简言之，监察委员会履行监督、调查、处置3项职权和可以采取的12项相关措施。对人可以采取的措施有：谈话、讯问、询问、搜查、留置；对物可以采取的措施有：查询、冻结、调取、查封、扣押、搜查、勘验检查、鉴定。留置期限、条件、审批权限、被留置人的权利救济等问题有待试点地区探索、积累经验。

相关规定索引：

《中华人民共和国刑事诉讼法》

第二编第二章规定，人民检察院可以采取的侦查措施有：讯问犯罪嫌疑人，询问证人，勘验、检查，搜查，查封、扣押物证、书证，鉴定、技术侦查措施、通缉。

第一百六十二条　人民检察院对直接受理的案件的侦查适用本章规定。

《中华人民共和国行政监察法》

第十九条　监察机构在履行职责有权采取以下措施：

（一）要求被监察的部门和人员提供与监察事项有关的文件、资料、财务账目及其他有关的材料，进行查阅或者予以复制；

（二）要求被监察的部门和人员就监察事项涉及的问题作出解释和说明；

（三）责令被监察的部门和人员停止违反法律、法规和行政纪律的行为。

第二十条　监察机关在调查违反行政纪律行为时，可以根据实际情况和需要采取下列措施：

（一）暂予扣留、封存可以证明违反行政纪律行为的文件、资料、财务账目及其他有关的材料；

（二）责令案件涉嫌单位和涉嫌人员在调查期间不得变卖、转移与案件有关的财物；

（三）责令有违反行政纪律嫌疑的人员在指定的时间、地点就调查事项涉及的问题作出解释和说明，但是不得对其实行拘禁或者变相拘禁；

（四）建议有关机关暂停有严重违反行政纪律嫌疑的人员执行职务。

第二十一条　监察机关在调查贪污、贿赂、挪用公款等违反行政纪律的行为时，经县级以上监察机关领导人员批准，可以查询案件涉嫌单位和涉嫌人员在银行或者其他金融机构的存款；必要时，可以提请人民法院采取保全措施，依法冻结涉嫌人员在银行或者其他金融机构的存款。

第二十二条　监察机关在办理违反行政纪律案件中，可以提请有关行政部门、机构予以协助。

被提请协助的行政部门、机构应当根据监察机关提请协助办理的事项和要求，在职权范围内予以协助。

《监督执纪工作规则（试行）》关于审理的八大疑问

一、党纪案件审理要求变化

《党的纪律检查机关案件审理工作条例》第 11 条至第 15 条规定，审理案件的基本要求：事实清楚、证据确凿、定性准确、处理恰当、手续完备。后来，又增加一项要求"程序合法"。《监督执纪工作规则（试行）》对此予以修订，将"程序合法"改为"程序合规"，第 39 条第 2 款要求在审理提出纪律处理或者纪律处分的意见时，做到事实清楚、证据确凿、定性准确、处理恰当、手续完备、程序合规。从程序合法到程序合规，折射出党纪案件的纪律特性。

相比党纪案件"纪言纪语"，政纪案件仍然坚持"程序合法""法言法语"。《中华人民共和国公务员法》第 57 条第 1 款规定："对公务员的处分，应当事实清楚、证据确凿、定性准确、处理恰当、程序合法、手续完备。"《行政机关公务员处分条例》第 4 条第 3 款再次重申此规定要求。这是对政纪案件的处理要求。

二、纪检机关分管领导是否也要遵循"查审分离"要求？

《关于进一步加强和改进新形势下纪检机关案件审理工作的意见》（中纪办发〔2011〕25 号）第 1 条第 3 款后半部分规定："主要领导同志要支持、鼓励和保障案件审理部门坚持原则，全面履行职责；分管案件检查工作的领导同志不得同时分管案件审理工作。"《监督执纪工作规则（试行）》第 39 条第 3 款规定："坚持审查与审理分离，审查人员不得参与审理。"

值得研究的是，审查与审理分离，是单纯指审查人员、审理人员分离？

分管案件检查工作的领导是否可以同时分管案件审理工作？笔者认为，这个问题需要考虑两个方面：一是纪检内部体制改革后的现状，纪检监察室大量增加，基层案件审理室只有一个（县级纪委审理室通常1~2人），分管审理的纪委副书记不可能只分管一个审理室，在权力配置上，需要分管其他部室。二是必须考虑程序正义的内在要求，查、审不分，与程序正义的内在要求相背离，查、审不分容易出现既当运动员又做裁判员的现象，不利于内部的监督制约，不利于审理部门独立审核案件，对查清事实有一定弊端。如果分管案件检查工作的领导同志同时分管案件审理工作，容易先入为主，存在预断的危险。因此，笔者倾向认为，《监督执纪工作规则（试行）》规定的"审查与审理分离"，不仅指审查人员不得参与审理，还内在地要求分管案件检查工作的领导不能同时分管案件审理部门。

需要补充说明的是，派驻纪检组立案审查的案件结束后需要追究党纪责任的，派驻纪检组没有审理部门的，应根据干部管理权限将案件移送派出机关或者有关党组织审理部门，审理完毕后，才可以提交党组织审议。

三、2人以上的审理组是否有实质性要求？

《监督执纪工作规则（试行）》第40条第1款第1项规定："案件审理部门收到审查报告后，应当成立由2人以上组成的审理组，全面审理案卷材料，提出审理意见。"《监督执纪工作规则（试行）》第29条规定："审查谈话、执行审查措施、调查取证等审查事项，必须由2名以上执纪人员共同进行。与被审查人、重要涉案人员谈话，重要的外查取证，暂扣、封存涉案款物，应当以本机关人员为主，确需借调人员参与的，一般安排从事辅助性工作。"

这里有三个问题值得研究：

第一，基层纪委，尤其是县级纪委审理部门只有一人的情况下，难以成立由2人以上组成的审理组。《监督执纪工作规则》要求成立由2人以上组成的审理组，其初衷是为了保证案件审理的质量，而基层变通的做法是将分管审理的领导也写入审理小组组成人员，目的是凑数。"重检查、轻审理"在基层纪委仍根深蒂固。基层纪委重视审理，应落实到行动上，首先要按照《关于进一步加强和改进新形势下纪检机关案件审理工作的意见》（中纪办发〔2011〕25号），保证审理室至少达到2人。

第二，审理人员是否必须是本机关人员？借调人员是否可以独立审理案件？如某县纪委审理室正式人员只有 1 人，为满足工作需要，经领导同意，借调 2 人协助工作。借调人员可否独立审阅案件？笔者认为，借调人员须具备一定的政治思想水平和政策、业务水平，不能出现外行监督内行的现象。在某种程度上，审理人员的业务水准应略高于审查人员的政策、业务水平。如果借调人员不懂纪律审查的基础知识、流程、取证要点、方法技巧、刑法、刑事诉讼法及相关司法解释，就无法对执纪审查部门所认定的事实、取得的证据和定性、处理建议、手续是否完备、程序是否合法以及涉案款物的处理是否恰当进行审理、监督，特别容易出现两个极端：一是简单地复制、粘贴审查报告，迎合审查报告，无法发现卷宗存在的疑点、内伤，无法有效监督执纪审查；二是为凸显审理人员的"贡献"，错改审查报告认定的违纪事实、证据认定、定性及量纪等，如审查人员将某项违纪行为定性为违反法律规定的行为（如受贿），本来是正确的，由于借调的审理人员不能正确区分礼金与贿金，错误地将其改为违反廉洁纪律（收受礼金）。实践证明，这两种做法都是错误的、有害的，都是对组织的不负责。审理部门作为纪检机关监督执纪的"窗口、关口、出口"，不能仅仅停留在口头上，而应落实到行动上。

第三，是否有必要区分情节简单的案件、特别重大复杂的案件？1991 年 7 月 13 日，《中共中央纪律检查委员会关于审理党员违纪案件工作程序的规定》第 9 条后半部分规定："除情节简单的案件外，一般应由两人办理，特别重大复杂的案件，应组成两人以上的审议组办理，并确定其中一人主办。"《监督执纪工作规则（试行）》没有区分情节简单的案件、特别重大复杂的案件，一律成立由 2 人以上的审理组审阅案卷材料。

四、审理部门是否享有的补证权？

根据《中国共产党纪律检查机关案件检查工作条例实施细则》第 45 条前半部分规定："审理过程中，如需个别补证，由审理室直接办理"，审理部门享有个别补证权。而《监督执纪工作规则（试行）》没有赋予审理部门以补证权，如《监督执纪工作规则（试行）》第 40 条第 1 款第（四）项规定："对主要事实不清、证据不足的，经纪检机关主要负责人批准，退回执纪审查部门重新调查；需要补充完善证据的，经纪检机关相关负责人批准，可以退回执纪审查部门补证。"这里有三个要点值得注意：一是审理部门不再享有个别补充调查的权力，如果案件基本事实清楚、基本证据确凿充分，但需要补充完善个别补证的，经分管领导批准，退回执纪审查部门补证。二是主要事实不清、证据不足的，则须报经纪检机关主要负责人批准，由执纪审查部门"重新调查"，而不是之前的"补充调查"。三是处分决定生效后，受处分人对处分决定不服提出申诉的，根据《监督执纪工作规则（试行）》第44条第2款规定，申诉办理部门享有调查取证权。

五、审理阶段鉴别证据的措施有哪些？

根据《监督执纪工作规则（试行）》第40条第1款第3项后半部分规定，审理部门甄别证据的措施有：与被审查人谈话，核对违纪事实，听取辩解意见，了解有关情况。这与《中共中央纪委关于进一步加强和规范办案工作的意见》（中纪发〔2008〕33号文）大体相同。"审理过程中，审理人员应与被审查人谈话，告知权利义务，核对违纪事实，听取申辩意见，了解有关情况。"

需要思考的问题有两个：一是根据《监督执纪工作规则（试行）》第40条规定，审理部门是否享有对主要事实和证据直接进行复查核实的权力？二是审理人员如何鉴别证据、如何发现证据存在疑点或者含糊不清？

关于第一个问题，此前的《党的纪律检查机关案件审理工作条例》第22条规定："承办人员对案件认真审理，提出审理意见。对于重大或复杂的案件，必要时，对主要事实和证据直接进行复查核实。"《中共中央纪律检查委员会关于审理党员违纪案件工作程序的规定》第15条规定："案件涉及专业技术问题或具体业务政策、规定的，必要时征求有关部门的意见。"《中国共产党纪律检查机关案件检查工作条例》第31条规定："应认真鉴别证据，严防伪证、错证。发现证据存在疑点或含糊不清的，应重新取证或补证。"据此，笔者认为，审查人员、审理人员均应认真鉴别证据，严防伪证、错证，对其所办案件终身负责。发现证据存在疑点或含糊不清的，审查人员应及时重新取证或补证；审理人员发现证据存在疑点或含糊不清的，应按《监督执纪工作规则（试行）》第40条第1款第（四）项规定，由执纪审查部门重新调查或者补证。

关于第二个问题，审理人员如何才能发现证据存在疑点或含糊不清？笔者认为，一个有效的方法是与被审查人谈话。目前，个别基层纪委审理人员不掌握审理谈话的要领，不知从何谈起，谈哪些内容不清楚。建议省级纪委在制定办法或者细则时予以细化，下列内容必谈：违纪性质（错与非错、是此错与还是彼错）；被审查人身份不清，决定立案审查的纪检机关是否有管辖权等；采取"两规"措施的批准机关及时间；本人陈述前后矛盾（存在疑点）或者违背常理的，据以定性量纪的主要证据之间是否存在重大矛盾的；有线索或者证据表明审查期间可能存在威胁、引诱、欺骗及其他违规违法方式收集证据；接受审查期间，本人是否患有严重疾病，是否存在为争取摆脱疾病困苦而在调查阶段编造违纪情节；本人存在主动交代、坦白、立功等法定的从轻、减轻处分情节的，但审查组未予认定；接受审查期间，本人主动上交违纪所得、审查组是否及时出具扣押凭证等；对本人主动交代但缺少证据支持的问题线索涉及的涉案款物处置；还有其他违纪问题需要向党组织交代等。

当然，仅仅依靠"与被审查人谈话，核对违纪事实，听取辩解意见"尚不足以发现证据存在疑点或含糊不清，还需要做更多扎实、精细的基础工作，比如证据列表、证据比对发现卷宗疑点；与重要证人谈话，观察分析其作证动机、语气、眼神、陈述是否自然、流畅，是否受到外界压力等，作证时审查人员是否告知其要如实地提供证言和有意作伪证或者隐匿证据要负的纪律责任和法律责任等；审理人员还可以到访有关案发现场（比如涉嫌受贿的领导干部住所），获取直观感；案件涉及专业技术问题或具体业务政策、规定的，听取鉴定人员意见和专家意见；经批准，调阅录音录像等。

审理人员实施上述行为，不会导致膨胀权力，不会滋生腐败，也不会侵犯被审查人权益，更多地是对执纪审查部门的监督、制约，与《监督执纪工作规则（试行）》的立法初衷一脉相承。

六、基层党组织意见，是否继续征求？

《监督执纪工作规则（试行）》第七章对征求基层党组织意见程序未予提及，原因不明。笔者分析存在三种可能：

第一种可能是《中国共产党章程》已有规定。例如，《中国共产党章程》第40条第1款规定："对党员的纪律处分，必须经过支部大会讨论决定，报党的基层委员会批准……"

第二种可能是鉴于听取本人所在单位党组织意见对案件的处理不产生实质性影响，为提高工作效率，淡化（简化）此程序。

第三种可能是，此程序由省级纪委在制定工作规则实施办法时予以明确。

笔者认为，《中国共产党章程》的效力高于《监督执纪工作规则（试行）》，《监督执纪工作规则（试行）》虽未明确规定，鉴于党章已经作出规定，仍须履行征求基层党组织意见程序。召开基层党组织会议，有助于保障受处分人的申辩权和其他党员的权利，有助于发扬党内民主。例如，《中国共产党党员权利保障条例》第22条第1款规定："党组织对党员作出处分决定所依据的事实材料和处分决定必须同本人见面，听取本人说明情况和申辩。对于党员的申辩及其他党员为其所作的证明和辩护，有关党组织要认真听取、如实记录，并进一步核实，采纳其合理意见；不予采纳的，要向本人说明理由。党员实事求是的申辩、作证和辩护，应当受到保护。"

征求基层党组织意见的时间节点，可参照《党的纪律检查机关案件审理工作条例》第25条规定："需要征求有关部门意见的案件，在常委审定前进行"，即在审理报告提交纪委常委会前履行征求基层党组织意见程序，且在审理报告中写明基层党组织意见。

七、审理报告有哪些新要求？

《中共中央纪律检查委员会关于审理党员违纪案件工作程序的规定》第16条规定："承办人审理后，草拟审理报告。报告中应写明错误事实、性质、政策法规依据、报案单位的意见和承办人的意见。"《关于进一步加强和改进新形势下纪检机关案件审理工作的意见》规定："增强审理报告的说理性，不断提高审理文书的质量和水平。"《监督执纪工作规则（试行）》第40条第1款第（五）项规定："审理报告要列明被审查人基本情况、线索来源、违纪事实、涉案款物、审查部门意见、审理意见。审理报告应当体现党内审查特色，依据《中国共产党纪律处分条例》认定违纪事实性质，分析被审查人违反党章、背离党的性质宗旨的错误本质，反映其态度、认识及思想转变过程。"审理报告的内容可简称为"6+1"。《监督执纪工作规则（试行）》对审理报告的要求之高，前所未有：不仅要准确认定违纪事实性质，而且要分析被审查人违反党章、背离党的性质宗旨的错误本质，反映其态度、认识及思想转变过程。这要求审理人员熟练掌握党章、心理学基础知识和犯罪学、犯罪心理学基本原理，将违纪事实与党章规定对照，将违纪事实与本人认识、态度对照——让纪检机关审理人员深刻体会到审理人员责任不是轻了，而是重了，要求更高。在笔者看来，审理报告应突出审理人员的贡献，如实陈述事实认定、证据、定性、程序、审查措施等方面存在不足，突出对办案程序、办案权限、办案时限、办案措施使用、办案安全文明和涉案款物处理情况的审核。

关于审理报告，还有两个方面内容值得研究：一是政策法规依据是否需要列上？二是被审查人的申辩要点及基层党组织意见是否需要列明。

关于第一个问题，《监督执纪工作规则（试行）》第37条第2款、第40条第1款第（五）项分别规定了审查报告、审理报告的制作要求。审查报告、审理报告的制作，既存在相同点，如均应列明被审查人基本情况、问题线索来源、主要违纪事实、被审查人的态度和认识、处理建议，也存在不同之处，如审查报告需要写明审查依据、审查过程、党纪依据并由审查组组长及有关人员签名；审理报告则未明确要求写明审查依据、审查过程、党纪依据，审理报告（末尾）不需要审理人员签名，但要求审理报告体现党内审查特色，依据《中国共产党纪律处分条例》认定违纪事实性质，分析被审查人违反党章、背离党的性质宗旨的错误本质，反映其态度、认识及思想转变过程。据此，审理报告是否写入党纪依据，由审理人员及分管领导自行决定。

关于第二个问题，《监督执纪工作规则（试行）》没有具体要求。笔者认为，从保障被审查人申辩权、增强审理报告的说理性角度出发，宜在审理报告中写明被审查人申辩要点。《中国共产党党章》第40条第1款规定："对党员的纪律处分，必须经过支部大会讨论决定，报党的基层委员会批准。"为体现党章要求，审理报告应写明基层党组织意见，这也是维护党章权威的生动体现。

八、认定违纪事实的性质只能依据《中国共产党纪律处分条例》？

《监督执纪工作规则（试行）》第40条第1款第（五）项规定："……审理报告应当体现党内审查特色，依据《中国共产党纪律处分条例》认定违纪事实性质，……"需要思考的问题是：认定违纪事实性质，是否只能依据《中国共产党纪律处分条例》？

笔者认为，认定违纪事实性质，不能仅仅依据《中国共产党纪律处分条例》。除了《中国共产党纪律处分条例》，党章和其他党内法规、国家法律法规、党和国家政策、社会主义道德，在某些情形下，也可以作为认定违纪事实性质的依据。比如，1991年7月13日《中共中央纪律检查委员会关于审理党员违纪案件工作程序的规定》第12条规定："承办人根据《党章》《关于党内政治生活的若干准则》、党的政策、党纪处分规定、国家的法律法规和社会主义道德规范，判断处分决定中所认定的错误性质是否准确，所给予的处分是否恰当。"《关于新形势下党内政治生活的若干准则》规定："建立容错纠错机制，宽容干部在工作中特别是改革创新中的失误。坚持惩前毖后、治病救人，正确对待犯错误的干部，帮助其认识和改正错误。不得混淆干部所犯错误性质或夸大错误程度对干部作出不适当的处理，不得利用干部所犯错误泄私愤、打击报复。"容错纠错机制也会影响某些轻微违纪行为性质的认定。新修订的《中国共产党纪律处分条例》第4条第（三）项规定："对党组织和党员违犯党纪的行为，应当以事实为依据，以党章、其他党内法规和国家法律法规为准绳，准确认定违纪性质，区别不同情况，恰当予以处理。"第6条规定："党组织和党员违反党章和其他党内法规，违反国家法律法规，违反党和国家政策，违反社会主义道德，危害党、国家和人民利益的行为，依照规定应当给予纪律处理或者处分的，都必须受到追究。"虽然《监督执纪工作规则（试行）》效力高于《中共中央纪律检查委员会关于审理党员违纪案件工作程序的规定》，但低于《中国共产党纪律处分条例》是毋庸置疑的。效力高的《中国共产党纪律处分条例》明确规定党章、其他党内法规和国家法律法规可以作为认定违纪性质。因此，笔者建议，可对《监督执纪工作规则（试行）》第40条第1款第（五）项进行完善：审理报告应当体现党内审查特色，依据党章、《中国共产党纪律处分条例》、其他党内法规和国家法律法规认定违纪事实性质。

常见困惑解析

"四种形态"的适用对象是否包括党组织？

监督执纪"四种形态"适用于全体党员还是全体党员、各级党组织？一些同志表示，单纯从《中国共产党党内监督条例》第7条对"四种形态"含义的描述看，并没有说明其适用范围。对此，一些人这样认为，监督执纪"四种形态"只适用于全体党员，理由是：批评和自我批评、约谈函询、党纪轻处分、组织调整、党纪重处分、严重违纪涉嫌违法立案审查等形态通常只对党员个人适用，而不能对党组织适用。而党组织严重违反党纪，根据新修订的《中国共产党纪律处分条例》第8条规定，只有两种纪律处理措施：改组和解散。笔者认为，这种观点显然不正确，监督执纪"四种形态"应适用于全体党员、各级党组织。

笔者认为，虽然党组织不具有党员作为个人的自然属性，但党组织是超越个人的社会人格化的主体，具有其独特的认识和意志能力，尽管这种认识与意志的完成有赖于党组织内部的党委委员（党组成员），但我们仍然要认识到：党组织内部决策人员的思想、观念、追求等上升到组织意图后，就不再是党委委员（党组成员）作为自然人的个人意志，而是党组织对社会的能动反映。党组织决策机构作出的一切决定，都是党组织的意志。

此外，监督执纪"四种形态"，不仅深刻切中了党员违纪现象的共性规律，也深刻揭示了党组织违纪现象的共性规律，区分出从违纪"起意"、违纪行为露头、轻微违纪、严重违纪、违法涉嫌犯罪等各个节点。同时，监督执纪"四种形态"对违纪问题予以分类诊疗、分层治理，进一步夯实了纪律治本的基础，全面提升了党内治理体系、治理能力的科学化水平，必将对深入推进全面从严治党起到积极的促进作用。

那么，党组织如何适用监督执纪"四种形态"？对党组织"红脸出汗"，主要是通过上级党组织对下级党组织党委委员（党组成员）的批评、约谈函询、提醒、诫勉等途径实现；对党组织的故意或者过失集体违纪，则根据《中国共产党纪律处分条例》第26条的相应规定作出处分，即"党组织领导机构集体作出违犯党纪的决定或者实施其他违犯党纪的行为，对具有共同故意的成员，按共同违纪处理；对过失违纪的成员，按照各自在集体违纪中所起的作用和应负的责任分别给予处分"。此外，如果对党组织的故意或者过失集体严重违纪且违法涉嫌犯罪的（比如涉嫌单位受贿犯罪、私分国有资产犯罪），可以根据《刑法》的规定，追究单位领导等有关人员的刑事责任。

另外，《中国共产党党内监督条例》第6条规定："党内监督的重点对象是党的领导机关和领导干部特别是主要领导干部。"紧接着《中国共产党党内监督条例》第7条规定监督执纪"四种形态"的含义和具体路径。将第6条与第7条结合起来分析，应该得出监督执纪"四种形态"适用于党的领导机关的结论。

"惩前毖后、治病救人"，是贯穿于监督执纪"四种形态"的题中之义。根据《中国共产党纪律处分条例》第4条第（五）项规定："惩前毖后、治病救人。处理违犯党纪的党组织和党员，应当实行惩戒与教育相结合，做到宽严相济。"可见，这里的"惩前毖后、治病救人"中救"人"——救的不仅是指违反党纪的党员，而且包含违反党纪的党组织，通过惩前毖后、治病救人，最终使全体党员、各级党组织都模范遵守和维护党的纪律。

来源：《中国纪检监察报》2017年1月4日

从旧兼从轻，是否有例外？

问：违纪行为发生在 2016 年 1 月 1 日之前，在 2016 年 1 月 1 日之后被判处免予刑事处罚或者被检察机关作出相对不起诉决定，如何适用条规？

对此，存在两种不同观点：

一种观点认为，应当根据新修订的《中国共产党纪律处分条例》第 133 条第 2 款的"从旧兼从轻"规定，适用违纪行为发生时的规定。

另一种观点认为，应当尊重司法机关判决或者检察院不起诉决定，直接根据新修订的《中国共产党纪律处分条例》第 32 条的规定，作出处理。

笔者认为，这一问题主要涉及对新修订的《中国共产党纪律处分条例》第 133 条第 2 款的溯及力与第 32 条，第 34 条第 1 款、第 2 款的关系问题。如果被审查人 2016 年 1 月 1 日之前实施的违纪行为，没有被司法机关追究刑事责任，现在被纪检监察机关发现的，应当根据《中国共产党纪律处分条例》第 133 条第 2 款规定适用有关规定；如果被审查人 2016 年 1 月 1 日之前实施的违纪行为，已被追究刑事责任（如被法院判处刑罚、免予刑事处罚、检察机关相对不起诉等），但尚未给予党纪处分的，根据纪严于法的精神以及尊重和维护司法机关的权威需要（司法判决、检察院相对不起诉决定不仅对当事人有拘束力，对有关党组织、国家机关也会有约束力，这就要求有关党组织、国家机关尊重和维护司法权威），优先适用第 32 条，第 34 条第 1 款、第 2 款，而不是根据 2016 年《中国共产党纪律处分条例》第 133 条第 2 款规定，适用其他规定。

相关条规附后:

《中国共产党纪律处分条例》

第三十二条第一款 党员犯罪情节轻微,人民检察院依法作出不起诉决定的,或者人民法院依法作出有罪判决并免予刑事处罚的,应当给予撤销党内职务、留党察看或者开除党籍处分。

第三十四条第一款、第二款 党员依法受到刑事责任追究的,党组织应当根据司法机关的生效判决、裁定、决定及其认定的事实、性质和情节,依照本条例规定给予党纪处分或者组织处理。

党员依法受到行政处罚、行政处分,应当追究党纪责任的,党组织可以根据生效的行政处罚、行政处分决定认定的事实、性质和情节,经核实后依照本条例规定给予党纪处分或者组织处理。

第一百三十三条 本条例自 2016 年 1 月 1 日起施行。

本条例施行前,已结案的案件如需进行复查复议,适用当时的规定或者政策。尚未结案的案件,如果行为发生时的规定或者政策不认为是违纪,而本条例认为是违纪的,依照当时的规定或者政策处理;如果行为发生时的规定或者政策认为是违纪的,依照当时的规定或者政策处理,但是如果本条例不认为是违纪或者处理较轻的,依照本条例规定处理。

如何正确理解《党纪处分条例》中的不起诉？

　　针对检察机关相对不起诉决定和法院免予刑事处罚判决后，各地纪检机关党纪处分相差较大、影响党纪严肃性的情况，修订后的《中国共产党纪律处分条例》（以下简称《党纪处分条例》）对此予以规范、统一。《党纪处分条例》第32条第1款规定："党员犯罪情节轻微，人民检察院依法作出不起诉决定的，或者人民法院依法作出有罪判决并免予刑事处罚的，应当给予撤销党内职务、留党察看或者开除党籍处分。"纪检机关在适用该款时，应注意检察机关不起诉有多种，分别是：绝对不起诉、相对不起诉、存疑不起诉以及附条件不起诉4种。为正确适用《党纪处分条例》第32条第1款，笔者对检察机关不起诉逐一介绍：

　　1. 相对不起诉（又称之为"微罪不起诉"），指犯罪事实清楚、证据充足且犯罪情节轻微的不起诉。《党纪处分条例》第32条第1款规定的检察机关不起诉，就是指相对不起诉。有两种情形适用于相对不起诉：一种是犯罪情节轻微，依照《刑法》规定不需要判处刑罚的；另一种是犯罪情节轻微、免除刑罚的。无论是哪一种，根据《刑事诉讼法》第173条第2款的规定，检察机关可以作出不起诉决定。检察机关作出相对不起诉决定后，纪检机关须注意：

　　（1）相对不起诉以犯罪情节轻微为条件，而不是犯罪情节显著轻微为适用条件。

　　（2）纪律处分只需要考虑相对不起诉决定的生效时间，而不必考虑违纪行为发生时间。只要相对不起诉决定的生效时间发生在2016年1月1日之后，就无条件适用新修订的《党纪处分条例》，不再考虑犯罪行为发生时间。

（3）"犯罪情节轻微"不能等同于"违纪情节较轻"。违纪情节的判断，需要结合违纪构成要件，独立判断。如在相对不起诉的场合，可能存在多个情节轻微的犯罪行为（如贪污1万元、受贿1万元、行贿1万元），但根据《党纪处分条例》第23条规定的合并处理规则，反映出被审查人人身危险性大，可以认定为"情节严重"。

2. 绝对不起诉（又称之为"法定不起诉"），指被不起诉人（犯罪嫌疑人）没有犯罪事实或者具备《刑事诉讼法》第15条规定情形之一的（如情节显著轻微、危害不大、不认为是犯罪的，或者虽构成犯罪但已过追诉时效、经特赦令免除刑罚的、依照刑法告诉才处理的犯罪、没有告诉或者撤回告诉的、犯罪嫌疑人已经死亡的等），根据《刑事诉讼法》第173条第1款的规定，人民检察院应当作出不起诉决定。在绝对不起诉场合，纪律处分需要注意三点：

（1）被不起诉人（犯罪嫌疑人）没有犯罪事实，不等同于被不起诉人（犯罪嫌疑人）没有违纪事实，被不起诉人是否有违纪事实，需要结合党规、党纪及违纪构成要件独立判断，比如，被不起诉人有滥用职权的行为，但未造成严重后果，因而不构成滥用职权罪，但被不起诉人滥用职权的行为可能严重影响党的形象，可能构成违纪。

（2）被不起诉人的行为构成犯罪但已过追诉时效或者经特赦令免除刑罚的，检察机关虽作出不起诉决定，但纪检监察机关须注意到，纪律处分没有时效限制。"纪严于法"内在要求纪检监察机关独立评判，假如被不起诉人有受贿20万元的情节，虽已过追诉时效，但纪检监察机关仍应作出开除党籍、开除公职的处分。

（3）依照《刑法》告诉才处理的犯罪、没有告诉或者撤回告诉的、犯罪嫌疑人已经死亡的，如果犯罪嫌疑人是党员，即便已经死亡，根据修订后的《党纪处分条例》第37条的规定，如果该党员的行为构成严重违纪，应当给予开除党籍的，仍应立案审查；如果该党员实施了依照《刑法》告诉才处理的犯罪，即便被害人没有告诉或者撤回告诉的（例如，虐待近亲属），由于该党员的行为严重影响党的形象，纪检监察机关仍应立案审查。

3. 存疑不起诉，主要是指因证据上存在缺陷而决定不起诉。根据《刑事诉讼法》第171条第4款的规定，检察机关经过二次退回补充侦查，仍然认为证据不足、不符合起诉条件的，应当作出不起诉决定。根据《人民检察院刑事诉讼规则》第286条规定，证据不足通常有以下四种表现：一是据以定罪的证据存在疑问，无法查证属实的；二是犯罪构成要件事实缺乏必要的证据予以证明的；三是据以定罪的证据之间的矛盾不能合理排除的；四是根据证据得出的结论具有其他可能性的。

存疑不起诉适用过程中需要注意三点：

（1）检察机关作出存疑不起诉后，其法律后果是暂时中止刑事诉讼，如果在追诉期，侦查机关（部门）又发现新的证据，认为犯罪嫌疑人的犯罪事实清楚，证据确凿、充分的，应当追究刑事责任，根据《刑事诉讼法》第172条之规定，应当作出起诉决定。

（2）在存疑不起诉的场合，也可能存在违纪行为。比如，行为人套取公款后是否将公款用于公务支出以及套取公款的数额不清，非法占有公款的故意难以确定，因而，不能认定其行为构成贪污罪，但行为人套取公款的行为违反财经会计法规，可以单独评价为违纪，根据其违纪情节给予相应的党政纪处分。

（3）存疑是指证据上存在疑问，不是条规适用存在疑问，如果条规适用存在疑问，应按有关规定及时向上级有关部门请示。

4. 附条件不起诉，又称为暂缓起诉等，是指检察机关在审查起诉时，根据犯罪嫌疑人（适用未成年人犯罪案件）的年龄、性格、情况、犯罪性质和情节、犯罪原因以及犯罪后的悔过表现等，对较轻罪行的犯罪人设定一定的条件，如果在法定的期限内，犯罪人履行了相关的义务，检察机关就应做出不起诉的决定。在我国，未成年人是指不满18周岁的人，既无法加入中国共产党，也不能成为公务员，因此，附条件不起诉作出后，无须考虑对犯罪的未成年人给予党政纪处分。

如何正确理解涉嫌犯罪的问题线索?

　　《中国共产党纪律处分条例》第4条规定:"党的纪律处分工作应当坚持以下原则:(一)党要管党、从严治党。加强对党的各级组织和全体党员的教育、管理和监督,把纪律挺在前面,注重抓早抓小。……""把纪律挺在前面"要求纪检机关在纪律审查中发现党员干部严重违纪涉嫌违法犯罪的,应当先作出党纪处分决定,再移送行政机关、司法机关处理。如果尚未作出党纪处分决定,就将案件直接移送行政机关、司法机关处理,就是对"纪挺法前"要求的背离。为此,《中国共产党党内监督条例》第37条第2款作出明确规定:"在纪律审查中发现党的领导干部严重违纪涉嫌违法犯罪的,应当先作出党纪处分决定,再移送行政机关、司法机关处理。执法机关和司法机关依法立案查处涉及党的领导干部案件,应当向同级党委、纪委通报;该干部所在党组织应当根据有关规定,中止其相关党员权利;依法受到刑事责任追究,或者虽不构成犯罪但涉嫌违纪的,应当移送纪委依纪处理。"需要说明的是,这里的严重违纪是指一个或者多个违纪行为事实清楚、证据确凿充分,根据党规、党纪应当给予其开除党籍处分(极个别情况下,可能会给予撤销党内职务或者留党察看处分)。为切实实现"三转",防止纪律审查过程中"吃干榨尽",对被审查人有多个严重违纪行为且涉嫌犯罪的,只要查证其中的一笔或者少量几笔(如单笔受贿金额超过百万,查证一笔即可),对仅有本人交代(如盗窃他人财物5000元、敲诈勒索他人财物8000元)或者书证、物证等孤证情形,可将其作为涉嫌犯罪的问题线索移交行政机关、司法机关依法处理。

　　需要注意两点:一是移交行政机关、司法机关依法处理与移交行政机关、司法机关追究刑事责任存在语义区分。前者需要行政机关、司法机关按照法定程序、法定标准独立判断是否追究刑事责任。一般来说，行政机关、司法机关会先依法初查，初查后对照刑事犯罪追诉标准决定是否立案；后者有要求行政机关、司法机关直接立案追究刑事责任的意蕴，有先入为主、有罪推定之嫌疑。二是如果严重违纪行为本身事实不清、证据不足，不能认定违纪（违法）行为的，不宜将被审查人的问题作为涉嫌犯罪的问题线索移交行政机关、司法机关追究刑事责任。比如，被审查人的行为是否构成贪污违纪存在疑问，由于被审查人拒不配合调查，纪律审查人员误认为司法机关强制措施的威慑力大，为此将其移送司法机关追究其贪污罪刑事责任就不太妥当。因为一旦移送司法机关，司法机关即便立案后，仍然存在事实不清、证据不足、无法定罪的较大可能。

律师要求查阅、复制纪委卷宗，该怎样应对？

问：实践中，有律师根据《律师法》第 35 条第 2 款 "律师自行调查取证的，凭律师执业证书和律师事务所证明，可以向有关单位或者个人调查与承办法律事务有关的情况" 之规定，向基层纪检监察机关要求查阅、复印纪检监察机关的卷宗，对此，基层纪检监察机关应当如何答复？

答：一方面，包括纪检监察机关在内的组织和单位，应当维护律师正当合法权益。另一方面，2016 年 1 月 1 日生效的《中国共产党纪律处分条例》第 120 条第 1 款规定："泄露、扩散或者窃取党组织关于干部选拔任用、纪律审查等尚未公开事项或者其他应当保密的内容的，给予警告或者严重警告处分；情节较重的，给予撤销党内职务或者留党察看处分；情节严重的，给予开除党籍处分。"

中央纪委、监察部 1996 年 8 月 19 日印发的《纪检监察机关办案工作保密规定》对纪检监察机关正在办理的案件保密工作作出了严格要求。《纪检监察机关办案工作保密规定》第 7 条规定："拟采取的调查手段、措施要严格控制知悉范围，不准向被调查人泄露；严禁泄露当事人提供的物证、书证、证人证言等证据。"换言之，正在办理的案件绝对禁止律师查阅或者复印。

如果是已经办结的案件，如果不涉及国家秘密、商业秘密、个人隐私，且与律师承办的法律事务有关。比如，村支书在侵占集体财产过程中，与村集体之间存在一定的债权债务纠纷，可以将与律师承办的法律事务有关内容以适当的形式（如 "情况说明"）向律师反馈，同时，要求律师严格限制使用材料的范围和形式（仅向法院提供）。当然，为慎重起见，也可以要求律师向人民检察院、人民法院提出收集、调取证据的申请，由人民检察院、人民法院与有关纪检监察机关沟通。

需要说明的是，律师在向基层纪检监察机关提出查阅、复印纪检监察机关卷宗时，应手续齐全，比如应提供当事人的委托书、律师执业证书和律师事务所证明，且有初步证据证明与拟查阅、复印事项与其承办法律事务有关，"关联性"证明由律师证明。手续不全的，基层纪检监察机关有权要求其提供完整手续。基层纪检监察机关调查手段、措施、阅卷笔录、案件讨论笔录、举报人及举报信等内容，不得向律师提供。

附：纪检监察机关办案工作保密规定

（中共中央纪律检查委员会、监察部 1996 年 8 月 19 日印发）

第一条　为了确保纪检监察机关在办案中严格保守国家秘密，加强办案中的保密工作，保证纪检监察工作的顺利进行，根据《中华人民共和国保守国家秘密法》、《纪检监察工作中国家秘密及其密级具体范围的规定》和国家有关规定，制定本规定。

第二条　本规定适用于纪检监察机构办案人员和纪检监察机构内部因工作需要接触案情的人员。

第三条　受理检举、控告、申诉的保密要求按照《保护检举、控告人的规定》的有关规定办理。

第四条　对案件或问题初核时，不准向被调查人暴露意图。

第五条　《立案呈批报告》、《初步核实报告》等有关案件材料，应指定专人登记、管理。

第六条　制定案件调查计划要同时制定保密措施，调查大案要案要有具体保密方案。

第七条　拟采取的调查手段、措施要严格控制知悉范围，不准向被调查人泄露；严禁泄露当事人提供的物证、书证、证人证言等证据。

第八条　外出调查一般不准携带案卷，如确需携带时必须经领导批准，并做到：两人专管，卷不离人，严防丢失；上下车、船、飞机时，要及时检查，相互提示。

第九条　不准在公共场所谈论案件内容，不准携带案卷和调查材料探亲访友、游览、购物等。

第十条 汇报案情及有关情况时，应使用加密传真，不得使用平信、明码电报和电话。传递办案材料，应通过机要部门。

第十一条 出境调查携带案件材料，应当按国家保密局、海关总署《关于禁止邮寄或非法携运国家秘密文件、资料和其他物品出境的规定》执行。

第十二条 移送审理的案件材料，要严格登记和履行交接手续。

第十三条 在审理案件过程中，案卷材料由承办人负责保管，审理结束后，按规定移送。

第十四条 阅卷笔录、审理讨论笔录等，未经批准，不得向无关人员提供。

第十五条 案件材料及办案请示、报告和其他有关文字材料，均应按《纪检监察工作中国家秘密及其密级具体范围的规定》划定密级和期限，并妥善加以保管。

第十六条 正在办理的案件，一般不对外宣传报道；需要宣传报道时，必须经主管领导同意并报同级纪检监察机关领导批准。

第十七条 办案中如发生泄密情况，要及时向主管领导和本单位保密委员会报告，同时采取有效措施尽力补救；事后要认真追查，严肃处理，并向上一级纪检监察机关保密委员会报告。

第十八条 违反本规定的，应依照党纪、政纪的有关规定给予党纪处分、行政处分或其他处理；构成犯罪的，移送司法机关依法追究刑事责任。

第十九条 本规定自发布之日起施行。

党员干部酒驾党政纪处分问题研究

【案例一】2015 年 9 月底，某县公安局派出所所长陈某某（中共党员）酒后驾驶警车超速行驶，发生侧翻，未造成人员伤亡或财产损失。经现场抽血检测，陈某某血液中酒精含量为 30 毫克/100 毫升，属饮酒驾车。事后，陈某某及时自费维修警车，赔偿损失，写出深刻检查，平时在单位表现一贯良好。需要研究的问题是：警察酒驾，如何量纪比较恰当？

【案例二】2016 年 5 月 6 日 20 时许，国家工作人员王某（中共党员）驾驶小型面包车时，被执勤民警拦车检查，经检测，其血液中酒精含量达 77 毫克/100 毫升，属酒后驾驶。公安局对王某作出了行政罚款 2000 元、暂扣机动车驾驶证 6 个月的行政处罚。某县纪委给予王某党内警告处分。需要研究的问题是：县纪委给予党内警告处分是否合适？

【案例三】2016 年 6 月 5 日，某乡镇公务员张某（中共党员）酒后驾驶二轮摩托车约 300 米致人死亡，后投案自首；经鉴定，张某血样中乙醇含量为 90 毫克/100 毫升。经交警认定，张某负事故的主要责任。张某因犯交通肇事罪被法院判处有期徒刑 1 年，缓刑 2 年。需要研究的问题是：张某驾驶二轮摩托车，且具有自首、悔罪态度好、积极赔偿损失，在事故发生后第一时间向所在单位主动报告，且本人表现一贯良好，是单位业务骨干等从轻减轻处分情节，可否不开除党籍而给予留党察看处分？

【案例四】某国有控股企业员工杨某酒后驾车，交通肇事致一人死亡，经交警认定，杨某负事故的主要责任；杨某具有投案自首、积极赔偿死者家属损失、取得死者家属谅解等法定从轻减轻处罚情节，被法院判处有期徒刑 2 年，缓刑 3 年。需要研究的问题是：杨某被追究刑事责任，所在单位是否必须辞退杨某？

【评析】生活中，党员干部酒后驾车是较为常见的严重交通违法行为。作为一名共产党员，要时刻牢记党员身份是自己的第一身份，模范遵守法律法规，始终恪守党纪条规，决不能将自我要求退却于法律法规的红线。党的纪律规矩对党员的要求比国家法律法规对公民的约束更为严格。对于党员干部而言，酒后驾车不仅要接受法律法规的行政处罚、刑事处罚，还要受到严厉的党纪政纪处分，这是坚持把纪律和规矩挺在前面，做到纪在法前、纪严于法，实现纪法分开的必然之举。

为从纪律上、法律上正确认定和处理酒后驾车违法行为，有必要对下列问题进行深入研究：

一、什么是酒后驾车？相关法律责任如何规定？

酒后驾驶违法行为是指车辆驾驶人员饮酒后血液中的酒精含量大于或者等于 20 毫克/100 毫升驾驶机动车的行为。根据国家质量技术监督局发布的《车辆驾驶人员血液、呼吸酒精含量阀值与检验》规定，车辆驾驶人员血液中的酒精含量在 20~80 毫克/100 毫升之间的，属于饮酒驾车，根据《道路交通安全法》第 91 条第 1 款之规定，应给予机动车驾驶人"暂扣六个月机动车驾驶证，并处一千元以上二千元以下罚款"的行政处罚。车辆驾驶人员血液中的酒精含量大于或者等于 80 毫克/100 毫升的，属于醉酒驾车，根据《道路交通安全法》第 91 条第 2 款和《刑法修正案（八）》第 22 条"在道路上醉酒驾驶机动车的，处拘役，并处罚金"规定，应依法追究行为人的刑事责任，并且吊销机动车驾驶证，且五年内不得重新取得机动车驾驶证。

明知他人可能会驾驶机动车，暗中在其饮料中掺入酒精，驾驶人不知情而驾驶机动车的，根据"间接正犯"的理论，对掺入酒精者应以危险驾驶罪追究其刑事责任。

需要说明的是，醉酒驾车是抽象的危险犯，不需要具体判断醉酒行为是否具有公共危险，只要行为人在醉酒状态下在道路上驾驶机动车，就构成犯罪。醉酒驾驶是类型化的危险犯，只需要类型化的判断即可。醉酒驾驶，是一种犯罪行为，严重损害了党员干部形象和人民群众生命财产安全。只要血液中的酒精含量大于或者等于 80 毫克/100 毫升，并且实施了驾驶行为就构成犯罪，不能以行为人的酒量大、耐酒性好、驾驶技术高作为辩解事由而降格处理。

二、醉酒驾驶致人伤亡或者重大财产损失，如何处理？

行为人醉酒驾驶机动车，过失造成他人伤亡或者重大财产损失的，如何处理？《道路交通安全法》第 91 条第 5 款只是笼统地宣称："依法追究刑事责任"，"饮酒后或者醉酒驾驶机动车发生重大交通事故，构成犯罪的，依法追究刑事责任"，是否数罪并罚，没有明确作出规定。醉酒驾驶机动车并发生一定后果的可能构成危险驾驶罪、交通肇事罪、以其他危险方法危害公共安全罪，这三个罪名，在刑法典中均被归入危害公共安全类罪之中。有观点认为，行为人实施了醉酒驾驶机动车的行为，已经构成危险驾驶罪，后又过失造成他人伤亡或者重大财产损失的，构成交通肇事罪。对行为人基于故意、过失分别实施的两个行为，应以危险驾驶罪、交通肇事罪数罪并罚。笔者认为，这种观点有一定的道理，但有重复评价的嫌疑，因为，危险驾驶行为本身就是交通肇事行为的一个组成部分，事实是行为人对基本犯（危险驾驶罪）是故意，对造成致人死伤的加重结果主观心态为过失，且刑法加重其法定刑，故应考虑适用结果加重犯或者情节加重犯的理论。

需要说明的是，如果行为人实施了醉酒驾驶机动车的行为，后又放任致不特定多数人伤亡或者重大财产损失的结果发生的，此种情形属于一个行为同时触犯两个罪名（危险驾驶罪、以其他危险方法危害公共安全罪），应择一重罪以其他危险方法危害公共安全罪定罪处罚。

三、对酒后驾驶者给予纪律处分，如何正确引用条规？

2003 年《中国共产党纪律处分条例》将"酒后驾驶机动车的行为（含发生一定后果）"归入第十五章"妨害社会管理秩序"之中，如果违纪行为发生在 2016 年 1 月 1 日之前，条规可引用 2003 年《中国共产党纪律处分条例》第 174 条"有其他妨害社会管理秩序的行为，情节较重的，给予警告或者严重警告处分；情节严重的，给予撤销党内职务、留党察看或者开除党籍处分"之规定，给予行为人相应的党纪处分。2016 年 1 月 1 日施行的《中国共产党纪律处分条例》将酒后驾驶机动车的行为界定为违法行为，适用纪法衔接条款（第 29 条第 1 款或第 34 条第 1 款、第 2 款、第 3 款）。

政纪处分适用方面，如果酒后驾驶机动车的是行政机关公务员和参照公务员管理的事业单位工作人员已被判处刑罚的，政纪处分可以适用《行政机关公务员处分条例》第 17 条第 2 款给予行政开除处分；如果被给予行政处罚，可以引用《中华人民共和国公务员法》第 53 条第（十六）项和《行政机关公务员处分条例》第 2 条第 2 款进行处分。如果人民警察酒后驾驶机动车造成严重后果的，可以引用《公安机关人民警察纪律条令》第 23 条之规定，给予开除处分。如果检察人员酒后驾驶机动车未被判处刑罚的，政纪处分可以引用《检察人员纪律处分条例（试行）》第 112 条规定："有其他妨碍社会管理秩序的行为，情节较重人员，给予警告、记过或者记大过处分；情节严重者，给予降级、撤职或者开除处分。"如果被追究刑事责任的，视情况引用《检察人员纪律处分条例（试行）》第 18 条或第 19 条；如果法院工作人员酒后驾驶机动车未被判处刑罚的，政纪处分可以引用《人民法院工作人员纪律处分条例》第 106 条规定："有其他违反管理秩序和社会道德行为的，给予警告、记过或者记大过处分；情节较重的，给予降级或者撤职处分；情节严重的，给予开除处分。"如果法院工作人员酒后驾驶机动车被依法判处刑罚的，根据《人民法院工作人员纪律处分条例》第 16 条第 2 款之规定"一律给予开除处分"。

四、量纪问题

（一）酒后驾驶量纪轻重标准

酒后驾驶量纪轻重标准应根据驾驶人血液中酒精含量大小、是否造成实际损害、认错（罪）悔错（罪）态度、是否积极配合调查等情节综合判断。其中，血液中酒精含量大小对量纪轻重影响最大，越接近醉酒驾驶犯罪标准（80 毫克/100 毫升）的，对公共安全造成的潜在威胁就越大，量纪越重；血液中酒精含量越接近饮酒驾驶犯罪标准（20 毫克/100 毫升）的，量纪越轻。案例一中，陈某某血液中酒精含量相对较低（30 毫克/100 毫升），虽然有法定的从轻处分情节，但由于警察的特殊身份，应模范遵守交通法规，可以酌情给予党内警告或者行政警告处分；案例二中，王某血液中酒精含量相对较高（达 77 毫克/100 毫升），处分相对应重一些，至少应给予党内严重警告处分。

如果因酒后驾驶违法行为依法被处暂扣驾驶证并处罚款的，党纪给予党内严重警告处分，或政纪给予记过、记大过处分；因酒后驾驶违法行为依法被处行政拘留并处罚款的，党纪给予撤销党内职务处分，政纪给予降级或撤职处分。

（二）酒后驾车地点不同，量纪是否应有所区别？

无论是在道路上酒后驾车，还是在单位、家属院、广场、地下停车场等

非道路场所酒后驾车，都是一种严重的交通违法行为，对公共安全都会产生
潜在的威胁。应当指出，对在人员密集的地方酒后驾车给予的处分，相比在
人员较少的地方酒后驾车处分要重一些，因为，前者对公众潜在的威胁要更
大一些。

（三）酒后驾驶公车与酒后驾驶私车，量纪上是否应有区别？

从本质上说，酒后驾驶公车与酒后驾驶私车，对公共安全产生潜在的威
胁是一样的，所不同的是，酒后驾驶公车对国家机关和国家工作人员的职业
形象都会产生负面影响，因此，从这个意义上讲，酒后驾驶公车处分可以酌
情较酒后驾驶私家车处分相对重一些。

（四）因危险驾驶犯罪被判处刑罚，是否可以不开除党籍？

有人认为，在危险驾驶犯罪没有造成人员伤亡、财产损失等后果的情况
下，可以根据案件具体情况不开除党籍。理由是，因酒驾犯交通肇事罪判处3
年以下有期徒刑、管制、拘役的，个别情况下，对照处分党员批准权限的规
定报上一级党组织批准可以不开除党籍。笔者认为，危险驾驶犯罪是故意犯
罪，根据《中国共产党纪律处分条例》第33条第1款第（一）项之规定：
"因故意犯罪被依法判处刑法规定的主刑（含宣告缓刑）的，应当给予开除党
籍处分。"对《中国共产党纪律处分条例》第33条第2款作限制解释：如果
法院以交通肇事罪判处3年以下（含3年）有期徒刑、拘役，同时判决书中
有认定党员醉酒驾驶情节的，应作出开除党籍处分，不能适用后款给予开除
党籍以下处分。作出这样的解释与"入罪举轻以明重"的刑法解释原理相吻
合：醉酒驾驶未发生交通事故被判刑的，开除党籍；醉酒驾驶并发生交通事
故被判刑的，更应开除党籍。否则，情与法均说不通。所以，对案例三中的
张某，必须作出开除党籍处分。

（五）国有企业工作人员酒驾肇事被追究刑事责任，是否必须解除劳动
合同？

目前，对违纪公务员的处分严于违纪事业单位工作人员，如《行政机关
公务员处分条例》第17条第2款规定："行政机关公务员依法被判处刑罚的，
给予开除处分。"《事业单位工作人员处分暂行规定》第22条第1款前半部分
规定："事业单位工作人员被依法判处刑罚的，给予降低岗位等级或者撤职以
上处分。"其中，被依法判处有期徒刑以上刑罚的，给予开除处分。对判处管
制、拘役的事业单位工作人员，可以在保留公职的前提下，给予重处分即可。

值得研究的是，国有企业人员因酒驾被追究刑事责任的，如何处理？因酒驾被追究刑事责任的国有企业人员可以参照《事业单位工作人员处分暂行规定》第22条规定，背后的立法精神值得借鉴。对《劳动合同法》第39条第6款"被依法追究刑事责任、用人单位可以解除劳动合同"作限制解释，不是必须解除劳动合同，由单位综合各种情况酌情决定。如果因酒驾被追究刑事责任的国有企业人员平时表现较好，是单位业务骨干，认错、悔错态度诚恳，系初犯，可以在作出开除党籍处分的前提下不解除劳动合同，依据企业的规章制度采取调整工作岗位、降职、扣发绩效工资奖金等方式处理。所以，对案例四中的杨某，可以不解除劳动合同。

相关条规索引：

2003 年《中国共产党纪律处分条例》

第三十条　有下列情形之一的，应当给予开除党籍处分：

（一）因故意犯罪被依法判处《中华人民共和国刑法》规定的主刑（含宣告缓刑）的；

（二）单处或者附加剥夺政治权利的；

（三）因过失犯罪，被依法判处三年以上（不含三年）有期徒刑的。

因过失犯罪被判处三年以下（含三年）有期徒刑或者被判处管制、拘役的，一般应当开除党籍。对于个别可以不开除党籍的，应当对照处分党员批准权限的规定，报请再上一级党组织批准。

第一百七十四条　有其他妨害社会管理秩序的行为，情节较重的，给予警告或者严重警告处分；情节严重的，给予撤销党内职务、留党察看或者开除党籍处分。

2016 年《中国共产党纪律处分条例》

第三条　党章是最根本的党内法规，是管党治党的总规矩。党的纪律是党的各级组织和全体党员必须遵守的行为规则。党组织和党员必须自觉遵守党章，严格执行和维护党的纪律，自觉接受党的纪律约束，模范遵守国家法律法规。

第二十九条　党组织在纪律审查中发现党员有其他违法行为，影响党的形象，损害党、国家和人民利益的，应当视情节轻重给予党纪处分。

对有丧失党员条件，严重败坏党的形象行为的，应当给予开除党籍处分。

第三十三条 党员犯罪，有下列情形之一的，应当给予开除党籍处分：

（一）因故意犯罪被依法判处刑法规定的主刑（含宣告缓刑）的；

（二）被单处或者附加剥夺政治权利的；

（三）因过失犯罪，被依法判处三年以上（不含三年）有期徒刑的。

因过失犯罪被判处三年以下（含三年）有期徒刑或者被判处管制、拘役的，一般应当开除党籍。对于个别可以不开除党籍的，应当对照处分党员批准权限的规定，报请再上一级党组织批准。

第三十四条 党员依法受到刑事责任追究的，党组织应当根据司法机关的生效判决、裁定、决定及其认定的事实、性质和情节，依照本条例规定给予党纪处分或者组织处理。

党员依法受到行政处罚、行政处分，应当追究党纪责任的，党组织可以根据生效的行政处罚、行政处分决定认定的事实、性质和情节，经核实后依照本条例规定给予党纪处分或者组织处理。

党员违反国家法律法规，违反企事业单位或者其他社会组织的规章制度受到其他纪律处分，应当追究党纪责任的，党组织在对有关方面认定的事实、性质和情节进行核实后，依照本条例规定给予党纪处分或者组织处理。

2011 年 2 月 25 日《中华人民共和国刑法修正案（八）》

其在刑法第一百三十三条后增加一条，作为第一百三十三条之一："在道路上驾驶机动车追逐竞驶，情节恶劣的，或者在道路上醉酒驾驶机动车的，处拘役，并处罚金。有前款行为，同时构成其他犯罪的，依照处罚较重的规定定罪处罚。"

《中华人民共和国道路交通安全法》

第九十一条 饮酒后驾驶机动车的，处暂扣六个月机动车驾驶证，并处一千元以上二千元以下罚款。因饮酒后驾驶机动车被处罚，再次饮酒后驾驶机动车的，处十日以下拘留，并处一千元以上二千元以下罚款，吊销机动车驾驶证。

醉酒驾驶机动车的，由公安机关交通管理部门约束至酒醒，吊销机动车驾驶证，依法追究刑事责任；五年内不得重新取得机动车驾驶证。

饮酒后驾驶营运机动车的，处十五日拘留，并处五千元罚款，吊销机动车驾驶证，五年内不得重新取得机动车驾驶证。

醉酒驾驶营运机动车的，由公安机关交通管理部门约束至酒醒，吊销机动车驾驶证，依法追究刑事责任；十年内不得重新取得机动车驾驶证，重新取得机动车驾驶证后，不得驾驶营运机动车。

饮酒后或者醉酒驾驶机动车发生重大交通事故，构成犯罪的，依法追究刑事责任，并由公安机关交通管理部门吊销机动车驾驶证，终生不得重新取得机动车驾驶证。

第一百一十九条第三项 "机动车"，是指以动力装置驱动或者牵引，上道路行驶的供人员乘用或者用于运送物品以及进行工程专项作业的轮式车辆。

《中华人民共和国公务员法》

第五十三条第（十六）项：违反纪律的其他行为。

《中华人民共和国劳动合同法》

第三九条规定 劳动者有下列情形之一的，用人单位可以解除劳动合同：（一）在试用期间被证明不符合录用条件的；（二）严重违反用人单位的规章制度的；（三）严重失职，营私舞弊，给用人单位造成重大损害的；（四）劳动者同时与其他用人单位建立劳动关系，对完成本单位的工作任务造成严重影响，或者经用人单位提出，拒不改正的；（五）因本法第二十六条第一款第一项规定的情形致使劳动合同无效的；（六）被依法追究刑事责任的。

《行政机关公务员处分条例》

第十七条 违法违纪的行政机关公务员在行政机关对其作出处分决定前，已经依法被判处刑罚、罢免、免职或者已经辞去领导职务，依法应当给予处分的，由行政机关根据其违法违纪事实，给予处分。

行政机关公务员依法被判处刑罚的，给予开除处分。

《公安机关人民警察纪律条令》

第二十三条 工作时间饮酒或者在公共场所酗酒滋事的，给予警告、记过或者记大过处分；造成后果的，给予降级或者撤职处分；造成严重后果的，给予开除处分。

携带枪支饮酒、酒后驾驶机动车，造成严重后果的，给予开除处分。

《事业单位工作人员处分暂行规定》

第二十一条第一款第七项 其他严重违反公共秩序、社会公德的行为。

第二十二条第一款 事业单位工作人员被依法判处刑罚的，给予降低岗位等级或者撤职以上处分。其中，被依法判处有期徒刑以上刑罚的，给予开除处分。

《人民法院工作人员纪律处分条例》

第十六条　在人民法院作出处分决定前，已经被依法判处刑罚、罢免、免职或者已经辞去领导职务，依照本条例需要给予处分的，应当根据其违纪违法事实给予处分。

被依法判处刑罚的，一律给予开除处分。

第一百零六条　有其他违反管理秩序和社会道德行为的，给予警告、记过或者记大过处分；情节较重的，给予降级或者撤职处分；情节严重的，给予开除处分。

《检察人员纪律处分条例（试行）》

第十八条　对因犯罪受到刑事处罚的，应根据司法机关的生效判决及其认定的事实、性质和情节，依照本条例规定给予纪律处分，也可根据情况先行给予纪律处分。

第十九条　凡被判处三年以上有期徒刑的，给予开除处分。

故意犯罪被判处三年以下有期徒刑或者被判处管制、拘役的，给予开除处分。

过失犯罪被判处三年以下有期徒刑宣告缓刑的，视情节可以不给予开除处分，但应当给予撤职处分。

被免予刑事处罚的，给予降级或者撤职处分。

第一百一十二条　有其他妨碍社会管理秩序的行为，情节较重人员，给予警告、记过或者记大过处分；情节严重者，给予降级、撤职或者开除处分。

党员干部工作日午间饮酒违纪条规适用研究

党员干部工作日午间饮酒，影响党政机关正常工作效率，损害党和政府的形象，危害较大。为深入贯彻落实中央八项规定精神，近年来，多地已出台公务接待"禁酒"规定，公务活动一律不准饮酒。但个别党员干部仍然顶风违纪，在工作日午间饮酒。对工作日午间饮酒，一般将其认定为违反工作纪律，给予政纪处分，没有争议。但党纪处分条规适用，值得研究。2016年1月1日《中国共产党纪律处分条例》实施以来，同样是党员干部午间饮酒违纪问题，不同地方的纪检机关在给予党纪处分条规引用方面存在较大区别，有的纪检机关引用《中国共产党纪律处分条例》第125条规定，有的纪检机关适用《中国共产党纪律处分条例》第129条规定。关于党员干部工作日午间饮酒违纪现象，下列问题值得研究。

问题一：禁酒令该由谁制定？禁酒令能否设定具体处分档次？

一种方法是：由省级纪委、组织部、监察厅制定、发布"禁酒令"。如2005年8月27日，中共河南省纪委、中共河南省委组织部、河南省监察厅《关于严禁机关工作人员影响公务和形象饮酒行为的暂行规定》（豫纪发〔2005〕10号）第3条规定："机关工作人员违反本规定，情节较轻的，按照管理权限，由有关机关和单位进行批评教育或给予组织处理。情节严重并造成恶劣影响的，给予党政纪处分。涉嫌犯罪的，移交司法机关处理。"2015年《安徽省纪委、省监察厅关于在全省党政机关实行执行公务时午间禁止饮酒的规定》第4条规定："对违反本规定的，视情节给予党纪处分，或予以相应行政处分。情节较轻的，给予党内警告、行政警告或记过处分；情节较重的，给予党内严重警告、行政记大过或降级处分；情节严重或造成恶劣影响和后果的，给予撤销党内职务、行政撤职处分。"

第二种方法是由省级党委制定禁酒令。如 2016 年 9 月新疆维吾尔自治区党委出台的《自治区公务接待禁止饮酒的规定》第 6 条规定："对违反本规定的，根据《中国共产党纪律处分条例》《行政机关公务员处分条例》《事业单位工作人员处分暂行规定》，视情节给予批评教育、组织处理或纪律处分。"

笔者认为，2013 年 5 月 27 日《中国共产党党内法规制定条例》施行后，经省、自治区、直辖市党委常委会会议通过并以省级党委的名义发布禁酒令比较合适。

问题二：市委、县委是否有权以通知的形式规定具体党政纪处分档次？

实践中，不少市县党委、政府以通知的形式发布禁酒令，即在国家规定的工作日（含节假日值班、执勤时间），严格禁止午间饮酒（包括白酒、红酒、黄酒、啤酒以及其他含有酒精的饮品）。无论公、私活动，一律不得以任何理由在工作日午间饮酒，包括接待招商引资客人、上级机关部门领导、市外来客，以及各类家庭活动（含婚丧喜庆事宜）等。对违反规定的，视情节给予党政纪处分；对因饮酒后贻误工作、酗酒闹事或造成恶劣影响的，一律依纪依规加重处理；涉嫌违法的，由司法机关依法处理。对同一单位 1 年内累计违反规定 3 人次（含）以上的，取消单位当年度评先资格，并按党风廉政建设责任制的有关规定，严肃追究有关领导的主体责任和监督责任。有的发布禁酒令时，比较讲究措辞，注意党内规范性文件的立法权限，注重立法技术，不直接规定具体党政纪处分，而是强调按有关规定处理。如有的规定，无论是一般工作人员或者领导干部工作日午间饮酒的，一律先停职再按有关规定处理。需要思考的问题是，市县党委、政府是否有权以通知的形式规定具体党政纪处分档次？

2016 年 1 月 1 日施行的《中国共产党纪律处分条例》第 4 条规定："党的纪律处分工作应当坚持以下原则：……（三）实事求是。对党组织和党员违犯党纪的行为，应当以事实为依据，以党章、其他党内法规和国家法律法规为准绳，准确认定违纪性质，区别不同情况，恰当予以处理……"由此可见，党纪处分以党章、其他党内法规和国家法律法规为准绳，市、县党委发布的通知等规范性文件不属于党内法规，不能单独作为处分依据。2013 年 5 月 27 日施行的《中国共产党党内法规制定条例》第 4 条第 5 款（规则、规定、办法、细则对党的某一方面重要工作或者事项作出具体规定），第 6 款（中央纪律检查委员会、中央各部门和省、自治区、直辖市党委制定的党内法规，称为规则、规定、办法、细则）就党内法规的制定权限作出明确规定。换言之，市委、县委也不能以通知的形式规定具体党政纪处分档次。根据《行政机关公务员处分条例》第 2 条规定，市、县人民政府也不享有行政处分的立法权，无权设定党员干部工作日午间饮酒的政纪处分档次。不过，市、县党委、政府在发布禁酒令时，可以表明自己依照有关规定严肃处理的立场。

问题三：党员干部工作日午间饮酒，党政纪处分究竟该如何适用条规？

党员干部工作日午间饮酒的党纪处分条规适用，需要区分工作日（公务）公款午间饮酒和工作日自费午间饮酒两种情形。2013 年 12 月 8 日，中央办公厅、国务院办公厅印发《党政机关国内公务接待管理规定》，对接待活动食、宿、行等关键环节提出了明确要求。随后，各省份陆续出台本地党政机关国内公务接待管理规定，同时，为严格执行中央八项规定和《党政机关厉行节约反对浪费条例》，不少省份还针对公务接待提出"禁酒"要求。如有违反，将其评价为违反中央八项规定精神、违反廉洁纪律，适用《中国共产党纪律处分条例》第 99 条之规定，当无争议。

对党员干部违反有关规定工作日自费午间饮酒问题，存在分歧。一种观点认为，可以考虑适用《中国共产党纪律处分条例》第 104 条兜底条款，也有观点认为，应适用《中国共产党纪律处分条例》第 125 条兜底条款，属于违反工作纪律。反对者则认为，2016 年《中国共产党纪律处分条例》所规定的工作纪律，并非上班迟到早退、网购、午间饮酒等，《中国共产党纪律处分条例》第 125 条禁止的是本人不履行或者不正确履行职责，而上班迟到早退、网购、午间饮酒与行使职责没有关系，因此，不适用《中国共产党纪律处分条例》第 125 条兜底条款，应适用《中国共产党纪律处分条例》第 129 条兜底条款，属于违反生活纪律。笔者认为，将党员干部自费午间饮酒行为界定为违反生活纪律，比较牵强，除非喝高档酒、生活奢靡，或者饮酒过程有因饮酒损害机关尊严和工作人员形象等其他严重违反社会公德、家庭美德行为的行为。将党员干部工作日午间自费饮酒问题界定为违反工作纪律，也比较牵强，除非因饮酒影响正常履行公务职责。

一般情况下，有三种可供选择的路径：

第一，适用《中国共产党纪律处分条例》第29条第1款规定："党组织在纪律审查中发现党员有其他违法行为，影响党的形象，损害党、国家和人民利益的，应当视情节轻重给予党纪处分。"将党员的午间饮酒行为界定为违反《公务员法》第53条"（十六）违反纪律的其他行为"。

第二，适用《中国共产党纪律处分条例》第34条第3款规定："党员违反国家法律法规，违反企事业单位或者其他社会组织的规章制度受到其他纪律处分，应当追究党纪责任的，党组织在对有关方面认定的事实、性质和情节进行核实后，依照本条例规定给予党纪处分或者组织处理。"一般来说，企事业单位或者其他社会组织的规章制度通常会禁止党员干部午间饮酒。这样解释，未尝不可。

第三，将党员干部工作日午间自费饮酒现象解释为党员干部自我要求不严，不能严于律己，可以考虑适用《中国共产党纪律处分条例》第104条兜底条款。

通常在实践中，对午间饮酒的党员给予党内警告或者严重警告处分，一般来说，就没有必要再给予政纪轻处分。如果给予午间饮酒的党员干部政纪轻处分，如何引用条规，值得研究。

第一种观点认为，可以考虑适用《行政机关公务员处分条例》第28条的规定，将其界定为严重违反公务员职业道德，工作作风懈怠，给予其政纪处分。

第二种观点认为，可以考虑适用《行政机关公务员处分条例》第20条，即"（四）其他玩忽职守、贻误工作的行为"。

第三种观点认为，可以考虑适用《行政机关公务员处分条例》第23条，即"违反廉政纪律行为"。

笔者倾向于第一种观点。理由是2016年7月中共中央组织部、人力资源和社会保障部、国家公务员局联合印发《关于推进公务员职业道德建设工程的意见》明确提出了24个字的中国特色公务员职业道德的主要内容，即"坚定信念、忠于国家、服务人民、恪尽职守、依法办事、公正廉洁"。其中，"公正廉洁"要求公务员坚持秉公用权、公私分明，办事出于公心，努力维护和促进社会公平正义；严于律己、廉洁从政，坚守道德法纪防线；为人正派、诚实守信，尚俭戒奢、勤俭节约。午间饮酒，显然与"严于律己"背道而驰。从这个意义上讲，午间饮酒显然违反了公务员职业道德。还有一种比较可行的做法，引用《公务员法》第53条"（十六）违反纪律的其他行为"和《行政机关公务员处分条例》第2条第2款之规定："法律、其他行政法规、国务院决定对行政机关公务员应当受到处分的违法违纪行为做了规定，但是未对处分幅度做规定的，适用本条例第三章与其最相类似的条款有关处分幅度的规定。"

问题四：是否只要饮酒，就一定给予党政纪处分？

是否午间饮酒，一律给予其党政纪处分？笔者认为，应综合考虑下列因素：其一，所饮酒精种类（白酒、红酒、黄酒、啤酒、果酒及其他酒精性饮料），相对而言，白酒烈性最大，对党员干部的神经抑制最强，若是果酒及其他酒精性饮料，则危害性相对较小；其二，血液酒精含量大小；其三，是否主动交代问题，配合组织审查的态度；其四，在共同违纪中的地位、作用，是提议者还是被多次规劝后才饮酒等。需要注意的是，并非只要工作日午间饮酒，就一律给予纪律处分，情节较轻的，可以给予批评教育、责令书面检查、通报批评、取消评先评优资格、调整工作岗位等组织处理。

问题五：在多名党员干部工作日午间饮酒的场合，未饮酒的党员干部仅仅参与就餐，但未尽劝阻义务的，是否也要给予其党政纪处分？

《中国共产党党章》第3条第（六）项之规定，党员有坚决同消极腐败现象作斗争的义务；2016年11月2日施行的《中国共产党党内监督条例》第36条第（三）项规定，党员应当本着对党和人民事业高度负责的态度，履行监督义务："参加党组织开展的评议领导干部活动，勇于触及矛盾问题、指出缺点错误，对错误言行敢于较真、敢于斗争"。据此，在聚众就餐的场合，若有党员干部工作日午间饮酒，参与就餐的未饮酒党员干部如果明知对方是党员，要及时劝阻、制止，及时向有关党组织报告，尽监督义务。若未尽劝阻、监督义务的，一旦发生致人死亡或者重伤的严重后果，就可能被给予党纪处分，这对唤醒全体党员的监督意识极为重要。

需要说明三点：

第一，党员之间监督义务是党内法规规定的，因此，一般仅须承担党纪责任，而不承担政纪责任；

第二，如果碍于面子等原因，劝阻不坚决，致使党员干部工作日午间饮酒，但未发生致人死亡、重伤等严重后果的，一般不需要给予其党纪处分，可批评教育、通报、责令本人写出深刻检查等。

　　第三，注意监督者与被监督者之间的关系，区分重义务和轻义务。虽然，党内法规规定上看，一般党员干部可以监督上级领导，但事实上，下级权力、手段均有限，下级对上级的监督是轻义务，而上级对下级的监督是重义务。所以，在聚众就餐的场合，若有党员领导干部工作日午间饮酒，未饮酒的党员干部及时劝阻的，从期待可能性理论上看，一般不需要再承担党纪责任。相反，如果一般同志工作日午间饮酒，党员领导干部劝阻、制止不力的，则需要承担监督不力的党纪责任。

执行上级违法命令的责任认定

【基本案情】 某乡党委书记李某的弟弟做生意资金紧张，要求其哥"借用"公款 70 万元，使用时间是 10 天。为此，乡党委书记李某要求该乡财政所所长王某想办法解决。起初，王某接到此指令后，感到为难，以账上现有资金不足为由委婉拒绝，后李某的弟弟提供信息称某村刚卖树得款 80 万元，且此款由乡财政所代管。李某遂安排王某将此款中的 70 万元借给其弟弟用于营利性活动。半个月后，此案案发，70 万元也被及时追回。无疑，李某帮助其弟弟挪用公款 70 万元用于营利性活动，挪用公款构成违纪，关键是乡财政所所长王某，其责任如何认定？

【分歧意见】 第一种意见认为，王某不应承担责任，理由是，下级服从并执行上级命令是国家公职人员履行职责的基本规则，也是保证国家机器高效运转的前提。下级执行上级错误的命令，执行的后果应由上级负责，下级不承担责任。王某迫于无奈执行上级违法命令，不应承担责任。

第二种意见认为，王某应承担一定的责任。理由是，王某作为下级，其应向上级提出改正或者撤销该命令的意见，其未明确提出异议，且明知该命令明显违法而仍然执行，导致 70 万元公款被挪用的结果发生，应当承担一定的责任。

【点评解析】

笔者同意第二种意见。实践中，下级明知上级的命令违法而仍然执行的案例较多，如安全事故发生后，下级如实向上级报告情况，上级却指示不报或者谎报，下级按照上级要求不报、谎报；上级用虚假票据让下级签字验收，下级无奈同意，致使公款被贪污等。这些案例均涉及一个核心问题，即执行上级违法命令，下级责任如何认定？结合《公务员法》和刑法学中的期待可能性理论从两个方面加以分析：

1. 下级对上级错误命令提出异议的，不承担纪律责任。在我国，公务员管理实行的是首长负责制，下级须执行上级的命令。刑法学中的期待可能性理论，是指根据行为当时的具体情况，有可能期待行为人不实施违法行为而实施其他合法行为；如果不能期待行为人实施合法行为，就不能认为行为人主观上具有罪过，因而不能使其承担刑事责任；如果期待行为人不实施违法行为的可能性小或者低，可减轻或者免除其责任。这个观念背后隐藏着一个朴素的道理，即"法律不强人所难"。正因为如此，《公务员法》第54条规定了下级在对上级的错误命令提出改正或者撤销该决定或命令的意见后，不被采纳继续执行的，不承担责任。需要说明的是，作为执行命令的下级，对上级错误的命令有监督的权利和义务，既有权利也有义务向上级提出改正或者撤销该决定或者命令的意见。如果行为人向上级提出命令或者决定违法但上级坚持执行，应当认定其在法律上实际完成了职责内容。如果明知上级命令错误，不提出异议，则不能免除下级责任。

2. 执行明显违法的上级命令，不免除其责任。《公务员法》第54条将上级命令区分为"有错误"与"明显违法"两种情况，该条后段规定，公务员执行明显违法的上级命令，应当承担相应的责任。故应进一步审查违法的命令或决定是否达到"明显"标准以及行为人主观上是否知道该"决定或命令明显违法"？命令是否达到"明显"标准，应根据社会相当性规则，结合行为人的认识能力状况进行判断，如执行残害人体或者剥夺生命的违法拘束，命令者不得免责，严重损害国家和社会利益的，也不得免责。对于上级"明显违法的决定和命令"，下级通常是不难辨别的，对执行这种违法决定或命令产生的后果和应当承担的责任有所预见。虽然下级公务员处于从属和被动的地位，但这种从属和被动地位并未使下级失去意志自由。因此，期待其做出"不实施违法行为"是完全可能的。

需要说明的是，执行上级明显违法命令的下级应承担的是"相应的责任"，而不是全部责任。行为人在执行前是否尽了足够努力说服上级改变明显违法决定、在执行中是否尽了最大努力尽量避免直接或者间接损失、在执行后是否主动交代违纪行为或者及时采取措施挽回损失或者影响等情形，从而确定其应当承担的责任。具体到本案中，王某按照主要领导的安排，挪用公款给他人从事营利活动，在共同违纪过程中起次要作用，积极挽回损失，主观恶性较小，可从轻、减轻处罚。

来源：《中国监察》2013 年第 10 期

准确判断违纪行为人的悔错情节

悔错对犯错误的纪律审查对象来说，是其走向新生与取得党组织宽恕的基石，也是其得以酌情从轻处理的情节之一。准确认定悔错，有利于鼓励犯错误的同志认识错误、改正错误，更好地惩前毖后、治病救人。因而，准确认定悔错显得尤为重要。

悔错，顾名思义，对自己所犯错误表示忏悔。悔错的前提是认错，要求审查对象承认自己所犯错误，实施了违纪行为，没有违纪行为，仅有本人口头或者书面认错的意思表示，显然不能认定违纪行为，因而也不存在所谓悔错情节问题。

在执纪实践中，审查对象可以通过伪装自己，假扮成一种"真诚悔错"的姿态，从而迷惑纪律审查人员。在这种情形下不能否认，"悔错表现"可能成为一种陷阱，纪律审查对象"真诚悔恨"的背后，可能隐藏着实际上的毫无悔意。悔错是审查对象的主观心理状态，并且，悔错表现是向纪律审查人员和组织作出的，因此，审查对象在作出悔错时，其动机是复杂的：有可能出于良心发现进行忏悔式悔错，也有可能出于利己动机而进行自我保护式悔错。考量审查对象悔错表现，应当综合考虑以下情节：

第一，如实交代违纪行为发生的全过程。审查对象如果真心悔错，就应该如实交代违纪行为的时间、地点、主体、目的、起因、经过、结果等。特别是在主要违纪事实、重点环节上（如赃款的去向等）不得避重就轻、敷衍塞责，否则，就不是真心悔错。

第二，主动交代与本案有牵连的人和事。主动交代与本案有牵连的人和事，不仅是完善案件证据的需要，也是对本案准确定性的需要，同时又是使违纪行为受到追究的具体体现。

第三，积极退赔或者上交违纪所得。一般情况下，在其能力范围内，尽可能全额退赔或者上交违纪所得，是具有悔错表现的重要内容之一。

第四，主动整改或者纠正错误，深刻认识违纪行为的危害性。一是深刻认识所犯错误的根源，自己行为属于违反哪些党规党纪，检讨自己理想信念宗旨、党性原则、作风纪律等方面存在的不足；二是深刻认识所犯错误给党和国家造成的危害，给社会造成的恶劣影响。通过这些反省，纪律审查对象的思想和灵魂受到一次全面的洗涤，为其重新做人打下牢固的思想基础。

第五，承认自己主观上应受道德非难。悔错是否要求纪律审查对象对行为性质有准确清晰的认识？审查对象本人逢年过节利用职务之便收受他人所送财物，其认识到自己不该收受礼金，犯了收受礼金错误，但组织最终认定审查对象的行为构成受贿。笔者认为，对违纪行为性质的模糊界定，一般情况下不影响悔错的认定，只要审查对象承认自己有错即可，即对行为性质的辩解，通常不影响悔错的认定。这是保护审查对象申辩权的一个重要体现（但是，如果提供虚假证据来为自己申辩的，则不宜认定其有悔错的情节，因为，提供虚假证据为自己申辩，已构成妨碍组织审查错误）。

第六，不再基于故意实施新的违纪行为。如果纪律审查对象一边悔错，一边继续故意实施违纪行为，难以认定为悔错，例如，在贿赂案件中，如果违纪既遂后，因相关的人或事案发，而去退还违纪所得，毁灭证据，不能认定有悔错情节，还应构成对抗组织审查错误。如果审查对象在其收受财物后不久，没有非法收受、占有他人财物的故意，及时将财物退还给他人，则审查对象的行为压根就不构成违纪，也就不存在所谓的悔错情节。令人困惑的是，违纪后至案发前，审查对象主动退还违纪所得，能否认定为其有悔错的情节？比如，工作人员周某利用职务上便利为他人谋取利益，收受他人财物24万元后的第5个月，害怕被追究刑事责任将财物退还给行贿人，无疑周某的行为已经构成受贿，但其在案发前将财物退还给行贿人的行为，是否构成悔错？一种观点认为，行贿人基于自愿（而非被勒索）将财物送给国家工作人员，行贿人不是受贿罪中的被害人，国家工作人员的职务廉洁性（职务不可收买性）是受贿罪侵犯的客体，因此，将财物退还给行贿人的行为，不构成悔错。正确的做法是将财物上交给国家、组织，才可以构成悔错，应当说，这种观点有相当说服力。另有观点认为，国家工作人员在案发前主动将财物退还给行贿人，表明其人身危险性降低，给社会造成的客观危害有所减小，因此可以酌情考虑其有悔错情节。笔者认为，对违纪和悔错的认定，须考虑社会的现实，也要考虑公众的认同感（即考虑哪些判决结论或理论解释是一般的国民可以接受的），以寻求结论的合理性。笔者赞同后一种观点，将国家工作人员在案发前主动将财物退还给行贿人的情节认定为悔错，一方面，表明其人身危险性降低，给社会造成的客观危害有所减小，另一方面，从党的政策上，有利于鼓励更多同志知错就改，这种解释结论容易为公众所接受，因而，可以认定其有悔错情节。

来源：《中国纪检监察报》2016 年 12 月 7 日

严格界定对抗组织审查与自首关系

对于违反政治纪律的行为人，《中国共产党纪律处分条例》第 57 条规定了"对抗组织审查"的具体情形。但被审查人若因严重违纪涉嫌犯罪在接受组织审查过程中有对抗组织审查的情节，一旦被移送司法机关处理，区分其在接受组织审查期间的表现与自首情节的表现不同，显得格外重要。因为，这直接影响到被审查人（移送司法后称之为犯罪嫌疑人、被告人）的量刑，因此，笔者认为，有必要厘清"对抗组织审查与自首"两者之间的关系。

最高人民法院、最高人民检察院发布的《关于办理职务犯罪案件认定自首、立功等量刑情节若干问题的意见》第 1 条第 1 款明确规定："根据刑法第六十七条第一款的规定，成立自首需同时具备自动投案和如实供述自己的罪行两个要件。犯罪事实或者犯罪分子未被办案机关掌握，或者虽被掌握，但犯罪分子尚未受到调查谈话、讯问，或者未被宣布采取调查措施或者强制措施时，向办案机关投案的，是自动投案。在此期间如实交代自己的主要犯罪事实的，应当认定为自首。"第 1 条第 6 款规定："对于具有自首情节的犯罪分子，办案机关移送案件时应当予以说明并移交相关证据材料。"

笔者认为，对抗组织审查与自首的关系，可分为三种情形展开：

第一种情形，对抗组织审查的情节影响自首的认定。这种情形主要表现为：被审查人在接受组织审查之前和期间，有串供或者伪造、销毁、转移、隐匿证据、包庇同案人员、阻止他人揭发检举或提供证据材料、向组织提供虚假情况，掩盖事实，或者有其他对抗组织审查行为的情节，拒不交代或者不能如实交代自己罪行。

第二种情形，对抗组织审查的情节不影响自首的认定。这种情形主要表现为：被审查人在接受组织审查之前和期间虽有对抗组织审查的一个或者多个情节，但能如实交代办案机关未掌握的罪行（自己的主要犯罪事实），例如，被审查人虽有打听本人案情的情节，可以认定为被审查人对抗组织审查，但根据《刑法》的规定，能如实交代办案机关未掌握的罪行（主要犯罪事实），可以认定为自首。

第三种情形，被审查人有对抗组织审查的多个情节，但只有部分情节影响自首的认定。如被审查人在接受组织审查前有串供或者伪造、销毁、转移、隐匿证据的情节，而这一情节正好为办案机关掌握、利用，办案机关从一个侧面掌握了被审查人的严重违纪事实（犯罪事实），在这种情况下，被审查人到案后，即便如实交代罪行，也不能认定为自首。还有一种情形是，虽然被审查人有串供的情节，但该情节是违纪情节，不是犯罪情节，与犯罪事实的认定无关。如被审查人公款吃喝被查处，被审查人先与相关人员相互约定，否认是用公款吃喝，虽然该行为最终被认定为违纪事实，但由于该事实不属于犯罪事实，如果被审查人到案后，主动向办案机关交代组织未掌握的罪行，仍然可以认定为自首。

综上所述，对抗组织审查情节与自首的认定，不能一概而论，需要具体情况具体分析。

来源：《检察日报》2017 年 2 月 8 日

浅谈纪法衔接适用的五个问题

2016 年 1 月 1 日起施行的《中国共产党纪律处分条例》（以下简称新《条例》）第四章专门设置纪法衔接条款，最突出、最直观、最集中地体现了党中央此次修订党纪处分条例坚持的纪法分开、纪在法前、纪比法严的指导思想，对推动全面从严治党战略部署的落实将起到重要作用。

当前，在基层执纪实践中，一些纪检干部仍然存在不少困惑，一些人对于纪法衔接条款中部分条款如何运用存在不同疑问。对此，各级纪检干部确须认真研究并准确理解。

问题一：党员有贪污贿赂、失职渎职等刑法分则规定的行为，如何判断涉嫌犯罪的标准？

纪检机关在认定行为人是否存在新《条例》中第 27 条规定的贪污贿赂、失职渎职等刑法规定的涉嫌犯罪行为时，应当以《刑法》、全国人大常委会的法律解释、最高人民法院和最高人民检察院发布的司法解释及司法解释性文件为依据，并可参考最高人民法院、最高人民检察院发布的指导性案例。比如，最高人民法院、最高人民检察院 2016 年 4 月 18 日发布的《关于办理贪污贿赂刑事案件适用法律若干问题的解释》、2012 年 12 月 7 日发布的《关于办理渎职刑事案件适用法律若干问题的解释（一）》、2008 年 11 月 20 日发布的《关于办理商业贿赂刑事案件适用法律若干问题的意见》、2007 年 7 月 8 日发布的《关于办理受贿刑事案件适用法律若干问题的意见》等。如果是涉及一般刑事犯罪的，则应以《最高人民检察院、公安部关于公安机关管辖的刑事案件立案追诉标准的规定》为准。

《中国共产党党章》第 38 条第 1 款规定，党组织对违犯党的纪律的党员，应当本着惩前毖后、治病救人的精神，按照错误性质和情节轻重，给以批评教育直至纪律处分。第2款规定，严重触犯刑律的党员必须开除党籍。那么，如何判断《中国共产党党章》第38条第2款中的"严重"标准？就执纪审查而言，审查对象的违纪行为是否主观故意以及该行为造成的后果应作为判断的重点。而是否移交司法追究刑事责任，则应综合考虑下列因素：审查对象的一贯表现；是否主动交代问题；配合组织审查的态度；违纪行为造成的损害程度、影响大小；在共同违纪中的地位、作用；有无主动挽回损失、消除不良影响或者有效组织危害结果发生；是否主动上交违纪所得；是否检举他人经查证属实的问题，有无其他立功表现；是否属于在纪律集中整饬过程中不收敛、不收手的；是否属于强迫、唆使、欺骗、引诱他人违纪的；是否属于再度违纪等。

问题二：如何认定新《条例》第29条规定的违法行为？

法律有广义与狭义之分。狭义上法律仅指全国人大及其常委会制定的法律，其基本表现形式为宪法、法律（基本法律和一般法律）；广义的法律，不仅包括全国人大及其常委会制定的法律，还包括行政法规、地方性法规、自治条例和单行条例、行政规章（部门规章和地方政府规章）、特别行政区法、国际条约等。新《条例》第29条规定的违"法"行为，这里的"法"应属于广义的法。

值得研究的是，如果党员干部违反某些规范性文件，如何认定？比如村干部违反财政部《基层会计管理指导意见》，收入不入账并坐支，违反会计管理规定，是否属于新《条例》第29条规定的其他违法行为？笔者认为，新《条例》第34条第3款将"党员违反企事业单位或者其他社会组织的规章制度"单独规定，与新《条例》第29条并列，说明"党员违反企事业单位或者其他社会组织的规章制度"不属于违反法律法规的行为。换言之，不能将党员违反某些规范性文件的行为简单认定为有违法行为。

是否只要有违法行为，就一定给予其党纪处分？比如党员开车不系安全带、违章停车、逆行等交通违法行为，根据《道路交通安全法》的规定，这些行为均属于违法行为，实践中，这些违法行为必须给予党纪处分吗？笔者认为，虽然党员有模范遵纪守法的义务，但不能简单地认定党员有轻微交通违法行为就影响党的形象。如果对党员的所有轻微交通违法行为均给予纪律处分，可能受处分的党员将会呈几何级倍增，社会效果反而不一定很好，在行为轻微、造成影响不大的前提下，应由公安机关交通管理部门给予其相应的行政处罚。

当然，有些轻微违法行为，虽然性质不很严重，但影响党的形象，也需要给予其党纪处分。比如，党员酒驾、无证驾驶、套用机动车号牌、超速50%及以上等违法行为。再比如，党员有民事违法行为，可能也会被给予党纪处分。比如，借贷公款，有能力偿还却欠债不还造成不良影响，可以给予其党纪处分；党员有能力履行民事生效判决，却拒不履行，也要视情节给予其党纪处分。

问题三：纪法衔接，仅仅是对党的纪律检查机关要求？

纪法衔接，不仅仅是对党的纪律检查机关要求，几乎对所有的党政机关、企事业单位都适用。比如，食品药品监督部门在执法中发现党员有生产假冒伪劣食品行为，基层住建部门、城市管理综合执法部门发现党员有违章建筑行为等，影响党的形象，均需要给予其一定的党纪处分，这就需要有关单位将其发现的违法行为及时通报有关纪检监察机关。2015年1月30日，中共中央办公厅印发《关于在查办党员和国家工作人员涉嫌违纪违法犯罪案件中加强协作配合的意见》的通知，要求纪检监察、审判、检察、公安等机关在查办党员和国家工作人员涉嫌违纪违法犯罪案件中要加强协作配合。

2016年11月实施的《中国共产党党内监督条例》第37条第2款规定，执法机关、司法机关依法立案查处涉及党的领导干部案件，应当向同级党委、纪委通报。根据纪在法前的要求，只要执法机关、司法机关依法立案查处涉及党员干部案件，就应当及时向同级党委、纪委通报，不局限于党员领导干部违法案件。

问题四：党员领导干部滥用职权，挪用巨额公款，涉嫌犯罪，如何适用新《条例》？

实践中，有党员领导干部违反"三重一大"议事规则，挪用巨额公款，涉嫌犯罪，如何评价其行为？一种观点认为，应直接适用新《条例》第27条之规定；另有观点认为，个人决定使用大额资金，属于违反组织纪律的行为，应适用新《条例》第63条之规定。笔者认为，挪用巨额公款涉嫌犯罪，既符合新《条例》第27条之规定，也属于新《条例》第63条规定的"违反民主集中制原则"，这是为保证决策的科学性，"凡属重大决策、重要干部任免、重大项目安排和大额度资金的使用，必须由领导班子集体作出决定"。如果挪用公款数额不符合巨大的标准，动用公款在领导干部职权范围内，不需要集体研究决定，则只能适用新《条例》第27条。

问题五：违反社会公德、家庭美德的行为，是否只能界定为违反生活纪律？能否界定为违法？

有些违反社会公德、家庭美德的行为，不仅违反生活纪律，还可能构成违法。比如，在公共场所有不当行为，寻衅滋事，无辜殴打他人或者妨碍公务，扰乱社会秩序，即违反了《中华人民共和国治安管理处罚法》；遗弃、虐待老人，情节恶劣的，不仅违反生活纪律，也可能触犯《刑法》。这些行为，如何适用新《条例》？笔者认为，新《条例》第24条第1款所规定的法条竞合，不能仅局限于新《条例》分则条文的竞合，也存在分则条文与总则条文之间的竞合，原则上适用处分较重的条规。比如，卖淫嫖娼行为违反了《中华人民共和国治安管理处罚法》，同时也违反社会主义道德（新《条例》第129条规定的社会公德），此种情形，也属于法条竞合，根据新《条例》第24条第1款的规定，应按照处分较重的条款定性处理，适用新《条例》第29条第1款规定。

来源：《中国纪检监察报》2017年1月25日

适用"诫勉谈话"要点解析

《中国共产党党内监督条例》施行后,"诫勉谈话"的适用条件是否有所变化?基层纪委在适用"诫勉谈话"时需要注意哪些事项?

关于第一个问题,需要从两个方面解析。第一个方面是 2003 年 12 月 31 日《中国共产党党内监督条例(试行)》是上位法,2005 年 12 月 19 日《关于对党员领导干部进行诫勉谈话和函询的暂行办法》(中办发〔2005〕30 号)、2015 年 6 月 28 日《关于组织人事部门对领导干部进行提醒、函询和诫勉的实施细则》(中组发〔2015〕12 号)均是根据《中国共产党党内监督条例(试行)》制定的。第二个方面是《中国共产党党内监督条例》与《中国共产党党内监督条例(试行)》是新法与旧法的关系,前者对后者中的"诫勉谈话"进行修正,《关于对党员领导干部进行诫勉谈话和函询的暂行办法》《关于组织人事部门对领导干部进行提醒、函询和诫勉的实施细则》能否继续沿用,值得研究。

下面笔者对《中国共产党党内监督条例》与《中国共产党党内监督条例(试行)》进行对比研究。《中国共产党党内监督条例(试行)》第 32 条规定:"发现领导干部在政治思想、履行职责、工作作风、道德品质、廉政勤政等方面的苗头性问题,党委(党组)、纪委和党委组织部门应当按照干部管理权限及时对其进行诫勉谈话。对该领导干部提出的诫勉要求和该领导干部的说明及表态,应当作书面记录,经本人核实后,由组织(人事)部门或者纪律检查机关留存。"第 32 条有两点值得注意:一是该条适用对象是领导干部;二是诫勉谈话的适用条件是领导干部在政治思想、履行职责、工作作风、道德品质、廉政勤政等方面的苗头性问题,而不是有证据证明的轻微违纪问题。

《中国共产党党内监督条例》第 21 条后半部分将原来的诫勉谈话细化为提醒谈话、诫勉谈话两类。"党组织发现领导干部有思想、作风、纪律等方面苗头性、倾向性问题的，有关党组织负责人应当及时对其提醒谈话；发现轻微违纪问题的，上级党组织负责人应当对其诫勉谈话，并由本人作出说明或者检讨，经所在党组织主要负责人签字后报上级纪委和组织部门。"由此可见，《中国共产党党内监督条例（试行）》第 32 条规定的诫勉谈话相当于《中国共产党党内监督条例》第 21 条规定的提醒谈话。换言之，《中国共产党党内监督条例（试行）》规定的诫勉谈话与《中国共产党党内监督条例》规定的诫勉谈话在内涵、适用条件方面均存在实质差别，不是同一个含义。

那么，什么是《中国共产党党内监督条例》规定的诫勉谈话？诫勉谈话与提醒谈话是否存在区别？诫勉谈话能否适用于一般党员干部？

根据《中国共产党党内监督条例》第 21 条规定，提醒谈话主要适用于党组织发现领导干部有思想、作风、纪律等方面苗头性、倾向性问题；诫勉谈话则适用于领导干部存在轻微违纪问题。两者存在细微差别：提醒谈话仅仅是苗头性、倾向性问题，可能是道听途说，尚未查证属实，也不构成违纪；诫勉谈话，是有证据证明领导干部存在轻微违纪问题，虽构成违纪但根据有关规定免予党纪政纪处分的问题。提醒谈话、诫勉谈话共同点在于：均由党组织对其进行谈话教育，防止由小毛病演变成大问题，其目的在于对领导干部进行教育、提醒、警示，体现了党组织对领导干部的关爱。这种关爱，不仅体现在领导干部身上，还应波及、发散至一般党员干部。例如，《中国共产党党内监督条例》第 31 条前半部分规定："接到对干部一般性违纪问题的反映，应当及时找本人核实，谈话提醒、约谈函询，让干部把问题讲清楚。"由此可见，第 31 条已经不再强调党员领导干部或者领导干部，而是一般干部，谈话提醒、约谈函询范围大幅度扩大，本质上体现了党组织对一般党员干部的关爱。

特别指出两点：

第一，《中国共产党党内监督条例（试行）》已经为《中国共产党党内监督条例》代替。《关于对党员领导干部进行诫勉谈话和函询的暂行办法》、《关于组织人事部门对领导干部进行提醒、函询和诫勉的实施细则》，均是根据《中国共产党党内监督条例（试行）》而制定的办法和细则，属于下位法。如果《关于对党员领导干部进行诫勉谈话和函询的暂行办法》《关于组织人事部门对领导干部进行提醒、函询和诚勉的实施细则》与《中国共产党党内监督条例》有关规定不一致，应当以《中国共产党党内监督条例》的规定为准。

第二，诚勉谈话笔录需要存入本人档案，某些情况下可能对诚勉谈话对象产生影响，例如，根据《关于组织人事部门对领导干部进行提醒、函询和诚勉的实施细则》第 19 条规定："受到诚勉的领导干部，取消当年年度考核、本任期考核评优和各类先进的资格，六个月内不得提拔或者重用。"根据民主集中制的原则，应当由纪委常委会集体研究决定，而不是由承办的有关部室及分管领导自行决定。

执纪审理技能专题

善用辩护思维提升案件审理质量

案件审理质量是案件审理工作的生命线，而案件审理质量的高低与案件审理人员所运用的思维方法密切相关。实践证明，案件审理人员"目光不断游离于规范与事实之间"时，换位思考，站在受审查人及其辩护人的角度质证和审核事实、证据、定性、量纪、程序、手续，充分听取受审查人的合理辩解，尊重受审查人辩护的权利，不枉不纵处理案件，有利于提高案件审理质量。

一、以辩护思维审查违纪事实、证据

从对违纪事实的审核认定结果上看，审理认定的违纪事实既可能与调查报告所认定的事实相同，也可能不尽相同。故审理人员对调查认定的事实不能"盲从"，但也不能撇开调查报告所认定的事实"另起炉灶"。认定违纪事实的正确方法是：参考调查报告所认定的违纪事实，紧扣违纪构成要件突出审查重点，以辩护的思维质证调查报告所认定的违纪事实。以公款私存为例，案件调查部门搜集的证据材料往往集中在公款私存的客观事实上，对行为人的公款私存动机和目的并没有过多在意。辩护的思维要求查清行为人公款私存的真正动机和目的。这是由于公款私存动机和目的不同，行为性质也不同。如为了单位利益公款私存的，可能成立违反财经纪律的违纪，为了使公款归个人使用而公款私存的，可能成立挪用公款的违纪，以非法占有为目的而公款私存的，可能成立贪污的违纪。

一般来说，认定违纪事实要求紧扣违纪构成要件突出审查重点。但某些情况下，行为发生时间、地点、动机、目的、结果等若干细节有可能存在疑点。辩护的思维内在地要求全面审核证据，不是只着重对有错证据的审查，忽视对无错证据的审查，而是要查找证据间细节上的矛盾。如果证据之间存在不一致的地方，在分析证据时，应予高度重视，若能合理排除矛盾固然很好，若不能合理排除，则须进一步补充调查。这是由于违纪事实的认定是由众多细节上不存在矛盾的证据环环相扣而形成的，若证据细节上存在的疑问较多，必然影响到违纪事实的认定。例如，某公办学校校长项某利用职务便利，先后收受房地产开发商李某30万元贿赂的事实，行贿方、受贿方对送钱、收钱均供认不讳，但在给（收）30万元现金的时间、地点、次数、给付事由等若干方面存在细节上的疑点，无法排除，给案件事实的认定带来极大的障碍。解决问题的可行路径是继续补充调查，寻找其他补强证据排除疑点。若经过补充调查仍然事实不清、证据不足难以认定的，辩护的思维要求根据"存疑时有利于受审查人的原则"，就低不就高处理或者不予认定。

辩护的思维还要求审查判断调查认定的事实所依靠的证据是否形成完整的证据链条，得出的结论是否确定唯一。若证据链条不完整、不充足，则须进一步完善证据。若经过补充调查，仍然不能得出行为人构成较重违纪的唯一结论，则在处理时须遵循"就低不就高"的原则，以性质较轻的违纪处理较为妥当。

二、用辩护思维实现准确定性

辩护的思维要求案件审理人员"目光不断游离于规范与事实之间"，准确定性。一般来说，违纪行为性质不同，纪律责任可能也大不相同。例如，某市副市长王某在某年春节期间收受了任该市某建筑公司经理的内弟任某送来的3万元现金后，将该市市政府办公大楼的部分建设工程交由其内弟承包。在这一案件中，王某春节期间收受其亲戚巨额"礼金"的行为性质，是评价为收受礼金的违纪还是受贿的违纪，将导致王某承担不同的纪律责任。辩护的思维要求全方位多角度审查判断：一是看财物给付人给付财物时是否提出了具体请托事项，给付财物行为与国家工作人员职务行为之间的关系，国家工作人员收受财物时是否承诺为他人谋取利益，以及收受财物后是否现实地为他人谋取了利益。二是看收受财物的时间、方式、价值大小及当事人关系的亲疏等各种情况。经综合判断发现，尽管双方是亲戚关系，且收受巨额"礼金"行为发生在春节期间，但是，该副市长收受巨额"礼金"后，利用职务上便利为对方谋取了利益，既有权钱交易的性质又披上亲情"礼金的面纱"。问题在于该副市长利用职务便利为对方谋取利益之前、之后的春节，双方并未发生巨额礼金来往现象，从而否定了"双方是亲戚关系，且收受行为发生在春节期间，应构成收受礼金违纪"的辩护观点。故王某收受巨额"礼金"并利用职务便利为对方谋利的行为构成受贿违纪。

三、用辩护思维实现量纪恰当合理

纪律责任的轻重直接关系到行为人的切身利益，辩护的思维要求审理人员把党纪政纪处分条例作为正确裁量处分的一把"尺子"，根据违纪行为的事实和性质，划清量纪界限，确保处理稳妥、到位，力戒量纪中的畸轻畸重现象。在坚持原则性的同时，与灵活性统一起来，综合分析各种情况，根据违纪行为、性质、金额、侵害对象、行为后果、行为人的目的与动机等因素综合权衡，恰当合理量纪，实现案内、案外的平衡。如在某医院彩超室乱收费责任追究案件中，先后有两任领导分管过该科室，分管时间长短不同，造成的危害也不相同，应承担的责任大小也不相同。辩护的思维要求区分分管时间的不同，分别提出不同的量纪意见。若无视分管时间长短的不同、危害结果大小的不同，"一刀切"地量纪恐难以让人信服。

此外，辩护的思维还强调办案程序自身独立的存在价值，要求加大对程序的监督审核力度，突出对办案期限、调查措施和涉案款物等情况的审核把关，突出对办案地点、办案人员取证手段等方面情况的审查，突出对受审查人合法权利的保护等程序审查判断。如未经立案，不得采取"两规""两指"、扣押涉案款物等强制措施，否则违法。

总之，辩护的思维是一种被审理实践证明行之有效的思维方法，有助于发现事实真相和保障受审查人的权利，保证有错的人得到应有的纪律制裁和无错的人不受责任追究。

来源：《中国纪检监察报》2011 年 8 月 5 日

善听、善断审理对象申辩

《中国共产党章程》第 41 条前半部分规定："党组织对党员作出处分决定，应当实事求是地查清事实。处分决定所依据的事实材料和处分决定必须同本人见面，听取本人说明情况和申辩。"《中国共产党党员权利保障条例》第 21 条、《行政监察法》第 33 条、《公务员法》第 57 条第 2 款都有类似的要求，即对审理对象及其他党员所作的证明和辩护，组织应认真听取，进一步核实，采纳合理意见；对审理对象实事求是的申辩、作证和辩护，组织不予追究，更不能简单地视为狡辩或者翻供等。

充分听取审理对象本人申辩，正确认定违纪事实和性质，弄清案件发生的主客观原因，准确界定审理对象的责任，对避免冤假错案、提高办案质量和效率均具有重要意义。

然而，在基层办案实践中，不少审理对象不敢辩解，个别审理人员不能深刻理解听取审理对象申辩的意义，没有很好掌握谈话的要点和方法，不能正确引导谈话，致使审理谈话在很大程度上流于形式，不利于提高案件质量，更不利于保障党员行政监察对象的权利。那么，在审理谈话中，办案人员应当注意哪些方面，做足哪些方面准备，从而抓住案件核心、焦点和分歧所在，为公正处理疑难案件奠定基础呢？

充分保障审理对象的申辩权利

审理对象对案件事实所作的陈述和申辩，是审理对象的权利。审理人员理应客观公正，始终做到从内心深处认同。"我可以坚决反对你的观点，但我必须捍卫你说话的权利。"因此，审理人员在审理谈话前应对谈话对象进行权利义务告知，确保审理对象"说话"的权利，保证审理对象的合理申辩不会造成加重处分，解除其不敢辩解的思想顾虑。

一般案件到了移送审理阶段，调查通常会认为案件事实基本清楚，证据基本充分，然而，代表法律公正的审理人员千万不能接到案卷就立即审理定性，也首先应该对所移送证据持有警惕性的怀疑态度。因为，如果完全认可调查组所取证据的客观性、关联性、合法性，那么，聆听审理对象对违纪事实的辩解就容易走过场，不具有任何实质性意义。如果审理人员奉行的是无错推定原则，那么，对于调查组认定违纪成立的证据就应当一一重新核实，在初步认定审理对象无错的情况下审查所有证据。应当注意的是，审理人员在谈话时要侧重审理对象对案件的陈述和辩解，而不是一味地追求取得审理对象的认错、悔错。

做好听取申辩前的准备工作

审理谈话能否取得较好的效果，在很大程度上取决于审理人员的准备工作是否充分。

审理谈话前，审理人员应当做好以下准备工作：全面审阅案卷材料，熟悉案情及证据情况，尤其对谈话对象的简历、家庭情况、工作表现、性格等案外情况要给予高度关注。掌握与本案有关的法律政策和专业知识，例如，在处理专业性较强的土地违法和违反城乡规划的违法建设问责案件时，对土地管理法和城乡规划法及其实施条例、实施办法要熟练掌握。针对审理对象的心理状态和案件整体情况做好应对预案和相关准备，必要时，应当听取调查人员的意见。制作谈话提纲，科学设计提问顺序。例如，工作中，会遇到拒不认错的审理对象，这时审理人员要抓住审理对象的供述与证据的矛盾，通过层层设问，出其不意地揭露其辩解与行为自相矛盾的地方。

全方位多角度听取申辩

因此，全面准确认定案件事实、性质和责任，不仅要听取审理对象对错误事实、性质认定、理由的辩解，更要听取办案程序、涉案款物处理、证据及案发背景、本人认错悔错态度等辩解。

审理实践中，下列问题应当作为听取陈述和申辩的重点：错与非错、此错与彼错界限是否清晰（例如，违纪行为是构成非法占有还是贪污，是收受礼金还是收受贿赂）；主体认定是否清晰，尤其是否属于行政监察对象以及是否有管辖权，是否系人大代表或者政协委员等；审理对象被采取和解除立案审查的时间；审理对象供述是否前后矛盾或者违背常理，定性量纪主要证据之间是否存在重大矛盾；有线索或者证据表明调查活动可能存在逼供、暴力取证、骗供等违纪行为的；审理对象在调查期间是否患有严重疾病，是否存在为争取摆脱疾病困苦而在调查阶段编造违纪情节；审理对象是否清晰存在主动交代、坦白、立功等法定从轻、减轻处分情节；调查期间，是否存在审理对象上交违纪所得、调查组及时出具扣押凭证等情节；对主动交代但缺少证据支持的其他违纪事实所涉及的涉案款物，审理对象是否愿意上交等。

此外，审理人员还可以进一步听取审理对象就违纪事实自我定性量纪以及对其走上错误道路的主客观原因的解释和防范违纪行为发生的意见、建议等。

来源：《中国纪检监察报》2014 年 12 月 2 日

如何使谈话笔录具有无可辩驳的效力

在纪律审查过程中，随着当事人权利意识的增强，谈话笔录环节中存在的某些漏洞或矛盾极易成为被调查人翻供的借口。因此，必须高度重视谈话笔录的制作质量。对此，笔者列举制作谈话笔录的起始、正文、末尾容易出现的一些问题，提出建设性意见，以期规范。

一、起始部分

具体起止时间不明确。笔录制作持续的时间，关系到案件调查程序是否违法的问题（是否超过法定时间）。如果起止时间不明确，很容易让被调查人故意指责谈话存在连续长时间以疲劳方式进行等情形。详细注明笔录起止时间，还关系被调查人是否具有主动交代等情节。比如受贿人交代在前，行贿人交代在后，则显然其具有主动交代情节。但如果相反，则不能认定受贿人具有主动交代情节。

谈话人员身份不相适。纪检监察机关在纪律审查过程中会经常抽调公安、检察、审计等部门人员参加。这些人员可以协助，但不能代替纪检监察机关审查，尤其在制作谈话笔录时更应如此，外系统人员不是法定谈话主体，不宜单独制作谈话笔录。

权利义务不告知或者告知不完整。根据有关规定，调查开始时，调查组与被调查人谈话，宣布立案决定，应提出被调查人应遵守的纪律、义务，同时也应告知被调查人享有的申请回避权、知情权、申辩权、人身权、财产权等。

被调查人的特殊身份和工作简历及社会关系不予记录或者记录不完整。被调查人是否具有人大代表、政协委员、党委委员或者纪委委员等特殊身份，是否患有严重疾病，是否怀孕或者哺乳，均应详细记录在案。如果被调查人具有上述情形，调查组和审理人员均应引起高度重视。此外，详细记载被调查人的工作简历及社会关系，有助于了解被调查人成长经历，增强审查的针对性和实效性。

二、正文部分

正文是整份笔录的核心部分，应紧紧围绕违纪构成要件和证据的客观性、关联性、合法性来制作。从违纪构成要件出发进行发问和记录，问清实施违纪行为的时间、地点、动机、目的、手段、情节、结果，同时也要记录与违纪有关的人和事，特别是涉及错与非错、此错与彼错、违纪轻重、赃款去向等关键内容，防止遗漏。当前，谈话笔录正文常见的问题有：

不能紧紧围绕违纪构成要件取证。以受贿为例，取证时对被调查人是否具有职务便利关注度不够，其收受财物时如何承诺为他人谋取利益、收受财物后是否为他人谋取利益以及为他人谋取利益的实现情况等，一些笔录并没有明确显示。

谈话前准备不充分，问话随意性较大，逻辑不严谨；发问人、被调查人语言千篇一律，有时出现常识性错误。在具体审查实践中，不同的调查对象，思维方式、语言风格、工作经历、文化程度等均不相同，其违纪方式及谈话语言也存在差异。但在基层执纪实践中，个别调查人员为图省事，将以往同类违纪描述简单地复制、粘贴，笔录相近、失真现象严重，甚至导致某些被调查人在后来的审理环节中极力否认谈话笔录内容。因此，记录人员应尽可能实事求是地记，如需记录人适当概括时，也应当尽可能运用通俗易懂的语言，用不失被调查人原意的语言进行表述。

取证粗糙，对认定违纪事实的若干细节关注不够。比如，在记录受贿地点时，笔录上只记录"家中收受"，而没有记录其家庭的具体位置等情况，造成地点信息不明确。还有的调查人员在制作笔录时没有将被调查人体态语言（如笑、冷笑、哭、恐惧、沉默等）明确记录。实际上，审理人员在判断被调查人的供述是否真实以及认定有关情节时，笔录中记载的被调查人交代时的肢体语言将至关重要。

对被调查人有利的证据不显示或者显示不完整。收集证据要忠于事实真相、客观全面，既要收集能够证实被调查人有违纪行为的证据，也要收集能够证实被调查人无违纪行为的证据，以及有无从重、加重、从轻、减轻量纪情节的各种证据。但基层执纪实践中，往往只注重收集、移交对被调查人不利的证据材料，对被调查人有利的证据材料往往不收集、不移交。

三、末尾部分

笔录末尾记录不详尽。如在记录受贿人是否将赃款退还的情节时，一些调查人员只简单地记录受贿人"是否将钱（物）退回"，而忽略了"是否以其他财物形式退还""与行贿方是否有其他经济往来""是否存在借贷关系"等。这样，极易造成重要的信息缺失，导致受贿人逃脱罪责。

笔录核实不认真。在执纪实践中，谈话笔录的尾部也存在不规范的地方：（1）证明被调查人看过笔录的签字过于简单笼统，如有的只写上"属实"或者"一样"等，这样的词句不能反映被调查人是否认真看过笔录，往往造成谈话笔录的证明力大大减弱；（2）被调查人在笔录中补充或修改过的地方忘记按上指印；（3）被调查人没有逐页签字；（4）被调查人所签时间只有年和月；（5）在被调查人签名后，调查人员没有按规定签名；（6）个别被调查人趁调查人员不注意签名时要把戏："以上笔录我已看过，跟你（单方面）说的一致、相符"。这些情况都会直接影响该份笔录的证明力和党纪效力。

来源：《中国纪检监察报》2015 年 6 月 9 日

审理复杂疑难违纪案须提高阅卷技巧

实践中，同一起复杂疑难贪污受贿案件，不同的审理人员审理，审理结论大不相同，有的认为构成违纪甚至犯罪，有的却认为不构成违纪或者事实不清、证据不足。造成这种状况的原因是多方面的，其中一个重要原因是有的审理人员未能正确掌握阅卷的方法和要领，简单地照抄照搬调查报告，未能发挥审理的审核把关作用。笔者采取精细的阅卷方法"会诊"复杂疑难案件，取得了较好的成效，无论是被调查人还是调查组，都发自内心地认同，现与各位同仁分享。

一、精读调查报告、确定阅卷重点

案件移送审理后，审理人员的首要任务就是精读调查报告，对调查报告认定的违纪事实予以梳理，一个基本的方法就是"按序列表"，就是按调查报告认定的违纪事实按时间先后顺序列表，对每一起违纪事实涉及的被调查人、证人证言、时间、地点、违纪情节、结果、鉴定结论，列在表格上比对，确定阅卷重点和难点，抓住案件核心焦点。以套取公款为例，要紧紧围绕套取公款的主客观背景、方法、账外保管资金的时间长短、决定套取公款的决策主体和程序、公款的去向等要点阅卷。笔者在办理一起某办事处主任、副主任、会计三人合谋采取加大支付农民的拆迁补偿金额的虚假办法套取拆迁补偿款 30 万元账外保管 3 年的案件中，调查报告对违纪时间、地点、背景、违纪情节、后果等写得较为详细，但对行为人的动机没有写明，对行为人的辩解没有给予充分的说明，审理人员阅卷时，重点围绕行为人套取公款时的主观动机阅卷，通过一系列客观行为来印证行为人的违纪动机。比如，行为人套取公款时，班子成员有几人，一把手决定套取，不给二把手通气的原因；

款套出后，不在公家账户上保管的原因；一把手离任后，为何不给下任领导说明？账外保管的时间长短；行为人辩解称用于农民不配合拆迁，是否有农民不配合拆迁现象？拆迁补偿标准的确定，群众是否有异议？为何要在相关的人和事被查处后，才向组织说明等。最终确定行为人套取公款时主观具有非法占有的目的，因此，其行为构成贪污错误，而不是调查认定的违反财经纪律错误。对审理人员的上述分析论证，无论是调查组还是被调查人，都予以认可。

二、重点证据摘抄

在审核复杂、疑难贪污受贿案件时，应对认定违纪性质的关键证据予以摘抄，比如在审核受贿违纪案件时应紧紧抓住行为人收受财物的证据、行为人收受财物时具有受贿故意、具有职务上便利以及承诺和实施、实现为他人谋取利益的证据以及收受财物去向等证据时，采取"口供列表、证言列表、书证列表、物证列表"等方法将其理清。

口供列表。在受贿、行贿的案件中，一人对多人行贿，或一人接受多人贿赂的现象较为常见，本人有交待，调查卷宗证据材料排列混乱，时间跨度大，一张一张翻页比较麻烦。所以，阅卷以后，最好用列表的方法统计、比对下列内容：在被调查人就违纪事实的陈述和辩解时间，受贿的动机、时间、地点、贿赂物的包装、贿赂物总金额大小、面值大小、贿赂物的去向，收钱时双方就细节的陈述等内容列表比对。如果共同违纪人数较多，案情复杂，还可用一人一表的方法比对，且不容易出现差错。

证言列表。对个别证人多次证言的矛盾可列出表格，一目了然地向调查组展示，以说服调查组，比如，行贿、索贿动机，行贿人称送钱是为了取得以后的工作中照顾，受贿称是为了对其以前工作的照顾；贿赂物的包装，行贿人第一次笔录称中说是被调查人用黑色皮制公文包装15万元现金钱，行贿人第二笔录称是被调查人用旅游包装15万元现金钱，并且，称被调查人来之前旅游包是瘪的，走时鼓鼓的，然而，侦查实验证明15万元的现金不足以让旅游包鼓起来，对此行贿人无法自圆其说。

书证物证列表。针对行贿、受贿违纪中，被调查人在不同的地点有不同的行为，侵犯的犯罪对象也有所不同。比如有的收受人民币，有的收受美元，还有的收受汽车、房产、古玩字画等，分类记录，分析研究和汇总时都比较方便。

需要补充说明的是，制作阅卷笔录时，审理人员还可以用不同颜色的笔画线对阅卷笔录上重点部分和各人的信息分别圈点以示区别。

三、调查程序单独摘录

对调查程序的审核是案件审理的一项重要内容。当审理人员阅读完调查报告后，直接从调查报告和案卷中就获得了初核、立案、调查等程序信息。为了审查程序是否合规，审理人员可对程序部分的信息资料进行笔记摘录，对照党政纪条规一一比对，发现问题及时提出：比如立案决定书是否送达被调查人所在单位，是否及时告知组织人事部门，采取和解除"两规""两指"措施手续是否齐全，延期是否有批准手续，初核、立案、案件调查期限是否超期，初核时间或立案时间是否存在错误，是否存在错误事实、见面材料形成时间早于立案时间现象，调查组对被调查人提出的不同意见，是否有说明；是否对涉案款物的价值进行鉴定；鉴定意见是否告知被调查人，被调查人是否要求重新鉴定；作鉴定结论的单位的资质以及鉴定人员的主体资格是否适格；搜查笔录有没有当事人家属和现场见证人的签字；调查组暂扣涉案款物，是否出具暂扣凭证，是否将暂扣凭证入卷和送达被调查人或者财物持有人等。

在阅卷的基础上，梳理出卷宗存在的实体和程序问题，作为审理人员只是完成了任务的一半。但这还不够，重要的是，要让调查组知道违纪事实证据链和程序部分都存在问题，这就需要审理人员与调查组及时进行沟通，要让调查组知道审理人员的工作细致的事实来说服调查组支持审理人员的观点，这不仅避免了常委会（监察局长）的被动，而且增加了调查组乃至被调查人对审理人员的信任和尊敬。

来源：《中国纪检监察报》2014 年 12 月 23 日

三种方法巧解一对一贿赂案件难题

　　贿赂案件是实践中较为常见的犯罪行为。行贿人和受贿人均是建立在谋取不正当利益动机的基础上，双方为满足自己的需求而达成一致的犯罪活动。贿赂案件大多都是"一对一"的证据。所谓"一对一"证据，是指行贿人或受贿人一方承认犯罪行为，另一方全部或部分否认犯罪行为的表现。这常常使案件的事实处于既不能肯定又不能否定的僵持状态，对于证实犯罪行为存在困难，如果简单地将"一对一"证言的事实全部予以肯定或否定，就会出现错案或放纵犯罪的可能。因而，对此类犯罪案件，必须格外慎重，掌握正确的审查方法。

　　在行贿人交代为谋取不正当利益而给予国家工作人员财物的前提下，可根据国家工作人员收受他人财物的认罪态度，分别讨论：

　　第一，国家工作人员明确承认利用职务之便收受他人财物，并将财物占为己有或者送给他人，若行贿人给予与国家工作人员收受财物的时间、地点、财物包装特征、币值、当事人对话内容等若干细节吻合，即可认定国家工作人员收受他人财物。

　　第二，国家工作人员明确承认收受过他人财物，但辩解称及时将财物退还他人或者及时上交组织。这种情况须重点查清国家工作人员退还或者上交财物的时间、具体经手人员、上交财物来源等细节，如果国家工作人员在法定的时间内及时将财物退还给他人或者上交组织，表明行为人没有受贿的故意，不能认定国家工作人员收受他人财物。

　　第三，国家工作人员否认收受过他人财物或者国家工作人员"时供时翻"。在国家工作人员否认收受过他人财物"零口供"的场合，须巧妙运用再生证据或者调取其他证据形成一个完整的证据链条得出国家工作人员收受他人财物的唯一结论，方可认定。在国家工作人员"时供时翻"的场合，须排除卷宗疑点，得出国家工作人员收受他人财物的唯一结论，方可认定，否则不能认定。如调查认定某省民政厅救灾处某处长王某某2008年1月利用指定某市民政局加工8000条救灾棉被的职务之便，向某市民政局副局长张某某索要回扣15万元，张某某后安排该市民政局救灾科科长陈某某采取少加工2000条棉被的方式套取公款16万元（其中1万元被陈某某、张某某私分）。同年3月底，王某某租车到某市民政局副局长张某某办公室取走该款。这一事实的认定，在受贿动机、租车取钱、就餐、现金外包装、财物去向等角度均存在疑点，在案件若干细节存在疑问的情况下，不能仅凭行为人之前的有罪供述和行贿人的证言简单认定行为人收受他人财物，这对避免冤假错案、提高办案质量具有重要意义。

实践中，对"一对一"的贿赂案件的审查可通过以下三种方法进行：

逐一审查法。对提取的各种言词证据，首先，是对证据主体的自身情况进行审查，包括主体的资格、身体状况、年龄、文化知识、阅历，这些客观因素的存在可能影响其对案件事实的感受力、记忆力、判断力、表达力。其次，是对证据主体的品质、是否受到外界的干扰、是否与案件当事人或处理结果有利害关系等因素进行审查，这些因素的存在可能使证据主体对案件事实的表达有所夸大或缩小。因此，品质好、没有外界干扰、与案件没有利害关系的证据主体所作陈述可信度高，否则可信度低。我们运用此方法审查上述王某某受贿案时，发现陈某某、张某某的品质存在问题，有共同贪污的行为和动机，且与案件处理有利害关系，其证词可信度较低。

同一认定法。对两个或两个以上具有可比性的言词证据进行对比分析，发现或者寻找相互间的共同点和差异点。一般情况下，经过同一认定的言词证据和案件事实，具有较强的真实性，证人证言、犯罪嫌疑人供述、被害人陈述相一致的情节可以予以确认。反之，如果其中出现矛盾或不一致的，则需要进一步取证。这里需要注意的是，如果发现有不一致的言词证据或同一证人前后提供的几份证言不一致，要善于以反向证据为突破口来印证证据的一致性。审查上述"王某某受贿案"时，发现陈某某、张某某前后提供的几份证言不一致，且无法作出合理的解释，因而其证言效力大打折扣。

比较印证法。职务犯罪事实发生后，往往会产生一系列的事实和证据，而且特定的言词证据与特定案件事实、言词证据与言词证据相互之间以及案件事实与案件事实之间必然存在一定的联系，通过审查案件中存在的这些必然联系判断是否能推导出结论的唯一性，并排除合理怀疑。审查上述"王某某受贿案"时，我们将王某某供述、陈某某、张某某证言按照作证时间先后顺序进行比较，发现这些言词证言之间存在较多疑点，且无法排除，因而，不能仅凭行为人之前的有罪供述和行贿人的证言简单认定行为人收受他人财物。

　　总之，对贿赂案件中的"一对一"证据的使用，决不能采取简单机械的方法，肯定什么或否定什么都必须有充分的依据。不能绝对、片面地追求固定的模式，要从实际出发，实事求是地区分不同情况，具体问题具体分析，综合对比，排除矛盾，从而得出正确的结论。

来源：《中国纪检监察报》2013 年 8 月 16 日

有效避免出现"翻供"情况的对策

在多数受贿案件中，国家工作人员索取他人财物或者非法收受他人财物的证据一般较为隐秘，证据也相对单薄，多为"一对一"的言词证据。因而，被调查人的供述是否稳定，对受贿违纪的认定有很大影响。由于言词证据本身具有不确定性的特点，被调查人的供述也经常发生改变，其一旦翻供，将对违纪事实和性质的认定带来很多障碍。比如，被调查人将受贿所得说成是借款、劳务报酬或投资分红；将受贿所得已经及时退还给行贿人或用于单位公务支出；被调查人收受他人财物后，以未承诺为他人谋取利益或者不具有职务上便利为由辩解，等等。

因此，避免出现被调查人翻供的情况，就要关口前移。在案件调查环节采取有效的措施预防和化解被调查人可能出现的翻供情况，对于准确认定违纪，确保案件质量具有十分重要的意义。

行贿、受贿双方亲笔书写供词、检查

被调查人书写亲笔供词能增强口供的证明效力，有效反驳被调查人种种翻供理由，特别是对其书写亲笔供词的过程进行同步录音录像，对认定违纪事实将起到事半功倍的效果。亲笔书写的供词应有本人签名和书写时间，供词在写明违纪事实时，违纪要素应尽可能详细。此外，被调查人书写检查时，应先写明详细的违纪事实，要能从侧面印证被调查人实施了违纪行为。因为，省去违纪事实的泛泛检查，不足以印证被调查人实施了违纪行为，会给其翻供留下空间。

高度重视取证细节

注重笔录细节。一般而言，受个人思维方式和个人语言习惯的影响，对于违纪事实的叙述，行贿人和受贿人会有所不同，即使是同一被调查人在不同时间所作的叙述也不完全相同。但是，有些调查人员为图省事或者为追求行贿、受贿双方在口供上的高度一致性，复制、粘贴被调查人笔录，造成不管是问话方式还是答话内容，甚至错别字、不符合常理的情节均别无二致，这样的笔录就很容易被抓住把柄。所以，办案人员应在追求细节大体相同的前提下，尊重被调查人和证人的意思表达。要注意在一些时候，不同被调查人违纪情节被描述得高度清晰且完全一致，并不符合科学规律和生活常识。

注重特征性证据的收集。由于每一起受贿违纪案件都有其独特的违纪情节和特点，被调查人对违纪情节和特点的供述往往可以作为其口供真实性的判断根据。尤其是对于"先供后证"的案件，被调查人供述的细节越具体明确，其真实性就越大。比如，被调查人对受贿所得的描述一般包含以下内容：赃款有无包装、如何包装，行贿、受贿双方对话内容、钱币的种类、数量、面值大小，是否还有其它物品等。这些细节，当事人若非亲历是不能说明的，如果采用叙述特征明显的供述，其真实性更强、证明效力更高，此类证据尤其要注意收集并固定。

取证要及时周密。被调查人口供突破后，调查人员不能认为其已经交代就松一口气，只做一个简单的笔录。此时，被调查人心理最脆弱，交代的情况相对详细真实，应趁热打铁，紧紧围绕违纪构成要件，制定详细周密的谈话提纲，并及时通过被调查人的供述予以固定。比如，对于影响违纪构成的具体时间、地点、受贿金额、次数、行贿事由、请托事项、如何为他人谋利、赃款去向等证据越充分，被调查人翻供的可能性就越小。

严格执行办案各项制度。在调查过程中，要严格执行法律、党纪条规和各项办案制度，严格遵守《案件检查工作条例》《行政监察法》和《中共中央纪委关于进一步加强和规范办案工作的意见》有关办案规范的要求，对重大贿赂案件，应尽可能地同步录音录像。这样，在遇到被调查人翻供时，可通过播放同步录音录像直观反映谈话全过程，戳穿被调查人翻供的阴谋。

重视被调查人辩解，及时预测翻供可能性

调查人员要坚持"重证据，不轻信口供"的原则，应全面收集被调查人有错、无错、错轻错重的证据，不能片面认为被调查人辩解就是认错态度不好，注重被调查人供述的合法性、客观性、关联性。

在调查过程中要注意倾听被调查人的辩解，尤其是对定性量纪有重要影响的事实和情节，及时掌握被调查人的心理动态，准确预测被调查人翻供的可能性及可能翻供的理由，在固定口供、收集证据时做到有的放矢，防患于未然。办案人员还应针对可能出现的翻供内容，延伸性地多提出几个问题，同时，针对其辩解的内容，及时查补完善相关证据，为案件审理的正常进行提前做好准备。此外，对在调查阶段多次翻供的被调查人，除了通过补充完善证据纠正其供词外，对于被调查人每次翻供的思想动机和原因都要通过笔录进行释明，方便遇到情况很快应对。

违纪案件的被调查人到案后，随着调查的深入，自然而然会产生心理变化。一般而言，被调查人到案之初，迫于强大的审讯压力，为了争取宽大处理，愿意如实供述自己的违纪事实。一旦案件调查终结移送审理之后，被调查人对自己的违纪事实和处境会有一个大致的评估，有可能会认识到自己会被组织从重处理甚至被追究刑事责任，于是心生懊悔，企图通过翻供逃避责任追究。因此，在移送案件审理之前，调查人员要掌握被调查人的心理动态，要对被调查人因势利导，耐心做好政策和法纪的教育工作，通过明理释法，让被调查人了解应当承担的法律责任以及主动交代、立功、坦白等法律规定，对被调查人翻供等行为可能造成的不利后果解释清楚。同时，要对证据进行分析，让被调查人明白，只要证据确凿充分，即使翻供也是徒劳的，打消其侥幸和对抗心理，从而有效地预防和避免翻供。

来源：《中国纪检监察报》2015 年 2 月 10 日

如何提升纪律处分决定文书质量

党纪政纪处分决定文书作为审理文书之一，是直接反映执纪水平高低的重要载体，理应得到高度重视。为进一步提高党纪政纪处分决定文书制作水平，可从以下几个方面加以改进和规范：

紧扣违纪责任能力罗列被处分人的基本情况。与党纪政纪处分决定关系最近、最核心的内容是被处分人的违纪责任能力，即被处分人是否属于纪检监察对象，对违纪违法行为是否应当担责。党纪处分决定应突出被处分人的党员身份，政纪处分决定应突出被处分人的行政机关工作人员身份和其任职时的职责。对被处分人曾在不同时间任不同职务的，应重点突出违纪行为发生时的任职情况，对与违纪行为无关的任职情况可简略写明，如表述为"曾先后任某职务"即可，没有必要详细罗列。

紧扣违纪构成要件描述违纪事实。实践中，某些处分决定对违纪行为发生的时间、地点、动机、违纪金额、手段、违纪款物去向没有叙述或叙述不全，以致从处分决定中看不出被处分人对违纪行为和违纪结果的发生负有何种意义上的责任。如在某些问责案件中，先后有多位领导分管，分管时间不同，造成的危害也不相同，应承担的责任大小也不相同，问责处分决定应突出问责对象的分管时间，突出被处分人对违纪行为和违纪结果的发生有领导责任、法律责任。唯有如此，才能让被处分人心悦诚服，才能充分发挥查办案件的警示教育功能。

定性量纪情节描述到位。实践中，某些党纪政纪处分决定遗漏了法定从轻、减轻、从重、加重处分情节，以致从处分决定文书中看不出被处分人是否有主动交代、主动退出违纪违法所得、积极配合调查等从轻或减轻处分情节，或者串供、隐匿、伪造证据等从重或加重处分情节。此外，某些酌定量纪情节，如违纪动机、认错悔错态度等，也应予以陈述。

正确认定责任主体和评价违纪行为性质。责任主体认定错误表现为：本是个人违纪，却认定为单位违纪；或本是单位违纪，却认定为个人违纪。

正确引用有关规定。实践中，某些党纪政纪处分决定引用规定不全或引用错误，如被处分人有多个违纪行为，只引用了其中的一条；对涉案违纪款物作出收缴的决定，但对收缴的法律依据却不予引用。值得注意的是，对某些违纪违法所得，依法应由其他有权机关作出收缴的决定，某些党纪政纪处分决定却违规收缴，虽然引用的依据貌似正确，但事实上处分决定机关无权收缴。

载明处分决定生效日期、申诉权、救济途径和期限。某些党纪政纪处分决定未写明处分决定的生效日期，未明确告知被处分人申诉权、申诉期限、申诉途径等，需在实践中注意纠正。

来源：《中国纪检监察报》2011 年 12 月 16 日

违纪所得专题

党纪政纪处分中的"违纪违法所得"认定

【案例一】 王某系某大型国有水库管理局党委委员、水政科科长（事业单位编制、中共党员），2004 年，其承包了水库的一片水域从事养殖业，每年承包金是 25 万元。2008 年，王某承包的水体因遭受某药业公司排放的污水污染，致养殖的鱼大量死亡，给王某造成了一定的经济损失。经索赔，王某获得了 40 万元赔偿款。王某后因涉嫌骗取渔船燃油补贴等违纪问题被立案查处。疑问一是王某承包鱼塘是否属于违规从事营利性活动；疑问二是王某获得的 40 万元赔偿款是否属于应予收缴的违纪违法所得。

【案例二】 某县法院法官张某用 180 万元资金入股煤矿，后向法院起诉煤矿索要 1100 万元红利。法官张某因此被给予留党察看两年的处分，投资入股所获利润被收缴。疑问在于张某投资入股的 180 万元本金是否也应一并收缴。

【评析意见】案例一中的王某身为中共党员，虽是事业单位工作人员，但事实上行使公共事务管理职能，根据《行政监察法实施条例》第 2 条第 2 款和《行政机关公务员处分条例》第 54 条等有关规定，王某属纪检监察机关管辖对象。其未经批准，以营利为目的擅自从事鱼塘承包，违反了《纪律处分条例》第 77 条的规定，属违规从事营利性活动。案例二中的法官张某擅自入股煤矿，违反了《法官法》第 32 条第 11 项、《纪律处分条例》第 77 条的规定，也属违规从事营利性活动。

问题在于案例一中的王某获得的 40 万元赔偿款，案例二中的张某用来投资入股的 180 万元资金，是否属违纪违法所得存在不同的认识。实践中，这种认识分歧较为普遍，直接关系到执纪执法的科学性和严肃性，因而有必要澄清。

一种观点认为，"违法所得"应指全部营业收入，将"得"界定为"成本+利润"。原因是合法的款物一旦投入到违法的经营行为中去，就与违法的经营行为合为一体，成为违法经营行为的一个组成部分，就不再具有合法性。通过成本与违法经营行为的结合而获得的一切利益，理所当然的是"违法所得"，故将"违法所得数额"解释为扣除实施违法经营行为所花费的成本之外的获利数额，背离了"违法所得"的字面含义。

另有观点认为，"违法所得"应该是扣除成本后的违法经营所获利润。将"得"界定为营业获利部分。"违法所得"中最为突出的是"得"字，简言之，成本是当事人付出的，不是得到的，故违法所得中的"所得"只能是指获利部分。

笔者认为，违纪违法所得是指通过违纪违法行为所获得的经济利益，在实施违纪违法行为之前就占有的财物和用于违纪违法的财物不属违纪违法所得；违纪违法所得应是扣除成本后的营业获利部分。理由如下：

首先，"合法的金钱和其他财物一旦投入到非法的行为中去，就与非法行为合为一体，成为非法行为的一个组成部分，其本身就不再具有合法性"的论述，实际含义是指行为人将合法的财物用作违法违纪的工具，而不是行为人实施违纪违法行为所取得的财物。如挪用公款用于赌博、走私、贩卖毒品、生产销售伪劣产品等国家绝对禁止的非法活动，这种场合实际上是将合法的款物用作违法犯罪的工具，理应依法没收。行为人将合法的款物投入到仅允许特殊主体实施的行为中去，一般不应收缴本金。如某甲将所在单位从银行贷款而来的1000万元公款私自放贷给他人，3个月后的收益是5%，对其挪用公款所获得的盈利50万元应予以收缴，但对其挪用的本金1000万元则应退还案发单位，并不能因为行为人将1000万元用作挪用公款违纪行为的工具而收缴。这是由于将合法的款物投入到仅允许特殊主体实施的违法行为，与将合法的款物投入到国家绝对禁止的非法活动中去的行为，有着本质的区别。

其次，将成本剔除于"违法所得"之外具有司法解释和行政解释的根据。例如，《关于审理非法出版物刑事案件具体应用法律若干问题的解释》（法释〔1998〕30号）第17条第2款规定，本解释所称"违法所得数额"，是指获利数额。最近新修订的《人民检察院扣押、冻结涉案款物工作规定》第2条第2款规定："犯罪嫌疑人、被告人实施违法犯罪行为所取得的财物及其孳息属于违法所得。"行政解释的根据是国家质量技术监督局在《关于实施〈中华人民共和国产品质量法〉若干问题的意见》中明确指出："本法所称违法所得是指获取的利润。"

最后，从法理上讲，没收的对象应是违纪违法所得，"投入"的财产是行为人所有或者占有的合法财产，其合法性不会因"违法经营活动"的"所得"而受牵连变成违法。如果将"违法"的标签一并贴在合法的款物投入之上，进而加以没收，有悖法理，难以令人信服。

案例一中，在王某已支付数年承包金和其养殖的鱼死亡蒙受重大损失的情况下，不能笼统地将其获得的40万元赔偿款界定为违纪违法所得予以收缴。案例二中，法官张某违规从事营利性活动所获取的利润，属违纪违法所得，应予收缴，但其获利之前投入的本金不属违纪违法所得。

来源：《中国纪检监察报》2010年6月11日

如何认定和收缴违纪所得？

【案情简介】杨某某系某经济开发区管理委员会主任，2005 年，其利用职务之便，侵吞公款 10 万元，并用这 10 万元买入股票，至 2008 年初案发时获利 15 万元。2006 年，其用受贿所得 50 万元为其情妇购买住房一套，至案发时，房屋价值约 120 万元。2006 年，其挪用公款 100 万元，其中的 50 万元借给他人使用，获得好处 5 万元，剩余部分存入银行和购买基金，收益约 20 万元。此外，还查明杨某某赌博赢利约 10 万元。杨某某因贪污、受贿、挪用公款违纪被开除党籍和开除公职，并被司法机关追究刑事责任。其对违纪违法所得的追缴存有异议，对其贪污的 10 万元、受贿的 50 万元这部分违纪所得的追缴没有异议，但对其投资收益买股票 15 万元、房屋升值部分 70 万元、银行利息和买基金收益 20 万元，则不同意被收缴，对赌博所得也不应由纪检监察机关收缴。

【评析】追缴违纪所得与保护公民财产权呈对立统一的矛盾关系。一方面，《物权法》规定，国家、集体、私人的物权和其他权利人的物权受法律保护，任何单位和个人不得侵犯；另一方面，《行政监察法》第 24 条、《中国共产党纪律处分条例》第 41 条作出对违纪行为所获得的经济利益，应当收缴或者责令退赔的规定。由此可见，追缴违纪所得与保护公民财产权呈对立统一的矛盾关系：一方面，须严格依纪依法追缴违纪所得，绝不让腐败分子经济上得到实惠；另一方面，腐败分子作为公民，对其合法占有的财产享有财产权，包括纪检监察机关在内的单位不得侵犯。因而，准确界定违纪所得很有必要。

首先，对行为人的违纪所得予以追缴有充足的依据。如，《刑法》第 64

条前半部分规定："犯罪分子违法犯罪所得的一切财物，应当追缴或者责令退赔；对被害人的合法财产，应当及时返还；违禁品和供犯罪所用的本人财物，应当予以没收。"《行政机关公务员处分条例》第53条、《行政监察法实施条例》第26条规定："监察机关根据检查、调查结果，对违反行政纪律取得的财物，可以作出没收、追缴或者责令退赔的监察决定，但依法应当由其他机关没收、追缴或者责令退赔的除外。"《中国共产党纪律处分条例》第41条第1款规定："对于违纪行为所获得的经济利益，应当收缴或者责令退赔。"

其次，须对违纪违法所得与用于违纪违法的财物作出区分。违纪违法所得是指通过违纪违法活动所获取的他人合法所有的财物，行为人供违纪违法使用的资金、工具等本人财物不是违纪违法所得。《行政机关公务员处分条例》第53条也提醒广大纪检监察干部在收缴违纪违法所得时注意区分违纪违法所得与用于违纪违法的财物，如《行政机关公务员处分条例》第53条前半部分规定："行政机关公务员违法违纪取得的财物和用于违法违纪的财物，除依法应当由其他机关没收、追缴或者责令退赔，由处分决定机关没收、追缴或者责令退赔。"

再次，利息（孳息）、投资收益、风险收入等非法所得，能否收缴？对行为人贪污、受贿所得和因挪用公款而收受的好处，如上所述，应予收缴。但是，对利息（孳息）、投资收益、风险收入等非法所得的处理，则须参照其他规范性文件。如根据1999年最高人民法院《关于审理挪用公款案件具体应用法律若干问题的解释》第2条的规定："挪用公款存入银行、用于集资、购买股票、国债，属于挪用公款进行营利活动，所获取的利息、收益等违法所得，应当追缴，但不记入挪用公款的数额。"据此，可将行为人所获取的利息、收益等违法所得予以收缴。

复次，行为人贪污公款、挪用公款使国家和单位遭受利息损失的，纪检监察机关是否有权责令行为人退赔？根据1993年12月15日最高人民法院《关于贪污、挪用公款所生利息应否计入贪污、挪用公款犯罪数额的问题的批复》的规定："贪污、挪用公款所生利息，不应作为贪污、挪用公款的犯罪数额计算，但该利息是贪污、挪用公款行为给被害单位造成实际经济损失的一部分，应作为被告人的非法所得，连同其贪污、挪用的公款一并依法追缴。"据此，贪污、挪用公款行为给被害单位造成实际经济损失的，可责令行为人退赔。如果行为人将其违纪所得用于家庭开支，无力赔偿的，其家属也有义务赔偿。如最高人民法院《关于被告人亲属主动为被告人退缴赃款应如何处理的批复》规定，被告人是成年人，如果违纪违法所得由行为人自己挥霍，无法追缴的，应责令行为人退赔，其家属没有代为退赔的义务；如果被告人的违法所得有一部分用于家庭日常生活，对这部分违法所得，被告人和家属均有退赔义务。

最后，需要说明的是，纪检监察机关在收缴违纪违法所得时须遵循合法性原则。这里的合法不仅指实体合法，也包括程序合法。实体合法，意味着纪检监察机关只能收缴行为人通过违纪违法行为取得的财物（金钱、商品等动产和不动产，实施违法违纪行为所获得的利润及各种非法所得产生的孳息等），即追赃的对象必须具有涉赃性。实践中，须重点把握的是程序合法。如《行政机关公务员处分条例》第53条前半部分规定了执纪执法程序："行政机关公务员违法违纪取得的财物和用于违法违纪的财物，除依法应当由其他机关没收、追缴或者责令退赔。"依法应当由其他机关没收、追缴或者责令退赔，是指虽然是行政机关公务员违法违纪取得的财物和用于违法违纪的非法财物，处分决定机关也有权没收、追缴或者责令退赔，但有关法规中规定了由其他机关对该财物予以没收、追缴或者责令退赔的，就应当由其他机关予以没收、追缴或者责令退赔，而不应当由处分决定机关予以没收、追缴或者责令退赔。例如，行政机关公务员用于赌博、嫖娼的财物和通过走私取得的财物，依照《治安处罚法》《海关法》的规定，分别应当由公安机关、海关予以没收，处分决定机关就无权没收。再如，对隐瞒、坐支、滞留、截留、挪用应上缴的财政收入的，根据《财政违法行为处罚处分条例》第4条的规定，应由财政部门责令改正，补收应当收取的财政收入，限期退还违法所得，而不是由纪检监察机关直接收缴。

综上所述，对杨某某贪污、受贿违纪所得应予追缴，对其投资收益买股票15万元、购买的房屋升值部分70万元、银行利息和买基金收益20万元，也可收缴，对赌博赢利所得应由公安机关收缴，纪检监察机关不应直接收缴。

来源：《中国纪检监察报》2010年2月3日

收缴违纪违法财物应遵循五大原则

收缴违纪违法财物是纪检监察机关办案工作中一项重要内容。做好这项工作关系到党纪政纪的严肃执行和财产权的有效保护，具有十分重要的意义。当前，受有关规定较分散，不够系统、细化等因素影响，在收缴违纪违法财物方面仍存在认识和做法上的不统一、不规范。笔者试图结合有关规定，对收缴违纪违法财物应遵循的原则作一探讨。

本文所称违纪违法财物，包括党员、行政监察对象违纪违法取得的财物和用于违纪违法的财物。对此，《中国共产党纪律处分条例》第41条、《中华人民共和国行政监察法》第24条，以及《行政机关公务员处分条例》第53条明确规定应予没收、追缴或责令退赔。《行政机关公务员处分条例》第53条还规定，对于违法违纪取得的财物应当退还原所有人或者原持有人的，退还原所有人或者原持有人；属于国家财产以及不应当退还或者无法退还原所有人或者原持有人的，上缴国库。

为论述方便，对追缴与没收统称为"收缴"。上述规定体现了"任何人不得从违法行为中获利"及"合法财产权受法律保护"的法律思想，同时，对纪检监察机关如何具体操作给予指导和规范，从中引申出以下原则：

一、合法性原则

这里的合法不仅指实体合法，也包括程序合法。实体合法，意味着纪检监察机关只能收缴违纪人通过违纪违法行为取得的财物（金钱、商品等动产和不动产，实施违纪违法行为所获得的利润及各种非法所得产生的孳息等），以及用于违纪违法的财物。即收缴的对象必须与违纪行为及其相关行为相联系。实践中，须重点把握的是程序合法。如对隐瞒、坐支、滞留、截留、挪用应当上缴的财政收入的，依据《财政违法行为处罚处分条例》第4条之规定，由财政部门责令改正，补收应当收取的财政收入，限期退还违法所得，而不是由纪检监察机关直接收缴。

《行政机关公务员处分条例》第53条前半部分也对监察机关执纪执法程序进行了规范："行政机关公务员违法违纪取得的财物和用于违法违纪的财物，除依法应当由其他机关没收、追缴或者责令退赔的，由处分决定机关没收、追缴或者责令退赔。"《中华人民共和国行政监察法实施条例》第26条也作出类似的规定。依法应当由其他机关没收、追缴或者责令退赔，是指虽然是行政机关公务员违法违纪取得的财物和用于违法违纪的非法财物，但有关法规中规定了由其他机关对该财物予以没收、追缴或者责令退赔的，就应当由其他机关予以没收、追缴或者责令退赔，而不应当由处分决定机关予以没收、追缴或者责令退赔。例如，行政机关公务员用于赌博、嫖娼的财物和通过走私取得的财物，依照《中华人民共和国治安管理处罚法》《中华人民共和国海关法》的规定，分别应当由公安机关、海关予以没收，处分决定机关就无权没收。

二、禁止非法获利原则

无论是出于有利于实质公正还是出于预防，都不应让违纪人享有源自违纪违法的利益。通过追缴，应当剥夺行为人因其违纪违法行为或从其违纪违法行为所得的财产收益或权益，不仅包括从其违纪违法行为所直接获得的利益，还包括行为人因实施违纪违法行为而从第三人处获得的利益。

三、返还原财产权人原则

《行政机关公务员处分条例》第53条中规定："对于违法违纪取得的财物应当退还原所有人或者原持有人的，退还原所有人或者原持有人。"这其中就包含着返还原财产权人原则。原财产权人的合法财产因违纪违法行为而受损，理应得到返还。原财产权人既包括自然人，也包括单位。前者如诈骗、盗窃等案件中的受害人，后者如贪污、挪用公款等违纪案件中的受损失单位等。需要注意的是，返还有关单位和个人违纪违法所得的工作应及时，如果有孳息，应当一并返还。

四、人道主义原则

收缴的违纪违法财产可能是违纪人当时个人所有的一部分，也可能是绝大部分甚至全部。若属后一种情形，则可能使违纪人及其所扶养的家属生活无着落。因此，纪检监察机关在收缴违纪违法财产时，有必要遵循人道主义原则，为其保留必需的生活费用和物品。在此方面，刑事法律有关规定值得借鉴。如《刑法》第59条第1款后半部分规定："没收全部财产的，应当对犯罪分子个人及其抚养的家属保留必需的生活费用。"《人民检察院扣押、冻结涉案款物工作规定》第6条规定："人民检察院扣押、冻结犯罪嫌疑人、被告人的涉案款物，应当为犯罪嫌疑人、被告人及其所扶养的家属保留必需的生活费用和物品。"

五、保护第三人善意取得原则

《联合国反腐败公约》第34条规定："各缔约国均应当在适当顾及第三人善意取得的权利的情况下，根据本国法律的基本原则采取措施，消除腐败行为的后果。"善意取得制度，是指如果善意第三人不知道或不应当知道转让人（即违纪人）转让赃款赃物时无处分权，并且已经支付了对价，善意第三人可以取得该物的所有权。善意取得制度侧重于保护善意受让人的权益，维护交易的安全性，有利于市场经济的发展。在收缴违纪违法财物工作中，一方面，要保护被害人的权益；另一方面，也要对无辜第三人的合法权益予以考虑。

实践中，为追缴赃款赃物，往往不管被冻结、扣押的财物是"善意取得"还是"恶意取得"，一律冻结、扣押第三人的所谓赃款赃物。1996年最高人民法院发布的《关于审理诈骗案件具体应用法律的若干问题的解释》第11条规定："行为人将诈骗财物已用于归还个人欠款、货款或者其他经济活动的，如果对方明知是诈骗财物而收取，属恶意取得，应当一律予以追缴；如确属善意取得，则不再追缴。"这个司法解释确立了赃款的善意取得制度。1997年公安部发布的《关于办理利用经济合同诈骗案件有关问题的通知》第5条有类似规定，同时，还规定被害人因此遭受损失的，可依法提起附带民事诉讼。至此，我国法学界和司法实践部门一致认可了赃款的善意取得制度，但对赃物是否适用善意取得还存在较大的争议。

需要说明的是，收缴违纪违法所得以追缴原款原物为原则，以退赔为例外。这是由违纪违法所得的特定性所决定的，原款原物不仅能保全违纪违法所得的物证价值，而且，某些特定赃物对受害人有特定价值和意义，非一般金钱所能弥补，因此，纪检监察机关在追赃时应首先追缴原款原物。适用退赔的情况主要有两种：一是违纪违法所得被挥霍、灭失，或确实难以追回；二是第三人善意取得违纪违法所得。

来源：《中国监察》2011 年第 4 期

证据专题

纪律审查应避免四大证据误区

纪律审查工作要注意运用法治思维和法治方式，其中证据的作用尤为重要。在某种意义上，整个纪律审查的过程就是一个收集、鉴别和使用证据认定违纪事实的过程。在这个"证据流程"中，存在一些认识误区应予澄清，否则将会影响案件的正确处理。

误区一：被调查人交代是"证据之王"

所谓被调查人交代，是指被调查人就违纪事实向纪检监察机关所作的口头或书面陈述。

有的纪检监察干部认为，被调查人交代是"证据之王"，是最有价值和证明力最强的证据，故在纪律审查中千方百计获取"口供"。不可否认，经查证属实的被调查人交代，能够详细、具体地反映违纪行为的背景、动机、目的和违纪行为发生的时间、地点、情节、手段、结果等，具有较强的证明力。但由于被调查人与处理结果有着直接利害关系，其交代可能存在虚假成分。

《中国共产党纪律检查机关案件检查工作条例》第32条规定："认定错误事实须有确实、充分的证据。只有被调查人的交待，而无其它证据或者无法查证的，不能认定；被调查人拒不承认而证据确实、充分的，可以认定。"因此，在纪律审查实践中，要破除"获取口供就万事大吉"的错误认识，防止过分偏重和依赖被调查人交代，而应该在书证、物证、电子数据、视听资料、证人证言等相应证据的收集上下功夫，注意将被调查人交代与其他证据对照，看其是否合情合理，是否属实。

误区二：被调查人翻供、申辩就是"态度不老实"

所谓翻供，是指被调查人在纪律审查中推翻其之前所作的供述；申辩，是指对违纪事实、性质、处理轻重等方面提出自认为合理的辩解。

执纪实践中，被调查人翻供时有发生，有的部分翻供，有的全部翻供。在完整闭合的证据链条面前，那些试图逃避纪律追究的翻供、申辩终究会露出破绽。但不能一概认为翻供、申辩是被调查人拒不认错，而要具体问题具体分析，如有的是为了逃避追究或避重就轻而将以前真的供述翻成假的，有的则是因为记忆错误、受到压力而违心承认或者编造虚假陈述应付调查等。应坚持实事求是，区分不同情况，避免"先入为主"地将被调查人翻供、申辩当作"态度不老实"，以免遗漏有效信息。

误区三：调查人员的职责仅限于收集有错证据

在执纪实践中，一些人认为，调查组的职责仅限于收集证明被调查人有错、错重的证据，至于收集证明被调查人无错、错轻的证据，则是本人或助辩人的事。

中央纪委《关于进一步加强和规范办案工作的意见》（中纪发〔2008〕33号）第18条明确提出："收集证据要忠于事实真相、客观全面，既要收集能够证实被调查人有违纪行为的证据，也要收集能够证实被调查人无违纪行为的证据，以及有无从重、加重、从轻、减轻量纪情节的各种证据。"《中国共产党纪律检查机关案件检查工作条例》及其《实施细则》也规定，全部证据材料都应移送审理，包括对所调查的问题认定的证据材料，也包括对所调查的问题否定的证据材料。

调查组不能为了追求所谓的"政绩"而丧失客观公正，不管是有利于被调查人还是不利于被调查人的证据都应收集。

误区四：过分迷信鉴定结论（意见）

鉴定结论（《中国共产党纪律检查机关案件检查工作条例》第28条称之为鉴定结论。2013年1月1日修改后的《刑事诉讼法》第48条，将鉴定结论改为鉴定意见）是具有鉴定资质的鉴定人受办案单位指派或聘请，运用自己的专业知识对案件中的专门性问题所作的结论性意见，鉴定意见具有极强的技术性，无论是鉴定过程还是鉴定结果，都充满了社会大众难以理解以及判断的专业性、技术性问题。由于鉴定结论是具有专门知识的人依照科学原理所作出的，有人便认为其真实性无可怀疑，无须审查即可直接予以采纳。其实，任何证据都无预定的证明力，如同其他证据一样，鉴定结论因主客观的原因也有发生错误的可能，如鉴定设备是否先进、鉴定方法是否科学、送检材料是否充分、鉴定人的业务水平，以及鉴定过程是否受到外界因素的干扰等，都会影响到鉴定结论的正确性。实践中，鉴定人过早、过多地了解案情，清楚办案人员的侦查需要，所以，难免受主观的牵绊，有先入为主的主观预断，很难保证鉴定结论的客观真实性。由于缺乏完善的责任追究机制，鉴定机构往往受到利益的驱动，容易附着主观因素。因此，鉴定意见的客观、中立性值得商榷，特别需要高度注意的是：鉴定意见（结论）只是证据链条中的一环，只能证明案件的一部分事实，并不能推导出案件的全貌。因此，鉴定结论不应被事先预定证明力，比如目前认为可靠性极高的 DNA 检测也不能保证百分之百准确，也存在发生误差的可能。因此对于鉴定结论应当先予审查才能采纳。

来源：《中国纪检监察》2015 年第 18 期；
发表时第四个误区没有加入。

从三个维度正确把握刑事再生证据

一、从形成主体的维度把握刑事再生证据

我国诉讼法学理论和司法实务界一般认为，刑事再生证据的形成主体是处于侦查阶段的犯罪嫌疑人。但我们认为在特定情况下，犯罪嫌疑人、被告人的利益关系人也可以是刑事再生证据的形成主体。如在贪污贿赂案件中，职务犯罪人的妻子、子女及其他特定关系人隐匿销毁罪证、转移赃款赃物；收买或打击报复证人；找关系人说情、送礼；威胁、恫吓办案人员等。一旦这些反侦查活动能被查明并以证据的形式固定下来，能全面或部分地反映贿赂犯罪的真相，足以否定靠反侦查活动确定起来的伪证，就能和其他证据合并形成证实犯罪的证据锁链。

值得研究的是，提起公诉后，被告人是否是刑事再生证据的形成主体？笔者认为，被告人也可成为刑事再生证据的"制造者"。如在强奸案件中，被告人在侦查阶段作了有罪供述，但开庭审判时翻供，致使认定其强奸犯罪证据不足，被告人回看守所后得知自己可能被判处无罪时异常兴奋，遂向同监室的"亲密室友"讲述自己犯罪经过。在这种情况下，被告人同监室的其他犯人就被告人的犯罪经过的陈述所作的证言，也是刑事再生证据，被告人就是刑事再生证据的形成者。所以，刑事再生证据的形成主体并不局限于犯罪嫌疑人及其利害关系人。

另一个问题是，司法人员可否成为刑事再生证据的形成主体？例如，行贿人为争取从轻处理，配合检察机关侦查活动，故意与受贿人就受贿时间、地点、方式、金额、谋取利益大小等具体情节进行"串供"，并将串供内容予以录音、录像。在这种情况下，行贿人按照检察人员的要求所获取的证据也

属于刑事再生证据，尽管行贿人是按照检察人员要求进行的，但从形式上看，仍然是行贿人直接取得的证据，检察人员是证据间接取得者。因此，检察人员等司法人员很难成为刑事再生证据的形成主体。

综上所述，笔者认为，刑事再生证据，是指犯罪嫌疑人、被告人及其利益关系人为使犯罪嫌疑人、被告人逃避法律追究而进行的各种反追诉活动中形成的证明案件真实情况的一切事实。

二、从适用范围的维度正确把握刑事再生证据

再生证据形成的时间须在犯罪完成后或者说在案发后，且并非任何刑事案件均有再生证据。再生证据是犯罪嫌疑人、被告人及其利害关系人针对侦查、审查起诉、审判活动而实施有关反侦查、反追诉、反审判活动而形成的证据，所以，再生证据一般形成于案发后。对于虽具有再生证据特征而形成于案发前或案发中的证据，不是再生证据。例如，受贿人以借款合同（协议）等形式掩饰收受贿赂，虽具有再生证据的特征，但由于形成于受贿犯罪既遂之前，因而是行为人犯罪的证据，而非再生证据。并非任何刑事案件均有再生证据。再生证据总是伴随着反追诉行为的产生而产生，没有犯罪人一方有意识的反追诉行为，没有公安司法人员有意识地培植，就没有再生证据。所以，在存在自首的案件中，基本上不存在再生证据。犯罪嫌疑人、被告人（含利害关系人劝其自首）自动投案，如实供述自己的罪行，行为人将自己主动交付国家追诉，本身就表明犯罪嫌疑人、被告人人身危险性的减少。

三、从运用的维度正确把握刑事再生证据

司法实践中，刑事再生证据的作用主要体现在：（1）证明量刑情节。再生证据对于"案发后的表现好坏"有直接的证明作用，可以证明行为人在犯罪后的态度和表现，因此，对量刑具有重要意义。（2）对侦破案件具有重要作用。一方面，反侦查活动目的在于掩盖犯罪事实，逃避法律追究，因而，其总是围绕犯罪事实进行，由此形成的再生证据被司法机关及时收集、固定，伪证就不攻自破。顽固的犯罪人面对再生证据所形成的新的证据链，不得不认罪。（3）在一定程度上证明原生证据的存在。如受贿人索贿时曾向行贿人提供假发票冲账，案发后，受贿人向行贿人索要该发票，让贿人否认其索贿事实。这一过程中有关电话录音、字条、电子邮件等就是再生证据，在假

发票被毁的情况下，也可以证明假发票的存在。上述作用的存在要求司法人员依法科学地收集和运用刑事再生证据。首先，应在侦查中树立较强的收集再生证据意识，仔细及时收集；其次，注重灵活运用各种侦查谋略和特殊的侦查方法；最后，须对再生证据进行转化。因此，要想充分发挥其功效，必须对再生证据进行及时转化。

刑事再生证据能否直接作为定案的根据？有人认为，"在特定情况下，刑事再生证据可以直接作为定案的根据"。笔者认为，再生证据不能直接证实犯罪事实，故不是直接证据，仅属于间接证据范畴，但又区别于一般的间接证据。一般性的间接证据能间接证明有罪还是无罪，而再生证据是在直接和间接证据的基础上，派生出否定假有罪或假无罪，证明假有罪或假无罪是否存在，以否定之否定的形式印证犯罪事实和鉴别直接证据或间接证据真伪的证据，故即使在特定情况下，刑事再生证据也不能直接作为定案的根据。例如，受贿案件，通过原生证据只能推断出行贿人已将贿物送到受贿者手中，但行贿的时间、地点、金额、方式、所谋取利益的大小等具体情节仍不清楚。再生证据的补充作用使原本比较零乱的原生证据形成完整且紧密的证据链条。但如果没有原生证据的存在，即使再生证据证明得非常清楚，也不能直接作为认定行为人受贿的根据。运用再生证据时须遵守两个诉讼规则：一是在无原生证据的情况下，再生证据即使已形成完整的证据链也不能直接认定行为人有罪；二是再生证据应与原生证据之间具有严密的逻辑联系，以待证的事实为核心，形成闭合的证据锁链，排除了其他可能性。

来源：《检察日报》2008 年 11 月 14 日

巧用再生证据　突破违纪案件

　　在执纪执法实践中，贪污贿赂案件的成功侦破，都离不开刑事再生证据的成功运用，正确运用再生证据有助于揭露、证实和打击各种违纪违法犯罪。

　　再生证据是被调查人及其利害关系人针对调查活动而实施有关反侦查活动而形成的证据，再生证据形成于案发后。如在贪污贿赂案件中，国家工作人员的妻子、子女及其他特定关系人隐匿销毁罪证、转移赃款赃物；收买或打击报复证人；威胁、恫吓办案人员等。一旦这些反侦查活动能被查明并以证据的形式固定下来，就能够全面或部分地反映贿赂犯罪的真相，就能够足以否定靠反侦查活动确定起来的伪证，就能和其它犯罪证据合并形成证实犯罪的证据锁链。

　　再生证据具有的作用和效力，主要体现在以下几个方面：

　　证明原生证据。对原生证据灭失或无法获取时，进而难以获得被调查人违纪违法的直接证据，通过对串供、销毁证据、破坏现场等再生证据的收集，可以运用再生证据证明原生证据的存在；对于虚假可能性较大的言词证据，则有验证真伪的作用。比如，被采取"两规""两指"措施的被调查人通过夹带纸条等方式让其家属转移被其隐藏、转移的赃款赃物。这种纸条就是再生证据，尽管赃款赃物已无法获取，但纸条可证实赃款赃物的存在。再如，受贿人索贿时曾向行贿人提供假发票冲账，案发后，受贿人向行贿人索要该发票，让行贿人否认其索贿事实。这一过程中有关电话录音、字条、电子邮件等就是再生证据，在假发票被毁的情况下，也可以证明假发票的存在。

　　补强已有证据。再生证据相对于原生证据具有依附性，正是由于两者紧密的关联性使再生证据在证据补强上具有举足轻重的作用，尤其是在以言词证据为主证明违纪违法的过程中，往往具有很强的证明力。因为，再生证据虽然从其产生上从属于原生证据，但在证明作用上有时优于原生证据。比如，受贿案件，通过原生证据只能推断出行贿人已将贿物送到受贿者手中，但行贿的时间、地点、方式、金额、所谋取利益的大小等具体情节仍不清楚。如果获取了行贿方和受贿方串供、订立攻守同盟的信件、电话等再生证据，如受贿人告诉行贿人"你上次在某某宾馆给我的 10 万元钱，纪委、检察院正在查处，你千万不能说"或"八月份我给你的钱，就说是我向你借的"等，再生证据的补充作用使原本比较零乱的原生证据形成完整的、紧密的证据链条。

证明量纪情节。再生证据对于"案发后的表现好坏"有直接的证明作用，可以证明行为人在实施违纪行为后的态度和表现，因此，对量纪轻重具有重要意义。

再生证据对于侦破（突破）案件具有不可忽视的作用。一方面，反侦查活动的目的在于掩盖违纪违法事实，逃避法律追究，因而，其总是围绕违纪违法事实进行，由此形成的再生证据被纪检监察机关、检察机关及时收集、固定，伪证就不攻自破。由此可见，运用再生证据，挫败被调查人的反侦查活动，给违纪违法行为人致命的打击，一些顽固分子面对再生证据所形成的新的证据链，不得不认罪伏法。另一方面，办案单位运用已掌握的证据有意识地生成再生证据，也会使被调查人在强有力的证据面前感到大势已去，从而放弃侥幸的想法，如实供述。如受贿案的侦破过程中，掌握行贿方的证据后，在不惊动受贿人的情况下，安排行贿人与其接触，就行贿、受贿事实进行沟通，形成谈话录音和往来字条等，再以此突破受贿人的心理防线就轻而易举。

证明新错和深挖余错、漏错。在串供、毁证、伪证过程中往往会涉及办案尚未掌握的新的错误，再生证据可以帮助办案单位及时掌握调查动态。对于反侦查、反追诉过程中产生的伪证、妨害作证、隐匿、故意销毁会计凭证等违法活动起着直接的证明作用，从这个意义上讲，"再生证据"是"原生证据"。此外，还可运用一定的再生证据还可搜集和发现新的线索。有的被调查人在被采取"两规""两指"措施后，如同惊弓之鸟，心理状态复杂多变，他们往往会使出浑身解数，上蹿下跳，订立攻守同盟，掩盖违纪事实。但是，反调查活动有时欲盖弥彰，新产生的再生证据就可能暴露出新的违纪线索，调查人员如能及时发现和巧妙利用再生证据，无疑有助于开辟侦查工作的新途径，使被调查人难逃法网。调查人员还可利用被调查人渴望了解办案人员是否掌握其违纪证据的真实底数的心理，运用刺探性再生证据巩固原生证据并借机深挖余错、漏错。

声像资料不能一概认定为"视听资料"

视听资料，是指在录音带、录像带、磁盘、光盘、图片、电脑和其他科学技术设备等载体上所存储或记录的声音或图像信息，以证明案件事实的证据，这种新的证据随着科学技术的发展而越来越多地进入证据领域。作为证据使用的视听资料，是侦查人员事后获取的、记录犯罪实施过程、能够证明犯罪嫌疑人有罪或者无罪的一种证据。司法实践中，很多司法人员认为，只要是以录音带、录像带等载体所存储或记录的声音或图像信息就应认定为法定证据中的"视听资料"，这是不正确的。

笔者认为，实践中，以下几种情形能认定为"视听资料"：

1. 直接指向证明对象的声像资料是"视听资料"。如公安机关交通警察部门在道路上安装的路况实时监控、银行监控系统、工厂及住宅小区的保安系统在日常工作中录制的有关犯罪事实的材料，称之为"视听资料"。

2. 起固定证据作用的声像资料是"视听资料"。检察机关在办理职务犯罪案件中，犯罪嫌疑人、证人思想经常波动，根据案件的实际情况和需要，在询问证人以及被告人的同时运用视听技术，采取公开或秘密的手段对受贿犯罪嫌疑人的供述、行贿人和证人的证言进行录音录像，在审判环节能起到较好的效果，防止被告人翻供和证人违背事实改变证言。这些声像资料起固定证据的作用，应认定为"视听资料"。

3. 证明侦查程序的合法性的声像资料是"视听资料"。根据案件的实际情况和需要，在询问证人以及被告人时运用视听技术还能在一定程度上证明侦查机关侦查程序的合法性，排除侦查机关违法取证的嫌疑。同理，在被告人和辩护人指控侦查机关涉嫌违法取证时，及时出示取证过程的声像资料，就其性质和证明作用而言，也属于"视听资料"。

不属于"视听资料"的声像资料主要有以下几种：

1. 声像资料属于勘查笔录。如果录音、录像资料记录的是行为人完成犯罪后的行为，不能称之为"视听资料"，而是其他证据固定和收集的一种手段和附属形式。如公安机关对犯罪现场的录像、拍照不能称之为"视听资料"，而是现场勘查笔录。

2. 声像资料属于讯问犯罪嫌疑人、询问证人笔录。在查办职务犯罪案件过程中，检察人员常常采用讯问、询问与录音录像同步的方式记录讯问（询问）情况，给犯罪嫌疑人、证人形成思想上的巨大压力和心理震慑，能达到使其不敢翻供和翻证的目的。其实，这样的录音录像资料所起的作用，与讯问犯罪嫌疑人、询问证人笔录的作用是相同的，只不过前者更形象、直观、生动。这与前述起固定作用的声像资料不同的是，看其在诉讼中的作用，如果用于固定证据，则为视听资料；如果用于反映讯问情况，则为讯问（询问）笔录。但在证明办案人员讯问、询问过程的合法性时，对讯问犯罪嫌疑人、询问证人的过程进行录音、录像所取得的声像资料，则应称之为"视听资料"。

3. 声像资料应该归入"再生证据"。如受贿案件中，检察人员对行贿人与受贿人串供的过程进行录音录像所取得的声像资料，就不是法定证据中的"视听资料"，这种证据就其性质而言属于"再生证据"，只能作为证据线索使用，不可直接界定为视听资料。

由此可见，视听资料具有相对性，这要求我们在办案过程中合理地将声像资料归入相应的证据种类，不能不加区别地将所有的声像资料统统归为法定证据中的"视听资料"。

来源：《检察日报》2008 年 5 月 12 日

挪用公款及失职、渎职专题

如何认定挪用公款中的"集体研究决定"

【案情简介】A 公司系私营性质的股份制企业，注册资本是 400 万元，其中，某县建设局局长李某入股 20 万元，副局长刘某、王某各入股 10 万元，建设局下属的建筑工程公司经理张某、丁某（均系党员）分别入股 20 万元、15 万元。2008 年 5 月，A 公司资金运转困难，请求李某帮忙，李某表示同意，并要求张某向刘某、王某汇报（原因：刘某、王某对 A 公司也各入了 10 万元的股份，且王某是建设局分管招商引资工作的副局长，故须征得二人的同意），刘某、王某两位副局长在与张某通话时同意借 60 万元公款给 A 公司。另查明：建设局班子成员共有 10 人。

【本案焦点】①李某、刘某、王某三人同意借款给 A 公司使用，是否属于集体研究决定？②局长李某，副局长刘某、王某三人违规从事营利性活动，入股非上市公司股份，而后将单位公款借给自己入股的企业使用，这是否属于为谋取个人利益的行为？

【评析意见】

2003 年 11 月 13 日，最高人民法院出台的《全国法院审理经济犯罪案件工作座谈会纪要》第 4 条第（一）项规定："经单位领导集体研究决定将公款给个人使用，或者单位负责人为了单位的利益，决定将公款给个人使用的，不以挪用公款罪定罪处罚。上述行为致使单位遭受重大损失，构成犯罪的，依照刑法有关规定对责任人定罪处罚。"由此可见，以个人名义和为谋取个人利益是成立挪用公款罪的标准。根据全国人大常委会《关于〈中华人民共和国刑法〉第 384 条第 1 款的解释》的规定，"个人决定以单位名义将公款供其他单位使用，谋取个人利益的"，属于挪用公款"归个人使用"。一般认为，"个人决定"既包括行为人在职权范围内的决定，也包括超越职权范围的决定。问题在于：如何正确理解"个人决定"？10名班子成员中只有3名成员之间相互通气，这属个人决定还是集体决定？笔者认为，个人并不限于一个人，而是相对于单位、集体而言，对没有经过单位领导集体研究，只是由未过半数的少数领导违反决策程序将公款供其他单位使用的，属于个人决定。对"单位集体研究决定"的认定须从主客观两大方面进行界定：

从客观行为上看，单位行为的公开性和利益归属性，是成立单位行为的客观标准。单位行为公开性，要求单位行为须以单位名义公开实施，不能私下以个人名义秘密进行；利益归属性，要求单位行为所获违法所得应归属单位，如果归属个人，就不能认定为单位行为；利益归属是结果认定标准，具有决定性的作用。虽然行为人是以单位名义实施犯罪，只要其将应当归属单位的违法所得占为己有，其行为性质就发生变化，由单位行为转化为个人行为。例如，《刑法》第393条规定，因单位行贿取得的违法所得归个人所有的，依照行贿罪定罪处罚。

从主观方面上看，单位利益性、形成有效性和内容真实性是单位意志成立的主观要件。单位利益性要求，单位实施单位行为的目的是谋取本单位的利益。形成有效性意味着单位意志的形成必须是经单位决策机构集体决定或者由单位负责人及其他直接责任人在授权范围内决定。自然人在法律的授权代理范围内以单位名义实施的行为应当认定为单位主观意志的体现，如果自然人未经授权或超越职权，虽然以单位名义实施行为，应当认定为个人意志的体现。内容真实性意味着单位意志必须是单位决策层为追求单位利益的真实意志体现，如果个人为了获得个人利益，诱使其他决策人员产生错误认识，即使最后形成单位决议，也不能认定为单位意志。从司法实践来看，单位集体研究决定主要应有三种情况：（1）单位领导班子集体研究决定；（2）单位领导人员个人代表单位作出决定；（3）单位的工作人员代表单位决定，事先经过单位的授权。本案中，李某是局长，在出借公款时事先也和两个副局长通过气，在这种情况下，李某的个人意志和单位意志存在交叉。单位负责人究竟是基于个人意志作出决定，还是基于单位意志作出决定有时很难辨别。笔者认为，在认定单位负责人是否是"以单位集体研究"作出决定时，要考虑以下一些因素：（1）作出的决定是否出于为单位的整体利益考虑。如果不是基于单位整体利益的考虑，而是假借单位之名，行牟个人私利之实，则不能认定为"以单位集体研究决定"。（2）作出的决定是否在形式上符合单位行为的形式要件，例如，是否开会研究、参会领导人数是否过半数等。（3）作出的决定得到单位一定层次或范围人员的认可，例如，是否征得过半数的领导同意等。本案中，李某等 3 人出借 60 万元公款给 A 公司使用，事先并没有经过单位领导班子全体成员或多数成员开会研究讨论，决策程序不合法，主观上不是为了单位的受益，而是为了使自己违规入股的公司受益，本质上仍属"谋取个人利益"，不符合单位集体研究的形式要件和实质条件。综合上述三点，李某等 3 人出借 60 万元公款给 A 公司使用的行为应以挪用公款犯罪论处。

来源：《中国纪检监察报》2010 年 7 月 14 日

挪而未用公款，如何处理？

【基本案情】2010 年 8 月 30 日，某县某镇供电所所长王某将辖区内一水泥厂上交的 30 万元电费款收取后私自存放在家中，意图用于炒股，但一直没有实施。2011 年 1 月 8 日，该县供电公司在清理企业拖欠电费时，王某案发。

【分歧意见】对王某挪用公款 30 万元但未使用的行为，是否构成挪用公款罪存在三种不同意见：

第一种意见认为，王某的行为不构成犯罪。第二种意见认为，王某的行为属于挪用公款未遂。第三种意见认为，王某的行为属于挪用公款罪（既遂）。

【评析】笔者同意第三种意见。《刑法》第 384 条对挪用公款后归个人使用的具体用途进行了具体的描述。但是，司法实践中也有挪而未用的现象，即行为人"挪"公款的行为与"用"公款的行为有时是分离的。对此行为该如何处理，各地做法不一，有的按无罪处理，有的从轻处理，这影响了该罪的科学认定。笔者认为，"用"不是挪用公款罪的客观构成要件。只有挪出公款的行为，才是挪用公款罪的实行行为，使用并非挪用公款罪的客观构成要件，挪而未用也可能成立挪用公款罪。理由如下：

首先，挪用公款罪侵犯或者保护的法益是公款的占有权、使用权、收益权以及职务行为的廉洁性。挪用是指未经合法批准，擅自使公款脱离单位的行为，故行为人使公款脱离单位后，即使尚未使用该公款的，也属于挪用。例如，行为人将公款划入自己的银行账户，准备日后炒股、买房、赌博等，即使尚未使用该公款，同样侵犯公款的占有权、使用权、收益权，也属于挪用。刑法设立挪用公款罪的宗旨就在于保护公款的占有权、使用权不受侵犯，注重的是公款是否被挪出，至于公款是否被实际使用，并不是刑法关心的重点。只要行为人挪出了公款并使公款脱离了单位的控制，就侵犯了单位对该款项的占有权、使用权和收益权，破坏了公款所有权的完整性，同时，侵犯了国家工作人员职务行为的廉洁性。故不应等行为人将挪出的款项使用之后，才确认危害后果的发生。《刑法》规定的挪用公款"归个人使用"，并非要求行为人或使用人实际使用公款，而着重强调行为人将公款挪出的目的，即公款究竟挪作个人使用还是公用。《刑法》规定的挪用公款罪所要惩罚的是那种将公款挪作个人使用的行为。

其次，从复合行为理论要求看，"使用"并非挪用公款罪的客观构成要件。复合行为要求侵犯两种以上法益，例如，抢劫罪，既侵犯了被害人的人身法益又侵害了其财产法益，强奸罪既侵犯了被害人的人身法益又侵犯了被害人性的自主权。而在挪用公款罪中，不存在两个以上的行为对象，因此，将挪用公款罪的客观要件理解为一种复合行为是不正确的，使用并非挪用公款罪的客观构成要件。公款被挪后的使用，只是对一般情况下挪用公款案件的事实描述，而不是对挪用公款罪犯罪构成要件的揭示。虽然从词义上看，挪用公款罪既要求挪动公款又要求使用公款，但对使用公款应作如下理解："挪"是挪用公款罪客观方面的行为要素，无此行为，则不成立挪用公款罪；"用"不必是一种客观行为，而是一种目的要素。虽然在实际发生的绝大多数案件中，"用"是紧随"挪"之后的一种伴随行为。但在特殊的情况下，行为人完成了"挪"的行为以后来不及使用公款即案发：如果能够查明挪用公款的目的是将公款用于营利活动或者非法活动，则仍然应当按照挪用公款用于营利活动或者非法活动处理；如果无法查明被挪用的公款的用途，但在数额和时间方面符合法定的条件的，也可能满足挪用公款的构成要件。换言之，挪用行为中的"挪"应理解为挪用公款罪客观方面的构成要素，而"用"属于该罪客观方面的超过要素。如果认为使用行为是挪用公款罪的构成要件行为，则无法解决以下两个问题：其一，明知是挪用的公款而使用的第三人均成立挪用公款罪的共犯，这显然不妥，因为，只有在使用人与挪用人共谋、指使或者参与策划取得挪用款的，才成立挪用公款罪的共犯。其二，挪用公款进行非法活动构成犯罪的，不能实行数罪并罚，这也不妥。例如，挪用公款后用于贩卖毒品的，理应成立挪用公款罪与贩卖毒品罪，而不能仅判定为一个挪用公款罪。

总之，将公款挪出的行为，才是挪用公款罪的实行行为，使用并非挪用公款罪的客观构成要件，只是确认用途的资料与根据，挪而未用也构成挪用公款犯罪。行为人完成了挪动公款的行为，并有证据证明其目的是将公款用于非法活动的，应认定其构成挪用公款犯罪既遂。行为人完成了挪动数额较大的公款的行为，并有证据证明其目的是将公款用于营利活动的，亦应认定其构成挪用公款罪既遂。行为人将数额较大的公款挪至个人控制之下，超过3个月未还，虽无证据证明其使用公款的目的，仍应认定其构成挪用公款罪既遂。只有在挪的行为本身处于未完成状态时，才可认定为未遂。但是，由于公款的用途在决定挪用公款行为是否构成犯罪方面起着十分重要的作用，而在挪而未用案件中，被挪出的公款并未被实际使用，应根据挪用人对公款的使用目的来具体确定是否成立犯罪。具体到本案中，王某挪用公款后尚未投入实际使用的，同时具备数额较大和超过3个月未还的构成要件，应当认定为挪用公款罪（既遂），但可酌情从轻处罚。

来源：《中国纪检监察报》2011 年 9 月 16 日

失职、渎职类违纪的认定

【案情简介】

案例一： 某大型国有水库是省级风景名胜区、国家大 Ⅱ 型水库，承担着当地农业水利和防洪任务。在李某任水库管理局局长期间，有 6 座坟墓的形成是经其同意而安置的，其余 20 座坟墓是墓主的后代个人自建。

案例二： 某乡农机站有部分房屋等资产闲置，为盘活存量资产，乡党委书记杜某两次主持召开班子会，决定将农机站对外租赁，乡政府与个体户吴某签订了承包经营合同，承包金额 19 万元，承包期限 50 年，所收取的 19 万元承包金入乡财务账。

【评析意见】

失职、渎职的违纪责任、刑事责任的承担应坚持主客观相统一原则，即要求行为人主观上有故意（例如，滥用职权）或过失，客观上有滥用职权、玩忽职守等失职渎职行为，且造成了一定的危害结果。

失职渎职的违纪主体。通常情况下，失职渎职行为的责任人一般可划分为三种：一是直接责任者，是指在其职责范围内，不履行或者不正确履行职责，对造成的损失或后果起决定作用的人员。通常指具体经办或直接实施某项业务的人员。二是主要领导责任者，是指在其职责范围内，对直接主管的工作不负责任，不履行或者不正确履行职责，对造成的损失或后果负直接领导责任的人员。通常指直接分管或包抓某项业务的部门或单位的副职。三是重要领导责任者，是指在其职责范围内，对应管的工作或直接参与决定的工作不履行或者不正确履行职责，对造成的损失或后果负次要领导责任的人员。

通常指部门、单位的"一把手"和参与决策工作的其他副职。区分责任人的责任，要根据调查取证情况，依据各自的职责及实际履行职责的情况对照权衡，准确认定每个人的责任。

主观上存在罪过（违纪的故意或过失）。从主观方面看，渎职行为中的滥用职权、徇私舞弊行为是由故意构成的，即行为人在主观上明知自己滥用职权、徇私舞弊的行为会产生危害后果而有意实施。其余失职、渎职行为的成立要求行为人主观上存在过失（含监督过失），即应当预见自己工作中不履行或者不正确履行自身职责（含监管他人的职责）可能会给党、国家和人民利益以及公共财产造成一定损失，由于疏忽大意而没有预见或已经预见而轻信能够避免危害结果的发生。监督过失的注意内容是，监督管理者应当预见自己对被监督者的违法行为疏于管理或监督不力，而可能使被监督者的违法行为发生危害社会的结果，由于疏忽大意没有预见或者已经预见而轻信能够避免。依法追究监督者的过失责任，有利于促进国家机关工作人员认真履行监督职责，规制公权力的正当行使，保证国家机关的公信力。

客观上实施了失职、渎职的行为，且因失职、渎职而造成了一定的危害后果。认定失职、渎职行为要把握以下几个方面：

首先，行为人应当预见自己滥用职权、玩忽职守的行为可能发生危害社会的结果；在监督过失的场合，监督者应当预见自己不履行或者不正确履行监管职责，可能致使被监督人的违法行为产生危害社会的结果。

其次，行为人有滥用职权、不履行或者不认真履行自身职责的行为。在监督过失的场合，则是监督者懈怠职守，不履行或者不认真履行监督义务，没有正确地实施监督行为。在上述案例一中，按照"水利工程及其管理范围内禁止葬坟等危害工程安全的活动"的规定和"禁止在风景名胜区建造坟墓"的规定，上述墓葬群未经有关部门合法批准，本质上属个人自建非法墓葬群，应予拆除或者迁移。水库管理局有命令停止违法行为的义务和职责，在有义务、有能力制止私自葬坟活动的情况下，由于碍于情面等主观原因而违规同意安置6座坟墓，且不履行制止、查处其余20座非法坟墓的职责，属失职、渎职行为，李某作为水库管理局局长，理应承担失职、渎职的纪律责任。

值得研究的是，对单纯的滥用职权行为能否追究有关人员的责任？通常情况下，失职、渎职违纪的成立，要求产生危害后果，单纯的失职、渎职行为，不以违纪论处。但某些法律法规作了特殊规定，需要引起重视。例如，实践中，某些国有单位滥用职权违规处置国有资产，虽未给国有资产造成损失，但由于其处置国有资产的程序严重违法，因而也须承担纪律责任。在案例二中，乡政府在未经国有资产管理部门、财政部门等有关部门批准的情况下，擅自将国有资产以市场价长期出租给他人的行为，违反了《行政单位国有资产管理暂行办法》第 24 条"行政单位拟将占有、使用的国有资产对外出租、出借的，必须事先上报同级财政部门审核批准。未经批准，不得对外出租、出借"、《合同法》第 114 条"租赁期不得超过 20 年"的规定，属滥用职权违规处置国有资产的行为。根据《财政违法行为处罚处分条例》第 8 条之规定，虽然未造成国有资产流失，但由于其处置国有资产的程序严重违法，也要承担相应的纪律责任。

最后，失职、渎职行为人（含监督者）对危害结果的发生具有支配可能性。过失渎职犯罪因果关系是复杂多样的，存在着多因一果、多因多果等情形。对此，应宏观把握、微观区分，实事求是地查清案件发生的主客观原因，特别是导致危害结果发生的人为原因。从系统的高度把握事物之间的复杂联系，分析各个危害行为在事物发展过程中所起的作用及其原因力，并区分各个原因的主次、大小。在此基础上，再审慎地追究相关责任人员的责任。实践中，一般采用"倒查法"，即先查清危害"结果"，根据"结果"倒查"原因"，追查"过程"中每个环节的人为因素。一般来说，只要出现危害结果，除不可抗力的因素外，其"过程"中的某些环节必然存在错误行为。审查的重点应放在各个环节中每个人的"职责"与实际"行为"是否相符合上，严格用制度、规定和职责衡量每个人履行职责的情况，即有关责任是否落到实处，相关工作措施是否切实可行，有无疏漏，有无滥用职权、违规操作和徇私舞弊等行为，以及上述行为与危害结果之间的联系。

来源：《中国纪检监察报》2010 年 5 月 24 日

不同渎职行为造成的损失不宜累计

渎职犯系不纯正数额犯，笔者认为，对于不同渎职行为造成的损失数额的处理，理应遵守数额犯（指需要以一定的数额或数量作为具体犯罪的构成要件的犯罪行为）的基本原理，仅从我国《刑法》的立法本意以及惩治渎职犯罪的现实需要出发得出不同渎职行为造成的损失数额应累计的观点，值得商榷。

首先，渎职犯系不纯正数额犯，对未达到渎职罪立案标准的渎职行为造成的损失数额进行累计不符合数额犯原理。物质损失数额是渎职犯罪的构成要件要素之一，反映了渎职行为的社会危害性程度。对于渎职行为造成的损失数额是否应当累计以及如何累计计算，无论是刑法总则，还是刑法分则，均没有任何规定。根据刑法分则及司法解释的有关规定，可知数额犯累计的原理。即刑罚的幅度与数额的大小成正比例关系，而按累计数额处理要重于按数罪并罚处理。因为，累计计算对数额不打折扣，若累计数额在基本犯的数额范围内，即按基本犯法定刑处罚。若累计数额在加重犯的数额范围内则按加重犯法定刑处罚，但数罪并罚对总的刑罚要受到并罚原则限制，相当于对数额打了折扣。未达到渎职罪立案标准的渎职行为造成的损失数额每次均未达到渎职罪立案标准，从而无法数罪并罚，更别提重于数罪并罚的累计数额了，因而，累计损失不符合数额犯原理。

其次，累计过失行为造成的物质损失不符合宽严相济的刑事政策。司法实践中，应当注意，渎职违法行为和渎职犯罪有着严格的界限，行政责任和刑事责任的性质完全不同。一般而言，只有在行为人是徐行犯（又称接续犯）、集合犯（包括常习犯、职业犯和营业犯）的两种情况下，才可以将数次违法行为的数额累计计算。原因在于，即使行为人每次实施的行为均未达到定罪数额标准，但其多次故意行为在整体上反映出的人身危险性和社会危害性也相当大，累计计算有利于形成实施行为次数越多、数额越大、处罚越重的规则效应，有利于防止这些行为的反复实施，故需要对其定罪量刑。而渎职犯罪一般被刑法理论（含未达到立案标准的渎职违法行为）视为过失犯罪（含过失行为），不存在行为人反复故意实施的情形。因而，无论是从刑事政策，还是从立法原意上看，均无须对多个过失行为予以严惩。对过失行为关键是提高行为人的注意义务和注意能力，关口前移，建章立制，避免再犯。

再次，累计过失行为造成的物质损失混淆了故意犯罪与过失犯罪，不符合刑法分则的解释原理。例如，根据最高人民法院《关于审理偷税抗税刑事案件具体应用法律若干问题的解释》、最高人民法院《关于审理走私刑事案件具体应用法律若干问题的解释》的有关规定，对偷税、走私已受过行政处罚的违法行为的数额不再累计。偷税、走私是故意行为，对受过行政处罚的故意行为都不再累计，那么对受过行政处罚的过失渎职行为，更不需要累计处理。再如，对多次小额敲诈勒索犯罪，刑法没有将其犯罪化，司法实践也没有累计犯罪数额追究行为人的刑事责任，对故意犯罪尚且如此，更何况过失犯罪。对行为人多次实施滥用职权或者玩忽职守的行为，单次所造成的损失达不到构成犯罪的标准，累计多次的损失才能达到构成犯罪的标准，能否以累计数额定罪量刑，立法原意应是保持谦抑的，即能用行政处罚解决的，绝不动用刑法。

复次，将过失行为造成的物质损失累计还是类推入罪思维作祟的结果。刑法分则设置注意性规定与拟制性规定。《刑法》第 347 条第 7 款规定的"对多次走私、贩卖、运输、制造毒品，未经处理的，毒品数量累计计算"，显然是指多次犯罪，是注意性规定。因为，走私、贩卖、运输、制造毒品本身就不要求数额，而是"无论数量多少，都应当追究刑事责任，予以刑事处罚"。由此可见，刑法规定累计计算的前提是每次行为均构成犯罪。刑法分则的解释原理要求广大司法人员注意，"诸断罪而无正条，其应出罪者，则举重以明轻；其应入罪者，则举轻以明重"。

最后，累计不同渎职行为造成的物质损失可能导致司法实践无法操作。例如，行为人滥用职权造成公共财产直接损失 15 万元，玩忽职守造成个人直接损失 10 万元，累计 25 万元，但均未达到各自立案标准。若累计损失后立案，对行为人应以何种罪名进行起诉呢？由于未达到滥用职权罪、玩忽职守罪各自立案标准，因此，无论是定滥用职权罪还是玩忽职守罪，均不妥当。

来源：《检察日报》2009 年 8 月 7 日

贪污专题

解析贪污违纪认定中几个常见误区

贪污违纪是基层执纪实践中查处较多的一种违纪行为。但基层在查处和认定该类违纪行为时，也容易陷入误区，常见的误区归纳如下：

一、公职人员骗取社会保险金一律认定为贪污？

公职人员骗取社会保险金的，容易被误定为贪污。

案例一：某法院院长任某，其母未参加医疗保险，生病住院产生的十多万元住院费用依照规定不能在医保机构报销，但任某以本人名义为其母办理入院手续，后安排下属将其母住院费用在医保机构报销。

事实上，在给任某行为定性时，不能简单认为其利用法院院长职务便利骗取医疗保险，而应认定其仅是利用国家工作人员享有医疗保险的待遇便利。故对其行为不能认定为贪污，而应认定为诈骗。

需要说明的是，如果是管理养老、医疗、工伤、失业、生育等社会保险金或者其他社会保障待遇的部门及其人员骗取公共财物，因其侵吞公款具备职务上的便利，其行为构成贪污违纪。

案例二：某医院财务科科长兼医保科科长王某，利用其负责单位财务以及医保病人入院刷卡登记、出院病历录入、医保报销的职务便利，收集他人医保卡，而后冒用他人名义办理虚假医保刷卡入院登记，伪造他人住院治疗病历、住院费用结算单等材料，骗取国家医保补贴资金共 10 万元。王某的行为应认定为贪污。

值得注意的是，如果是单位组织他人实施骗取低保，则可根据 2014 年 4 月 24 日全国人大常委会对《刑法》有关规定作出的有关解释——"公司、企业、事业单位、机关、团体等单位实施刑法规定的危害社会的行为，刑法分则和其他法律未规定追究单位的刑事责任的，对组织、策划、实施该危害社会行为的人依法追究刑事责任。以欺诈、伪造证明材料或者其他手段骗取养老、医疗、工伤、失业、生育等社会保险金或者其他社会保障待遇的，属于刑法第二百六十六条规定的诈骗公私财物的行为"，对单位组织者、策划者、实施者以诈骗违纪追究其纪律责任。

二、村民小组组长一律不构成贪污违纪主体？

1999 年 6 月，最高人民法院发布了《关于村民小组组长利用职务便利非法占有公共财物的行为如何定性的批复》（以下简称《批复》），指出村民小组组长利用职务便利非法占有村民小组集体财产的行为应以职务侵占罪处罚。有人据此认为，《批复》明确了村民小组长不应被视为"依照法律从事公务的人员"，村民小组长利用职务之便，侵吞公共财物的，不构成贪污违纪，而应认定为《中国共产党纪律处分条例》第 98 条规定的职务侵占违纪。

一般认为，《批复》中的"利用职务上的便利"是指其担任村民小组长的职务便利，针对的是其管理村民小组内部事务，且具有侵占村民小组集体财产的情形，当然应当作为职务侵占罪处理。

然而，《批复》并没有回答村民小组长是否可以被视为"其他依照法律从事公务的人员"的问题。根据 2000 年 4 月 29 日全国人大常委会《关于〈中华人民共和国刑法〉第九十三条第二款的解释》（2009 年修正），村民小组长等村基层组织人员协助人民政府从事规定的有关行政管理工作时，也应当作为"其他依照法律从事公务的人员"。如果利用职务上的便利，具备《中国共产党纪律处分条例》第 95 条规定的情形，非法占有公共财物，也应定性为贪污。

案例三：某村民小组长在协助镇政府管理危房改造项目工作中，将不符合危房改造标准的 24 户村民列入危房改造户，上报至镇政府套取危房改造资金，共骗取国家危房改造专项补助资金 6 万元，并占为己有，最后其被司法机关以贪污罪追究刑事责任，这无疑是正确的。

三、公共财物尚未私分的，不能认定为贪污（既遂）？

在实际生活中存在如下案例：某些乡村干部截留征地拆迁补偿款后以个人名义存入银行等，待观察一段时间后认为安全再意图私分，但因种种原因尚未私分就已案发。

一般认为，这种账外保管资金的行为构成违反财经纪律，如果有充足的证据证明行为人套取、截留公款，不是经集体研究决定，也不是为了单位利益，而是为了私分，即主观上具有非法占有目的，即便没有私分，在行为人控制财物时亦构成贪污既遂。

2003 年 11 月 23 日，最高人民法院印发的《全国法院审理经济犯罪案件工作座谈会纪要》指出："贪污罪是一种以非法占有为目的的财产性职务犯罪，与盗窃、诈骗、抢夺等侵犯财产罪一样，应当以行为人是否实际控制财物作为区分贪污罪既遂与未遂的标准。对于行为人利用职务上的便利，实施了虚假平账等贪污行为，但公共财物尚未实际转移，或者尚未被行为人控制就被查获的，应当认定为贪污未遂；行为人控制了公共财物后，是否将财物据为己有，不影响贪污既遂的认定。"

认定实际控制，并不以行为人将公共财物非法据为己有为要件，只要财物已脱离财物所有权人和持有人的实际控制，并且，行为人能够随时支配、处理该财物，即具有实际控制权即可，不要求行为人实际上已利用了该财物。

四、骗取的公款只要用于公务就不能认定为贪污？

在实际生活中，某些被调查人为了逃避党纪法律的制裁，辩称没有贪污，而是将钱款用于公务开支，以期达到否定违纪或减少违纪数额的目的。

此类行为在认定时确实存在以下两种相对极端的观点。一是只要行为人主观上具有贪污公款的故意且贪污手段完成，赃款处于行为人实际控制之中，就一律构成贪污违纪，赃款的去向并不影响贪污违纪的既遂。二是虽然公款被行为人侵吞、窃取或骗取，但行为人非法占有故意并不明显，其"贪污"公款是从工作角度出发，且"用于公务开支"，因此，不构成贪污违纪。

对于行为人辩称骗取的公款是用于公务时，其行为能否构成贪污，应当紧紧抓住行为人套取公款时是否具有非法占有公共财物的故意这一核心要件，结合套取公款时的背景、主客观原因、套取公款的数额、账外保管的方式、领导和其他同事是否知情、行为人的辩解是否合理、用于公务支出与套取公款的时间差等情况具体处理。

如果行为人在套取公款时给领导汇报或者经集体研究决定，按照领导安排，套取公款，而后以个人名义保管，事后的确将套取的公款用于公务支出。在这种情况下，虽然有套取公款的行为，但套取公款时并不具有非法占有公款的故意，因而，可以将用于公务开支的部分予以扣除。如果行为人在套取公款时没有给领导汇报，公款被套出后较长一段时间内，也不让领导和其他同事知情，而是私自保管，在贪污事实即将暴露的情况下，为逃避法律制裁而"用于公务开支"的，或者行为人贪污行为完成很长时间后才用于公务开支的，原则上应认定为贪污违纪。

来源：《中国纪检监察报》2015 年 1 月 6 日

公款私存违纪与贪污违纪的区分及认定

【基本案情】某办事处党委书记（兼主任）王某与分管拆迁和安置工作的副书记陈某、会计李某商量后，采取加大支付 11 户农民的拆迁补偿金额的虚假办法，共套取拆迁补偿款 28.4 万元。该款被套取后，由会计李某分三笔，以本人和他人名义存入银行。此后，王谋调离办事处，但离任时与新任书记办理交接手续时，未向后任领导说明会计李某保管套取的拆迁补偿款 28.4 万元的事实。陈某、李某也未向单位说明此款情况。2 年后，在纪检监察机关办理其上级领导违纪违法案件期间，王某、陈某、李某三人主动向调查组交代了套取拆迁补偿款的事实，并将此款上交调查组。

王某等三人称，套取该款是为了将其用作那些不配合拆迁群众的"协调费"。截至案发时，套取的拆迁补偿款 28.4 万元实际用于不配合拆迁群众协调费用的仅 3000 元。

【分析意见】

笔者认为，认定行为人的行为是构成公款私存违反财经纪律，还是构成贪污，关键是看行为人主观上是否具有非法占有目的，从一系列客观行为上可推知，行为人主观上具有非法占有的目的，因此，王某、陈某、李某的行为构成贪污违纪，且是既遂。理由如下：

从行为人作案的手段和隐瞒时间上看，可推定行为人具有非法占有之目的。首先，行为人作案手段是：部分群众签字领取的补偿款多，实际领走的补偿款少。群众签字内容有主房和配房面积以及地面附属物数目。这事只有王某等三人知道；该款由会计李某单独保管，没有经过班子会之手。从逻辑上看，行为人的套取手段，恰恰容易制造矛盾，而不是消除矛盾。因为，部分群众签字领取的补偿款多，实际领走的补偿款少，若让群众知悉，必将引发群众上访等问题。其次，从款项隐瞒的时间上看，该笔款项被隐瞒长达2年之久。既然是用于"公事"，为何在工作调动时不与下任领导进行交接？显然，行为人具有将公款占为已有的故意。

该案发的背景，也可间接证明行为人具有非法占有的目的。上级领导案发后，王某等三人得知纪检监察机关在查办事处的账，害怕调查组发现该笔补偿款未入大账，才将其交给市纪委调查组。对此，可从自动投案的动机、阶段、客观环境三个角度来解读：自动投案的动机是害怕被发现，自动投案的阶段是市纪委调查组已查办事处的账，自动投案的客观环境是上级领导案发。由此可见，若不是上级领导案发，若不是纪检监察机关在查办事处的账，若不是行为人得知了这一消息，这三人就不会主动交代并上交违纪款。

关于本违纪后果的探讨：是贪污既遂还是贪污未遂？最高人民法院印发的《全国法院审理经济犯罪案件工作座谈会纪要》对贪污既遂与未遂的标准作了如下界定"贪污罪是一种以非法占有为目的的财产性职务犯罪，与盗窃、诈骗、抢夺等侵犯财产犯罪一样，应当以行为人是否实际控制财物作为区分贪污罪既遂与未遂的标准。对于行为人利用职务上的便利，实施了虚假平账等贪污行为。但公共财物尚未实际转移。或者尚未被行为人控制就被查获的，应当认定为贪污罪未遂；行为人控制了公共财物后，是否将财物据为已有，不影响贪污罪既遂的认定。"对实际控制，应当作全面理解，其并不仅仅意味着，只有当财物的物质形态已完全转移到行为人的手中。财物虽然未进入行为人个人的腰包，但由于行为人的行为，致使财物所有权人丧失了对该财物的实际控制，而行为人已经现实地具有随时支配财物的可能性就成立非法占有，形成实际控制。可见，认定实际控制，并不以行为人将公共财物非法据为已有为要件。只要财物已脱离财物所有权人和持有人的实际控制，并且，行为人能够随时支配、处理该财物，即具有实际控制权即可，不要求行为人实际上已利用了该财物。《全国法院审理经济犯罪案件工作座谈会纪要》指出："行为人控制公共物后，是否将财物据为已有，不影响贪污违纪既遂的认定。"据此，该笔款项一直处于王某等人的控制之中，应认定王某等人的行为构成贪污违纪（既遂）。

来源：《中国纪检监察报》2009年7月11日

公款私存，侵吞利息，如何认定？

【案情简介】 王某系某县建委的报账员，负责统计建委的日常收入、支出。他到储蓄所存款时，得知如果能揽到存款，就可成为储蓄代办员，并按一定比例得到提成。王某听后不久，便擅自将上级单位拨付给建委的土地开垦费40万元以个人名义存入了储蓄所，存期9个月，获取利息7000元、"代办提成费" 4000元。因公款私存侵吞利息，王某被法院以挪用公款罪终审判处有期徒刑。

【评析意见】

本案的焦点：一是如何评价公款私存行为？公款私存违纪（违反财经纪律的违纪）与挪用公款违纪之间的区分标准是什么？二是如何评价侵吞利息的行为？三是如何看待收取"提成费"的行为？

公款私存，是指单位和个人违反有关法律法规和财经管理制度，将公款以个人名义存入银行等金融机构，依法应当受到追究的行为。《商业银行法》第48条第2款对公款私存行为作了禁止性规定："任何单位和个人不得将单位的资金以个人名义开立账户存储。"公款私存，既可能构成违反财经纪律的违纪，也可能构成挪用公款的违纪，区分两者，关键是看公款私存是个人行为还是单位行为。若是单位行为，是单位主观意志支配下的行为，那么公款无论是帐内私存还是帐外私存，只是存放形式的不同，与单位法定账户上的资金并没有实质的差别，可按违反财经纪律处理。若是个人行为，在没有非法占有公款的情况下公款私存，则构成挪用公款的违纪。本案中，王某未经单位的同意，便擅自决定公款私存，使单位丧失对公款的控制，公款的使用权受到侵犯。根据最高人民法院1998年4月颁布的《关于审理挪用公款案件应具体应用法律若干问题的解释》（以下简称《解释》）第2条第2款的规定，挪用公款存入银行、用于集资、购买股票、国债等，属于挪用公款进行盈利活动，据此，法院对王某以挪用公款罪定罪量刑的做法是正确的。

如何评价侵吞公款私存产生的利息呢？目前，司法机关的做法有：第一种做法是只评价为挪用公款罪，对侵吞利息行为不另行评价；第二种做法是将公款私存评价为挪用公款罪，同时，将侵吞利息的行为评价为贪污罪，以挪用公款罪、贪污罪数罪并罚；第三种做法是此种情形下应按处理牵连犯的通常做法择一重罪进行处罚。笔者认为，公款私存、侵吞利息，形式上虽是两个行为，但不应评价为两个罪，而只应评价为挪用公款罪。理由如下：首先，利息是根据民事合同法律关系所产生的法定孳息，根据《物权法》第243条等有关规定，孳息归权利人单位所有。同时，根据《解释》第2条第2款规定，挪用公款进行营利活动"所获取的利息、收益等违法所得，应当追缴，但不计入挪用公款的数额"。其次，对侵占通过挪用公款存入银行获得的利息与挪用公款用于购买股票所获得的收益（可能获得成倍收益，也可能血本无归）应坚持同一立场，即都是挪用公款进行营利活动，是挪用公款行为的目的和结果，不宜截然分为挪用和贪污两种行为定性。侵吞公款私存所产生的利息数额未达到贪污罪立案标准与超过立案标准的情况性质相同，都是挪用公款用于营利活动的必然结果，没有必要因利息大小而将其生硬地分为两个部分，再进行重复评价。最后，根据《解释》第2条第2款规定，"挪用公款数额较大，归个人进行营利活动的，构成挪用公款罪，不受挪用时间和是否归还的限制。在案发前部分或者全部归还本息的，可以从轻处罚；情节轻微，可以免除处罚"，可推知最高审判机关的立场。将挪用公款所生利息占为己有，在案发后没有归还的，只是量刑上不得从轻处罚，对行为人侵占公款所生利息不再另行定罪。至于被行为人侵占的利息，应作为违法所得予以追缴。

如何看待公款私存过程中收受有关单位给付的"好处费"的行为？关于这个问题，目前，司法机关的做法有：第一种，只认定为受贿罪；第二种，既成立挪用公款罪，又成立受贿罪；第三种，构成牵连犯，择重罪处罚。笔者认为，应根据《解释》第7条第1款规定："因挪用公款索取、收受贿赂构成犯罪的，依照数罪并罚的规定处罚。"据此，王某收受"代办提成费"4000元的行为属于受贿违纪，但由于尚未达到受贿罪立案标准，因而未构成受贿罪。

来源：《中国纪检监察报》2009年8月6日

公款私存的两个问题辨析

一、如何区分公款私存的违纪与挪用公款犯罪？

笔者认为，公款私存的违纪与挪用公款犯罪的分野在于，公款私存的决定主体可以是单位或个人，公款私存的决定主体对行为的定性有决定性的影响。公款私存的决定主体主要有两种：

第一种情况，单位是公款私存的决定主体，例如，单位的领导为了单位的利益，授意经办人将公款存入私人账户。单位收入在单位法定会计账簿、会计科目上不显示。这种情况下，为了单位利益，单位决定公款私存的，仅构成公款私存的违纪。但是，若单位的领导为了个人的利益，在公款私存过程中实施贪污、挪用、私分国有资产等行为的，可直接按其所涉嫌的罪名处理。

第二种情况，个人是公款私存的决定主体。一种情形是经手公款事务的人员（例如，财务人员）为了获取银行利息收入，违反有关财经制度，将公款擅自存入个人账户。另外一种情形是，为个人私利而将公款存入银行的，或者为帮他人完成揽储任务，或者收受金融机构好处而公款私存的。对于前者，评价为挪用公款罪基本不存在争议。对于后者，有观点认为，公款并没有给他人使用，不应以犯罪论处，如果行为人符合受贿罪构成条件的，应以受贿罪论处。笔者认为，这种观点值得商榷。在挪用公款罪客观构成要件中，只要求有挪的行为即可，用是超客观构成要素，即不要求有用的行为，对为帮他人完成揽储任务的公款私存行为，仍应区分单位意志和个人意志：若是单位行为，体现单位的意志，则属于违反财经纪律的违纪。否则，为帮他人完成揽储任务，而擅自将公款私存的，也属于挪用公款进行营利活动，因为，未经单位同意，便擅自决定公款私存，使单位丧失对公款的控制，公款的使用权受到了侵犯。

二、如何评价侵吞利息、收受"好处费"的行为？

与公款私存构成挪用公款罪相关的两个问题是：如何评价侵吞公款私存所产生的利息的行为以及如何评价公款私存过程中收受有关单位给付的好处费的行为？

关于第一个问题，笔者认为，挪用公款、侵吞利息是两个行为，宜评价为两个罪，即以挪用公款罪和贪污罪实行数罪并罚。

首先，将侵吞利息的行为不予评价不符合刑法分则的解释原理。《关于审理挪用公款案件具体应用法律若干问题的解释》第2条第2款规定："挪用公款数额较大，归个人进行营利活动的，构成挪用公款罪，不受挪用时间和是否归还的限制在案发前部分或者全部归还本息的，可以从轻处罚；情节轻微的，可以免除处罚。"似乎可推知，将挪用公款所生利息占为己有，在案发后没有归还的，量刑上不得从轻处罚，对行为人侵占公款所生利息不再另行定罪。持这种观点的一个重要理由即是，挪用公款与侵吞利息之间具有吸收关系，前者吸收后者。问题是，在公款没有被挪用的情况下，行为人直接将公款占为己有的，毫无疑问，成立贪污罪。若行为人既实施了挪用公款的行为，又实施了侵吞利息的行为，显然，后者的社会危害性较前者更为严重，更有必要将后者评价为贪污罪。再者，挪用公款与侵吞利息之间并不具有吸收关系，虽然挪用公款行为是侵吞利息行为发展的必经阶段，但侵吞利息行为却非挪用公款行为发展的当然结果，因为，侵吞利息并非处置利息的唯一方式。

其次，将侵吞利息的行为评价为贪污罪不涉及重复评价。挪用公款罪侵犯的对象是公款，而贪污罪侵犯的对象是孳息，公款与其产生的孳息也不是同一行为对象。挪用公款是为了取得公款的使用权，而侵占利息是为了将利息占为己有。挪用公款的行为方式侧重点在"挪"，而侵吞利息的行为方式侧重点在"占有"。

最后，刑法与民法奉行不同的评价标准，不宜用民事法律评价侵占利息行为。不能因民法上不单独评价孳息就简单地认为刑法对侵犯孳息的行为也不会单独评价。

在公款私存过程中收受有关单位给付的好处费的行为，应根据《关于审理挪用公款案件具体应用法律若干问题的解释》第7条第1款的规定，对挪用公款索取、收受贿赂构成犯罪的，依照数罪并罚的规定处罚。

公款旅游能否构成贪污违纪？

长期以来，有关利用单位公款出国旅游的事件屡见报端，而有关部门对公款旅游的处理方式也大不相同：有的以党纪、政纪处分，有的则以涉嫌贪污罪提起诉讼。

【案情简介】 2007 年 7 月，王某在参加某培训班时，擅自偕同其妻子单某前往，培训班结束后，夫妻二人私自旅游，二人旅游费用、房间费共计 1 万元，王某采取虚开发票等手段将旅游费用报销。法院认为，王某利用职务之便，采取隐瞒、虚报开支的手段侵吞公款 1 万元，其行为构成贪污罪，应判处有期徒刑 1 年，缓刑 1 年。

【争议】 对政府机关、国有企业事业单位公款旅游行为如何定性，在现有法律条件下，尚有争论。一种意见认为，贪污罪犯罪对象是公共财物，目前立法、司法解释并没有将贪污罪的犯罪对象扩大为财产性利益，而公款旅游实际上使行为人获得了一种财产性利益。因而，公款旅游不宜评价为贪污罪。另有观点认为，贪污罪具有财产犯罪的性质，而公费旅游则是一种消费行为，将公费旅游认定为贪污罪存在"法律上的障碍"。其依据之一便是，公费出国考察，往往是考察而兼具旅游性质，是一种公款消费行为。在现实生活中，公款消费和个人消费存在公私不分的情况，这种行为当然是违反党纪、政纪的，但目前尚无法按照贪污罪惩处。还有观点认为，公款旅游是一种公款消费行为。在我国目前的现实生活当中，公款旅游属于违反财经纪律的行为，也是违反党纪、政纪的，但尚不能按照贪污罪惩处。

【评析】 公款旅游的行为，与一般的贪污行为有一定的区别，但本质都是利用职务之便侵占公款或侵占财产性利益的行为。我国《刑法》第 382 条第 1 款规定："国家工作人员利用职务上的便利，侵吞、窃取、骗取或者以其他手段非法占有公共财物的，是贪污罪。"以公务考察之名，动用公款来满足个人出国旅游的需求，实质上也是利用职务之便，用骗取的手段来达到非法占有公共财物的目的，应当认定为贪污罪（既遂）。浪费的公款虽然没有直接装进私人的腰包，但这样的行为在对公款侵占与耗费方面，与其他贪污手段并无二致。近年来，"两高"相继发布了查处贿赂罪、商业贿赂罪的相关司法解释，将贿赂的范围由传统的"财物"扩大至"财产性利益"。例如，最高人民法院、最高人民检察院《关于办理商业贿赂刑事案件适用法律若干问题的意见》第7条规定："商业贿赂中的财物，既包括金钱和实物，也包括可以用金钱计算数额的财产性利益，如提供房屋装修、含有金额的会员卡、代币卡（券）、旅游费用等。具体数额以实际支付的资费为准。"司法实践中，作为一种"可以直接用货币计算的财产性利益"，接受"游贿"而被定罪处罚已经没有争议。从刑罚平衡的角度来看，贪污罪的对象也应相应扩大到旅游等"财产性利益"，不违反罪刑法定原则，不侵犯公职人员对刑罚的预测可能性。

在"公私难分"的情形下，司法机关认定"公费旅游即贪污"确有一定的难处，但纯"私人性质"的游山玩水、随意编造"理由"到境外挥霍公款，对相关责任人员课以贪污罪，于法有据。此外，如果在旅游过程中开假发票报销，或者个人旅游而由公家买单，则可以构成贪污罪。

我国台湾地区台东"县长"邝丽贞因率团离台出境考察，包括她本人在内的15名县府成员均被列为贪污被告。经"承办检察官"初步调查，他们在考察期间，前7天属观光行程，后3天才有拜访"驻外代表处"等行程。这说明，把公款旅游纳入贪污犯罪的范畴定罪处罚，不仅在理论上有依据，在实践中也是可行的。

来源：《中国纪检监察报》2009年8月25日

私分回扣，如何定性？

【案情简介】某电梯代理商孟某某通过竞标取得某国家行政机关单位家属楼电梯工程后，给该局副局长张某某提议，提供4万元用于该局基建办（临时性机构）的同志到杭州游玩费用。后因故未能前往，孟某某将4万元交给基建办工作人员王某某，王某某将此4万元存入基建办账户，2个月后，张某某私自安排王某某取出2万元私分，每人各得1万元。

【分歧意见】对张某某、王某某私分回扣的行为，存在如下分歧意见：

第一种意见认为，张某某、王某某私分回扣的行为构成受贿违纪错误，理由是张某某、王某某在经济往来中，违反国家规定，将收受各种名义的回扣归个人所有的，以受贿论处。

第二种意见认为，张某某、王某某私分2万元回扣的行为，构成贪污违纪错误，理由是电梯代理商孟某某所给予的4万元回扣已存入单位账户，是公共财物，张某某、王某某的行为属于利用职务之便私分公款。

第三种意见认为，张某某、王某某代表单位收受4万元回扣的行为，构成单位受贿违纪，张某某、王某某私分2万元回扣，单位受贿后对违纪所得的进一步处分，不予评价。

【评析】笔者赞同第二种意见，张某某、王某某私分2万元回扣的行为，构成贪污违纪错误。这个案例涉及三个焦点问题：一是临时性机构可否成为单位受贿的违纪主体、如何区分个人受贿与单位受贿？二是如何正确评价单位收受回扣的行为性质？三是如何区分经济往来中贪污违纪与受贿违纪？

一、如何区分个人受贿与单位受贿、临时性机构可否成为单位受贿的违纪主体?

首先,主体不同。单位受贿行为的主体是国有单位,而自然人受贿的主体是党和国家工作人员。根据《中国共产党纪律处分条例》(以下简称《纪律处分条例》)第89条规定,单位受贿的主体是党和国家机关、国有企业(公司)、事业单位、人民团体。某局是国家行政机关,基建办作为其内设临时性机构能否成为单位受贿违纪的主体,值得研究。《全国法院审理金融犯罪案件工作座谈会纪要》和最高人民检察院法律政策研究室在2006年9月12日《关于国有单位内设机构能否构成单位受贿罪主体问题的答复》中都作了明确规定和答复,单位内设机构可以成为单位犯罪的主体。虽然违纪行为认定和犯罪认定有所不同,但司法在犯罪主体划分方面的权威性规定,对党纪处分有重要借鉴意义。因此,基建办作为其内设临时性机构可成为单位受贿的主体。

其次,客观条件不同。单位受贿行为的客观方面没有要求具备"利用职务上的便利"要件,而在受贿行为中,必须具备"利用职务上的便利"要件。

再次,名义不同。单位受贿一般经单位集体研究决策,形成单位意志,以单位的名义实施;而受贿行为一般在个人意志的支配下,以个人的名义实施。

最后,利益归属不同。单位受贿行为的受益者一般为单位;而受贿行为的受益者为个人。单位受贿行为的违纪所得必须归单位所有,如果归个人所有,将索取或者非法收受的财物合伙私分的,以受贿违纪论处,根据个人所得数额和所起作用,依照《纪律处分条例》第85条的规定处理。

二、如何正确评价单位收受4万元回扣的行为性质?

在经济往来中,党和国家机关、国有企业(公司)、事业单位、人民团体在账外暗中收受各种名义的回扣、手续费的,以受贿论,对主要责任者和其他直接责任人员,依照《纪律处分条例》第89条第1款规定处理。在经济往来中,一般是指党和国家机关、国有企业(公司)、事业单位、人民团体以平等的民事主体参与经济活动,而不是以行政主体的身份用公权力为对方谋取利益。经济往来中，单位收受回扣构成单位受贿的最主要条件是，账外暗中收受回扣、手续费，若将收受回扣、手续费全面、及时在账上显示的，不构成单位受贿。本案即是如此，基建办代表单位收受 4 万元回扣后及时入账，不构成单位受贿违纪。

三、经济往来中，受贿违纪与贪污违纪，如何区别？

一般来说，经济往来中，可从以下三个方面区分受贿与贪污：一看行为人非法获得的财物是来源于本单位，还是来源于经济来往的对方单位；二看行为人的主观故意，分析行为人是属于在交易过程中借对方之手非法占有本单位的利润，还是属于为对方单位谋取利益，从对方单位收取钱款；三看经济往来中的对方单位所给予的回扣，是给予行为人还是给予行为人所在单位。具体到本案中，孟某某给的回扣，是给基建办的，而不是给经办人王某某个人的。王某某将此 4 万元回扣存入公家账户，回扣的性质也转变成公共财物，张某某、王某某利用职务之便侵吞的财物对象是公共财物，故二人的行为构成贪污违纪。

来源：《中国纪检监察报》2012 年 10 月 26 日

行贿受贿专题

行贿违纪主观要件认定探讨

执纪执法实践中，对行贿主观要件的认定存在诸多分歧，正确解读这些分歧，有助于准确认定和打击行贿行为。

一、行贿违纪主观要件的观点述评及界定

根据《中国共产党纪律处分条例》第 90 条、《刑法》第 389 条第 1 款的规定，行贿违纪行为的成立要求行为人主观上有谋取不正当利益的故意，即在没有获取不正当利益时而给予他人财物的，原则上须具备"为了谋取不正当利益"这一要件。问题在于如何正确理解"为谋取不正当利益"。刑法理论上存在分歧，主要观点有：（1）"手段不正当说"，认为只要是采取行贿手段谋取的利益，不论是谋取合法利益还是非法利益，都应认定为"谋取不正当利益"。这种观点的缺陷在于缺少法律依据，且难以区分为了谋取正当利益而给予他人财物以及馈赠等行为。（2）"非法利益说"。这种观点来源于 1985 年最高人民法院、最高人民检察院《关于当前办理经济犯罪案件中具体适用法律的若干问题的解答（试行）》（以下简称《解答》），《解答》规定行贿罪的构成要件之一是谋取"非法利益"。这种观点的缺陷在于与现行刑法规定不一致，且外延过窄，因为，"不正当利益"既包括非法利益，也包括违反国家政策的利益。（3）"不应当得到的利益说"，认为通过行贿得到根据法律和有关规定的不应当得到的利益就是不正当利益。这种观点的缺陷在于过于笼统和模糊，对什么是不应当得到、什么是应当得到，难以界定。（4）"受贿人是否违背职务说"，认为"不正当利益"应从受贿人为行贿人谋取利益是否违背职务的要求加以限定。这种观点的缺陷在于，将行贿与受贿视为绝对的对向犯，将行贿的认定寄希望于收受财物的人违背职务的要求去为行贿人谋取利

益。由此可见，刑法理论界对于什么是"不正当利益"，认定的标准不一，分歧较大，给行贿罪的认定带来了一定的障碍。

二、行贿违纪主观要件的界定

对"谋取不正当利益"正式解释的有 1999 年 3 月 4 日最高人民法院、最高人民检察院《关于在办理受贿犯罪大要案的同时要严肃查处严重行贿犯罪分子的通知》；2008 年 11 月 20 日最高人民法院、最高人民检察院《关于办理商业贿赂刑事案件适用法律若干问题的意见》（第 9 条第 1 款）。即为谋取不正当利益是指，谋取违反法律、法规、国家政策和国务院各部门规章规定的利益，以及要求国家工作人员或者有关单位提供违反法律、法规、国家政策和国务院各部门规章规定的帮助或者方便条件。据此，在界定不正当利益时，应当明确以下两点：一是"不正当利益"不限于"非法利益"（指法律禁止获取的利益以及法律、法规禁止提供的帮助或者方便条件，例如，通过赌博活动获得的利益）。不正当利益中除了法律禁止取得的利益即非法利益外，还包括根据国家政策、国务院各部门规章（不含地方政府规章）不应当取得的利益。二是"不正当利益"不同于"以不正当手段获得的利益"。需要强调的是，对"不正当利益"的界定只能从利益本身的性质角度进行考察，而不能根据获得利益的手段是否正当来判断，否则，便会陷入标准不一、逻辑混乱当中。

三、不正当利益的判断与行贿违纪的具体认定

从实体和程序上看，不正当利益大体上有以下几种：实体不正当、实体不确定程序不正当、实体正当但程序不正当、实体和程序均不正当。对谋取实体违规利益的，无论行为人谋利的程序是否违规，均属于"谋取不正当利益"。如实践中很多债权人为及时追回欠款，而向国家机关、国有公司、企业、事业单位、人民团体等欠款单位主要负责人给予财物，就难以认定为行贿。"为谋取不正当利益"的主观要件决定，行为人为了谋求正当的利益而给予国家工作人员以财物的，不是行贿。

问题在于利益虽然正当，但能否获得具有不确定性，在这种情况下，为谋求不确定的"正当"利益，而给予国家工作人员财物的，也可能构成行贿。如根据《关于办理商业贿赂刑事案件适用法律若干问题的意见》第 9 条第 2

款，在第 9 条第 1 款之外增加特别规定，即在招标投标、政府采购等商业活动中，违背公平原则，给予相关人员财物以谋取竞争优势的，属于"谋取不正当利益"。由此可见，在招投标等特定环节的不正当利益判断不强调以法律或者规范为前置违法性（违规性）判断为条件。商业贿赂犯罪案件的"谋取不正当利益"要件核心的判断基础在于，行贿人是否在"违背公平原则"的情况下通过给付财物"以谋取竞争优势"。再如，国家机关公务员招录考试中，甲、乙、丙三人在笔试中列前三名。甲向该机关主要负责人送现金数万元，后甲被录用。甲的行为是否属于行贿违纪呢？笔者认为，对谋取实体上可得的合法利益的，如果行为人出于不确定的故意，违反程序谋利的，应当属于"谋取不正当利益"。据此可知，虽然甲在笔试中名列第一，但其在综合考核、政治审查中并不一定优先，且甲主观上有确定故意，意在排挤他人，破坏公平竞争，属于违反法定程序去"谋取不正当利益"，因而，成立行贿。

很多场合中，"为谋取不正当利益"是行贿违纪成立必须具备的主观条件。问题在于，如何正确解读《刑法》第 389 条第 2 款的规定？《刑法》第 389 条第 2 款规定："在经济往来中，违反国家规定，给予国家工作人员以财物，数额较大的，或者违反国家规定，给予国家工作人员以各种名义的回扣、手续费的，以行贿论处。"对在经济往来中行贿的，是否需要以"为谋取不正当利益"作为构成要件，存在不同的意见。一种意见认为，不论行为人谋取的利益是否正当，只要违反国家规定，给予国家工作人员以财物或者各种名义的回扣、手续费的，即构成行贿。另一种意见认为，在经济往来中行贿的，是特殊领域、特殊形式的一种行贿行为，此种行为本身不具备完整的构成要件，因此，经济行贿不需要具备"为谋取不正当利益"的主观要件。我们同意后一种观点，刑法理论对某些条文的规定有注意性规定和拟制性规定之分，我们认为《刑法》第 389 条第 2 款的规定属拟制性规定。即根据刑法分则的解释原理，此种行为本身不具备完整的行贿构成要件，不应成立行贿，但基于刑事政策等立法需要，实行严格归责原则。不论行为人主观上是否具有谋取不正当利益的故意，只要行为人违反国家规定，给予国家工作人员以数额较大的财物或者各种名义的回扣、手续费的，就以行贿论处。

根据《刑法》第 389 条第 3 款之规定，因被勒索给予国家工作人员以财物，没有获得不正当利益的，不是行贿。虽被勒索而给予国家工作人员以财物，但行为人获得了不正当利益的，成立行贿。需要注意：一是行为人获得了不正当利益，是行贿得以成立的客观要件或者结果要件，而不是主观要件，从这个意义上讲，行贿并非均是行为犯，此种场合，行贿应是结果犯。二是对不正当利益的判断不能采取前述的"手段不正当说"，因此错误地认为，只要采取行贿手段谋取的利益，不论是合法利益还是非法利益，均是为了谋取不正当利益。如某甲准备注册成立一个幼儿园，在严格按照法律规定递交了申请幼儿园成立所需的全部材料后，负责核准的教育局工作人员乙故意刁难，迟迟不办理有关手续。甲无奈之下只好向乙给付财物 1 万元，从而很快将注册手续办妥。本案中，甲使用的行贿手段是不正当的，但其获得的利益则完全是正当的，显然，不能因为甲使用的手段不正当就认定其获得的利益也不正当。因此，对谋取实体上应得的合法利益的，无论受贿人为其谋利的程序是否违规，均不应认定给付财物的行为人的行为成立行贿。

实践中，多数情况下，行贿人为谋取不正当利益而给国家工作人员财物在先，国家工作人员利用职务上便利为其谋取不正当利益在后，此种场合成立行贿当无异议。问题是，在没有事先约定的情况下，国家工作人员利用职务上便利为其谋取不正当利益在先，行为人事后给予国家工作人员财物的，是否成立行贿？笔者认为，须视行为人谋取的利益是否正当而定。若行为人获得的利益正当，后基于感谢等原因而给他人财物的，因没有谋取不正当利益的故意，因而难以成立行贿。若行为人谋取的是不正当利益，后给他人财物的，与行为人先给他人财物、后谋取不正当利益本质是一样的，同样成立行贿，因为，刑法并没明文规定行贿必须给付财物在先、获得利益在后。

谋取不正当利益的目的没有实现，是否影响行贿行为性质的认定？司法实践中，多数情况下，行贿人谋取的不正当利益得以实现，但也有少数情况下，谋取的利益没有实现。这种情况下，是否影响行为性质的认定？笔者认为，不能一概而论，须视行为人谋取不正当利益的方式系主动还是被动而定。即行贿人为谋取不正当利益而主动向国家工作人员给付财物的，即便是不正当利益的目的没有实现，也应认定为行贿。因为，"为谋取不正当利益"是行贿罪的主观要件，只要行贿人为谋取不正当利益而主动向国家工作人员给付财物并且收受的，即成立行贿违纪的既遂。若行为人虽然主观上想谋取不正当利益，但没有主动向国家工作人员给付财物的，而是由于国家工作人员的勒索给予财物的，若没有获得不正当利益，根据《刑法》第 389 条第 3 款之规定，不认定为行贿。如前所述，此种情形，行为人获得了不正当利益，是行贿得以成立的客观要件。

四、馈赠、感情投资与行贿的区分

从理论上讲，馈赠是民事法律行为，对社会没有危害性，行贿是违法犯罪行为，为法律所禁止，二者性质完全不同。但在实践中，二者外在表现形式存在诸多相似之处，以"馈赠"之外形来掩盖其行贿之实，因而，对二者做一定的区分很有必要。那么，馈赠与行贿的区分标准是什么呢？笔者认为，宜从以下几个方面综合判断：（1）赠送财物的数量价值大小；（2）赠送财物的方式（公开还是秘密）；（3）受赠送财物的对象情况，是否具有职务上的便利；（4）赠送财物的原因；（5）赠送人与被赠送人之间的关系；（6）赠送财物前后，赠送人是否从被赠送人处获得了不正当利益；（7）赠送人在赠送时有无具体的请托事项，该请托事项与对方职务有无联系；（8）赠送人自身的情况。综合上述情况后，确定行为人的主观动机，有无权钱交易，正确区分行贿与馈赠。

社会生活中，经常有下属、下级单位出于各种不同的目的，借逢年过节给上级、上级单位发送所谓的奖金、福利、慰问金等"感情投资"，对此，应如何认定呢？笔者认为，应当区分不同情况分别加以具体认定，对仅仅出于人情往来，数额不是很大，不具有谋取不正当利益的意图，属于违反廉洁自律规定的不正之风，可给予批评教育等处理，不宜评价为行贿；对具有谋取不正当利益的意图，且给予国家工作人员财物数额巨大的，应当认定为行贿。

来源：《中国纪检监察报》2010 年 1 月 21 日

单位行贿的司法认定

一般认为，单位犯罪的主体须能以自己的名义、财产承担责任，这意味着单位须有自己的名称、机构和场所，能以自己独立的资产对外承担责任。单位行贿中，下列问题值得研究：

如何理解因行贿取得的违法所得归个人所有，依照行贿罪定罪处罚？《刑法》第393条在规定单位行贿罪的刑事责任时强调：因行贿取得的违法所得归个人所有的，依照行贿罪定罪处罚。这说明完成行贿后取得的不正当利益，归单位所有的，是单位行贿，归个人所有的，是自然人行贿。由此可见，不正当利益的归属，对认定单位行贿还是自然人行贿具有决定意义。需要说明的是：因行贿取得的违法所得归单位所有后，单位决定将违法所得通过工资、奖金、福利、提成等分配方式转化为单位成员的报酬，仍应认定为单位行贿犯罪，不能就此认定"违法所得归个人所有"。原因在于：行贿所得的不正当利益虽然最终归了个人，但利益的最终归属只是单位对利益的分配问题，是经过单位授权的，单位已经先行取得了对利益的支配权。换言之，该项财产固然违法，但本质上属于单位剩余利益，来源于单位行贿犯罪行为产生的单位商业利益与交易机会，间接派生于单位整体利益，因而不能认为是"行贿所得利益归个人"。

内设部门、分公司等不具有对外主体资格的部分或者未经依法领取营业执照的法人分支机构，能否成为单位行贿罪的主体？如某市公安局交通警察支队负责人李某为争取财政经费而给财政局有关负责人送2万元财物，李某的行为成立个人行贿还是单位行贿呢？区分个人行贿、单位行贿的意义重大：一是两者立案标准不同，《关于人民检察院直接受理立案侦查案件立案标准的规定》，对单位行贿，个人行贿数额在10万元以上的、单位行贿数额须在20

万元以上；二是责任轻重不同，根据《纪律处分条例》第91条之规定，若系个人行贿，则属于情节较重，若评价为单位行贿，则属于情节较轻。笔者认为，尽管交通警察支队不属于刑法所规定的具有独立财产对外承担责任，但其也属于单位，其负责人为了单位的利益而给他人财物，也属于单位行贿。如最高人民检察院研究室《关于国有单位的内设机构能否构成单位受贿罪主体问题的答复》："国有单位的内设机构利用其行使职权的便利，索取、非法收受他人财物并归该内设机构所有或者支配，为他人谋取利益，情节严重的，依照刑法第三百八十七条的规定以单位受贿罪追究刑事责任。上述内设机构在经济往来中，在账外暗中收受各种名义的回扣、手续费的，以受贿论。"不具有法人资格的国有单位的内设机构可成为单位受贿罪的主体，当然，也可成为单位行贿罪的主体。

自然人合伙组织能否成为单位行贿犯罪的主体？目前，多数人倾向认为，不具有法人资格的私营企业（个人独资企业、合伙企业），不能构成单位行贿罪的主体，理由是不具有法人资格的私营企业，以其个人财产对企业的债务承担无限责任，其企业利益与个人利益、企业行为与个人行为是一体的，责任承担主要由自然人承担，因此不能称之为单位。如某大型国有水库为马某等人承包，马某系合伙事务执行人，为感谢国有水库主要负责人宋某对其关照，经全体合伙人同意，而给宋某送12万元财物，多数人认为马某的行为应认定为个人行贿。我们认为，个人合伙企业的合伙事务执行人为合伙组织谋取的不正当利益而给他人财物，应认定为单位犯罪。理由是：（1）根据我国合伙企业法的规定，合伙企业的财产与各合伙人的私人财产的界限比较明确，合伙企业有自己的独立的财产，即合伙人的出资和合伙企业取得的收益都属于合伙人的共有财产，合伙企业的债务先以企业资产清偿，只有在清偿不足时，才由各合伙人以其出资外的个人财产偿还，由此可见，合伙企业已经具备了相对独立的财产利益，能相对独立承担责任。（2）合伙企业都有一定的组织形式，经营决策的作出具有整体性特征，合伙事务也有特定的执行人。如《合伙企业法》规定，执行合伙企业事务的合伙人，其在合伙协议的范围内所实施的行为，对外代表合伙企业，由合伙企业享有利益，承担责任。从这个意义上讲，合伙组织具备单位意志和单位利益等组织体特征，能成为单位行贿罪的主体。

如何区分单位主要负责人个人行贿与单位主要负责人代表单位实施的单

位行贿？单位负责人既可能代表单位去行贿，也可能用单位资金、以单位名义去实现个人目的即个人行贿。对此，应如何正确评价呢？笔者认为，可从几个方面加以界定：（1）目的不同：自然人行贿是为了谋取个人不正当利益，单位行贿则是为单位谋取不正当利益；（2）利益归属不同：因行贿取得的违法所得归个人所有的，是自然人行贿；归单位所有的，是单位行贿；（3）实施的主体不同：单位行贿的主体是单位，而自然人行贿的主体是自然人。虽然多数情况下，单位行贿也是通过具体自然人实施的，但这是在单位意志的支配下实施的；（4）给付财物时名义及程序不同。单位行贿一般经单位集体研究决策，以单位的名义实施，而自然人行贿则是由个人决定，以个人的名义实施。值得研究的是，为了单位的利益，以个人名义实施的行贿，能否成立单位行贿？我们认为，不排除个别单位为了使行贿得以成功，委派他人以个人的名义进行。如某大型国有煤矿负责人刘某，其妻杨某与税务局长张某系同学，刘某为了使单位少交税金，提高行贿的成功率，便通过其妻杨某给张某送钱数万元，为煤矿谋取不正当利益。本案中，虽然行贿是以刘某的妻子杨某个人名义进行的，但该行贿行为是为了刘某所在单位的利益，是在刘某所在单位行贿故意的支配下进行的，符合单位行贿的构成要件。

单位负责人为了单位利益同时兼有个人利益而行贿，如何处理？实践中，单位利益与自然人利益呈交织状态，单位从行贿中获取了利益，自然人亦从行贿中得利。如某乡党委书记为了使本乡被评为先进乡镇，同时为了个人进步，而给县委书记送去公款 10 万元，该县委书记将该乡评为"先进乡镇"，该乡党委书记也得到了相应的提拔。对此，我们认为，在明确了单位行贿整体利益的性质后，必须重视量化分析单位利益，即充分考量单位在贿赂过程中的实际地位及经济利益归属的相对数量：若行贿大部分经济利益归单位的，应认定为单位行贿；若行贿大部分经济利益归个人的，应认定为自然人行贿。若无法量化的，单位和个人均获得了非物质利益，则宜重点审查单位负责人行贿前所履行的程序，如是否经集体研究，事前或事后是否告知班子其他成员，若没有履行这方面的程序，即便行为人行贿在一定程度上为了单位利益，但由于其程序上存在瑕疵，且为了谋取个人利益，因而宜认定为自然人行贿。需要指出的是，若单位负责人单纯为单位谋取利益，个人决定行贿，虽然是其自行决定，未经过集体研究决定，也应认定为单位行贿。这是由于：现实生活中，单位负责人对本单位的事务具有较大程度上的决策权，虽然程序上存在瑕疵，但纯粹为了单位谋取利益，本质上仍属于单位行贿。

以挂靠单位名义行贿，是否成立单位行贿？实践中，不少单位或个人为享受国家有关优惠政策，或为取得有关的生产和经营资格，或为保持在生产经营活动中的信誉，或为便于获取有关证明材料，或因原主管部门及单位取消、变更等原因，在各地区、各部门形成了数量较多的"挂靠"企业。主要有两种：一种情况是个人"挂靠"单位，单位收取固定的管理费（如个体建筑队或者包工头，为了取得经营权，挂靠到具有经营权的单位，以该单位的名义对外从事营利性活动），另一种情况是单位"挂靠"单位，原因是单位没有资质或资质不够，为了承接部分工程而挂靠到有资质或资质更高的单位。就前一种情况而言，个人虽披上了单位的面纱，实质仍不具备组织体特征，不具备单位意志和单位利益的特征，仍属个人经营。若个人挂靠企业后在经营活动中行贿，且因行贿取得的违法所得归个人所有的，应以个人行贿论处；若个人挂靠企业后在经营活动中行贿，且因行贿取得的违法所得归挂靠单位所有的，应以单位行贿论处。后一种情况是单位"挂靠"单位，是否属于单位行贿，应看挂靠之前的企业是否属于前述"单位"的范围而定。

个人承包单位后，以单位名义行贿，如何认定？实践中，个人承包经营单位的方式有三种：

第一，个人通过承包合同取得被承包单位固有的经营资格，发包单位没有经营资金和财产。对此，如果承包后是一人经营、一人决策，其经营活动中为了被承包单位利益而实施的行贿行为也是单位行贿。因为这是一种承包经营关系，其内部经营决策机制属于一人决策机制，本身就是单位意志决定的（发包单位具有独立人格，单位如何经营，是自己经营还是承包给他人经营，正是单位意志和单位行为的表现），和单位集体决策机制相比只是表现形式不同而已。

第二，职工与单位签订承包合同，职工对单位的仪器设备等财产享有使用权，对外可以单位名义开展工作，自主经营，自负盈亏，向单位交纳一定的管理费。如某市疾病预防控制中心对其二类疫苗实行内部承包，职工向单位交纳40%的管理费，职工可以单位名义对外开展工作，但风险由其自担。对此，应当注意到只是单位经营权的转让（而非单位所有权转让），单位与承包人之间的利润分配约定是双方之间对承包方式的自主选择，不改变单位独立法律人格。单位完全可以根据承包合同决定继续承包、改变承包内容或者终止承包，维护单位利益。承包人的承包经营意志和行为，即被承包单位意志和行为。承包人在承包经营活动中为了被承包单位的利益而行贿的，应认定为单位行贿。经营权转让只影响单位犯罪中直接负责的主管人员和直接责任人员的确定，而不影响对单位犯罪的认定。

第三，名为承包，实为将单位所有权转让给个人，个人承包后仍以原单位名义从事经营活动。这种情形中，原单位的独立法律人格实质上已经终结，原单位的实质条件已经丧失，因此被承包企业无论在经济形式上还是法律要件上都已经不具备单位的特征，不属于单位，也就不属于单位犯罪主体。个人在受让单位之后，除非其经营活动符合单位组织体特征，否则应以个人行为论处。

来源：《中国纪检监察报》2010 年 3 月 26 日

礼金与贿金，如何区分？

【案例一】 房地产开发商代某为取得县委书记杨某的关照，逢年过节先后多次到杨某办公室送现金共计 18 万元，具体情况是：2007 年中秋节 1 万元（两人刚认识 1 个月），2008 年春节、端午节各 1 万元；2008 年 5 月，为让杨某帮助协调解决拆迁等问题，代某送现金 15 万元给杨某。杨某按照该县城建领导小组会议集体研究决定，在代某未交足土地出让金的情况下，由有关部门为代某办理了国有土地使用证、用地规划使用证、建筑规划许可证等手续。

【案例二】 李某系某市环保局局长，2005 年 5 月环保局下属的环境监理站副站长张某为得到提拔，给李某送现金 5000 元，同年 8 月，李某主持党组会将张某提拔为环境监理站站长，2006 年春节张某以过节看望的名义给李某送现金 1 万元。案发后，张某交代，其给李某送这 1 万元钱的目的有三：一是与李某进一步拉近关系，二是希望李某多拨办公经费，三是对张某个人及工作给予关照。

【焦点】 如何看待案例一中杨某逢年过节收受代某所送 3 万元的现金及案例二中的李某春节期间收受下属所送 1 万元现金的行为？

【评析】 一般来说，国家工作人员尤其是领导干部接受礼金与收受贿赂容易区分，但是实践中也存在"形礼实贿"的案件，某些行贿人为牟取私利把贿赂行为冠以馈赠之名，以致礼金馈赠与行贿、接受礼金与收受贿赂的界限模糊，区分困难。

我们认为，应综合以下几个要素进行判断：

第一，看财物给付人给付财物时是否提出了具体请托事项、给付财物行为与国家工作人员职务行为之间的关系、国家工作人员收受财物时是否承诺为他人谋取利益，以及受财后是否现实地为他人谋取了利益。

收受礼金与收受贿赂的关键区别在于"赠与人"给付财物时是否提出了具体请托事项、国家工作人员是否有为对方谋取利益的职务之便，国家工作人员收受财物时是否承诺为对方谋取利益。对逢年过节，领导干部收受他人所送财物，且对方给付财物时未提出具体、明确的请托事项，一般按收受礼金的违纪处理。对明知他人有具体请托事项而收受财物的，或者他人给付财物时虽未提出具体请托事项，但给付财物数额巨大，日后国家工作人员利用职务之便为他人谋取利益的，则应将多次收受的数额予以累计，以受贿违纪论处。如案例一中的代某利用逢年过节给杨某送数额巨大的财物，表面上是礼金馈赠，实际上是有求于县委书记杨某的职权，且后来杨某用职务之便"回报"了代某的贿赂，故杨某收受代某所送款物的行为应以受贿违纪论处。

第二，收受财物的时间、方式、价值大小及当事人关系的亲疏等各种情况。实践中，领导干部收受礼金的时间多发生在春节、中秋节、生病住院、婚嫁丧娶期间；礼金馈赠的价值也有一定的限度，一般是礼物价值相当的互相往来，符合当时当地的礼仪习俗；礼金馈赠的方式大都是公开的，如婚嫁丧娶期间往往有礼单账册；就当事人个人关系的亲疏而言，在收受礼金的场合，当事人关系一般较为熟悉、亲近。而行贿受贿案件中所称的朋友关系，多半建立在权钱交易的基础之上，即通过给付财物等各种手段建立所谓的私人交情，且交情的延续和维持是依靠一方给付财物、另一方利用职务之便为对方谋取利益。案例一中的代某之所以在其与杨某不熟悉的情况下，违背礼俗习惯不断给予财物，是因为其有求于杨某手中职权，目的很明确，即要求杨某利用手中职权为其谋取利益。故杨某逢年过节收受代某所送现金3万元的行为性质属受贿。需要说明的是，如果国家工作人员收受了对方的巨额财物后，利用职务之便，为对方谋取利益，即使双方具有亲友关系，也应以受贿认定。例如，某市副市长王某收受了任该市某建筑公司经理的内弟任某送来的3万元现金后，将该市市政府办公大楼的部分建设工程交由其内弟承包。在这一案件中，尽管双方是亲戚关系，但是，该副市长收受贿赂后为对方谋取了利益，应以受贿论处。

逢年过节，下级给上级送一定价值的财物现象较为常见，其具体认定也应区分不同情况：下级在给上级送款物时没有提出具体请托事项，只提出模糊、概括的请求，如希望上级给予关照，且上级没有利用职务之便为下级谋取利益，对上级收受下级钱物的行为一般按收受礼金违纪处理；对下级送款物提出具体请托事项，上级利用职务之便为下级谋取利益，如提拔、任用等，宜认定为受贿违纪，如案例二中的李某收受下属张某所送现金5000元、不久将其提拔为环境监理站站长，张某被提拔后，于当年春节给李某送数额巨大的财物，超出当时当地礼俗标准，李某提拔张某的先前行为与此后李某收受张某所送1万元现金之间具有因果关系，故应以受贿违纪论处。

来源：《中国纪检监察报》2014年3月21日

少量出资获取巨额收益，如何定性？

某县建设局局长李某安排某公司经理张某承建建设局下属的污水处理厂的二期管网工程。有观点认为，李某违反廉洁自律规定，假借蒋某的名义投资工程建设，获取巨额收益，属违规从事营利性活动，构成违纪，不构成犯罪。

【案情简介】

某县建设局局长李某安排某公司经理张某承建建设局下属的污水处理厂的二期管网工程。该工程张某投资60万元，李某让有求于自己职权的房地产开发商蒋某出资5万元，但李某、蒋某均未实际参与经营和管理，工程结束后有利润30万元，张某留下5万元，其余25万元由张某送给了李某。李某归还蒋某5万元出资款，后又用其中的10万元买了蒋某的一块地。在管网工程建设中，张某投资60万元，仅获利5万元；李某安排蒋某出资5万元，李某获利20万元。

【分歧意见】

对李某利用职务之便安排蒋某出资5万元，却获得20万元的巨额收益，如何定性，存在如下分歧意见：

第一种观点认为，李某有受贿的嫌疑，但是获取的20万元好处中有其投资收益的成分，因投资收益数额难以确定，因而无法认定李某受贿的数额。

第二种观点认为，李某的行为构成受贿，受贿数额是20万元。理由是李某未实际投资，却获取收益20万元，即便有收益，也应归蒋某所有。

第三种观点认为，李某的行为构成受贿，受贿数额是15万元，理由是根据存疑有利于被告的原则，"就低不就高"，李某获利 20 万元有其 5 万元投资收益，参照张某获利 5 万元标准，扣除其应得的投资收益，差额为其受贿金额。

第四种观点认为，李某违反廉洁自律规定，假借蒋某的名义投资工程建设，获取巨额收益，属违规从事营利性活动，构成违纪，不构成犯罪。

【评析意见】

本案涉及的焦点有两个：一是如何评价李某假借蒋某名义出资 5 万元与张某合作投资的行为？二是如何评价李某虽然出资但未参与经营管理而获取明显高于应得收益的利润？

如何评价李某假借蒋某名义出资 5 万元与张某合作投资的行为？

2007 年 7 月 8 日最高人民法院、最高人民检察院发布的《关于办理受贿刑事案件适用法律若干问题的意见》对国家工作人员收受干股和以开办公司等合作投资名义收受贿赂作出了界定。此案不同于收受干股，因为干股是未出资而获得的股份，李某虽然是假借蒋某名义出资，但实际上毕竟还是出资了 5 万元，不同于分文未出；李某以蒋某名义，与张某合作投资管网工程建设，其出资行为违反了公务员不得从事营利性活动的禁止性规定，其行为属于违规从事营利性活动（违规经商）。

不过，需要说明的是，李某安排蒋某垫付出资 5 万元的真实动机是掩盖其非法收受他人财物的本质。李某与蒋某之间并未形成真实的借款法律关系，李某安排蒋某垫资 5 万元，两人未约定借款时间、利息等借款合同必须具备的要素，蒋某之所以愿意替李某出资，是因为其有求于李某的职权，愿意为李某"形为投资、实为受贿"提供帮助。

如何评价李某虽然出资但未参与经营管理而获取明显高于应得收益的利润？

《关于办理受贿刑事案件适用法律若干问题的意见》规定："对国家工作人员利用职务上的便利为他人谋取利益，以合作开办公司或者其他合作投资的名义获取利润，没有实际出资和参与管理、经营的，以受贿论处。"这一规定要求以合作投资的名义获取"利润"成立受贿的消极要件是没有实际出资，且未参与管理、经营。对没有实际出资，但参与管理、经营，或者实际出资，但未参与管理、经营的，《关于办理受贿刑事案件适用法律若干问题的意见》

没有进一步细分和作出具体规定。笔者认为，根据《公司法》有关规定，股东出资后，所有权和经营权可以相分离，可不参与经营、管理，可采取聘用或委托他人经营等方式获取利润。因此，国家工作人员如实际出资，尽管其不参加经营、管理，一般不宜认定为受贿违纪。

问题在于：张某出资 60 万元，且该项工程由其经营管理，却只获得 5 万元利润；李某只出资 5 万元，且未参与经营管理，获得了 20 万元"利润"，明显违背常理，更为重要的是，李某为张某谋取利益在先，其利用建设局局长的职权指定张某承建该管网工程，其获取的超额回报与其先前为张某谋取利益之间具有权钱交易性质；李某安排蒋某垫付出资 5 万元是一种更为隐蔽的受贿手法，李某归还蒋某出资的目的是掩盖其非法收受张某财物的本质；从逻辑和常理上看，既然是蒋某出资 5 万元，收益无论多少，均应由蒋某享受，事实上，蒋某出资 5 万元未得到分文回报，明显违背逻辑和生活常识。所以，笔者认为，李某利用职务之便，为他人谋取利益，虽然形式上安排蒋某垫付出资 5 万元，却获得了 20 万元的巨额回报，此行为性质属受贿。即便李某、蒋某有投资 5 万元的真实意思表示和行为，从逻辑上看，5 万元的投资收益，或归蒋某一人所有，或归李某、蒋某共有，而不可能是蒋某分文不得、由李某一人独占，且数额不应大于张某 60 万元的投资收益，根据有利于被调查人的原则，其投资收益至多也是 5 万元，扣除 5 万元的投资收益，差额 15 万元即为其受贿所得。

来源：《中国纪检监察报》2010 年 9 月 1 日

如何区分个人受贿与单位受贿？

【基本案情】

某电梯代理商孟某通过竞标取得某局（国家行政机关单位）家属楼电梯工程后，向该局副局长张某提议，提供4万元用于该局基建办（临时性机构）的同志到杭州游玩，后因故未能前往，孟某将4万元交给基建办工作人员王某，王某将此4万元存入基建办账户，2个月后，张某私自安排王某取出2万元私分，每人各得1万元。

【评析意见】

笔者认为，张某、王某私分2万元回扣的行为，构成贪污违纪。这一个案例涉及三个焦点问题：一是临时性机构可否成为单位受贿的违纪主体、如何区分个人受贿与单位受贿？二是如何正确评价单位收受回扣的行为性质？三是如何区分经济往来中贪污违纪与受贿违纪？

如何区分个人受贿与单位受贿、临时性机构可否成为单位受贿的违纪主体？

首先，主体不同。单位受贿行为的主体是国有单位，而自然人受贿的主体是党和国家工作人员。根据《中国共产党纪律处分条例》（简称《纪律处分条例》）第89条规定，单位受贿的主体是党和国家机关、国有企业（公司）、事业单位、人民团体。某局是国家行政机关，基建办作为其内设临时性机构能否成为单位受贿违纪的主体，值得研究。《全国法院审理金融犯罪案件工作座谈会纪要》和最高人民检察院法律政策研究室在2006年9月12日《关于国有单位内设机构能否构成单位受贿罪主体问题的答复》中都作了明确规定和答复，单位内设机构可以成为单位犯罪的主体。虽然违纪行为认定和犯罪认定有所不同，但是司法在犯罪主体划分方面的权威性规定，对党纪处分有重要借鉴意义。因此，基建办作为其内设临时性机构可成为单位受贿的主体。

其次，客观条件不同。单位受贿行为的客观方面没有要求具备"利用职务上的便利"要件，而在个人受贿行为中，必须具备"利用职务上的便利"要件。

再次，名义不同。单位受贿一般经单位集体研究决策，形成单位意志，以单位的名义实施；而个人受贿行为一般在个人意志的支配下，以个人的名义实施。

最后，利益归属不同。单位受贿行为的受益者一般为单位；而个人受贿行为的受益者为个人。单位受贿行为的违纪所得必须归单位所有，如果归个人所有，将索取或者非法收受的财物合伙私分的，以受贿违纪论处，根据个人所得数额和所起作用，依照《纪律处分条例》第85条的规定处理。

如何正确评价单位收受4万元回扣的行为性质？

在经济往来中，党和国家机关、国有企业（公司）、事业单位、人民团体在账外暗中收受各种名义的回扣、手续费的，以受贿论，对主要责任者和其他直接责任人员，《纪律处分条例》第89条第1款规定处理。在经济往来中，一般是指党和国家机关、国有企业（公司）、事业单位、人民团体以平等的民事主体参与经济活动，而不是以行政主体的身份用公权力为对方谋取利益；经济往来中单位收受回扣构成单位受贿的最主要条件是账外暗中收受回扣、手续费，若将收受回扣、手续费全面、及时在账上显示的，不构成单位受贿。本案即是如此，基建办代表单位收受4万元回扣后及时入账，不构成单位受贿违纪。

如何区分经济往来中的受贿违纪与贪污违纪？

一般来说，经济往来中，可从以下三个方面区分受贿与贪污：一看行为人非法获得的财物是来源于本单位，还是来源于经济来往的对方单位；二看行为人的主观故意，分析行为人是属于在交易过程中借对方之手非法占有本单位的利润，还是属于为对方单位谋取利益，从对方单位收取钱款；三看经济往来中的对方单位所给予的回扣，是给行为人还是给予行为人所在单位。具体到本案中，孟某给的回扣，是给基建办的，而不是给经办人王某个人的。王某将此 4 万元回扣存入公家账户，回扣的性质也转变成公共财物，张某、王某利用职务之便侵吞的财物对象是公共财物，故二人的行为构成贪污违纪。

来源：《中国纪检监察报》2012 年 10 月 26 日

对索贿认定几个问题的探讨

根据《中国共产党纪律处分条例》第85条的规定，利用职务之便索取他人财物构成受贿，索贿不以"为他人谋取利益"为构成要件，是受贿一种基本形式。执纪执法实践中，在对索贿具体认定上存在诸多疑难问题，正确解剖这些疑难问题，有助于准确认定和打击索贿行为。

"索贿"的界定

索贿的方式除了常见的直接索要之外，是否包含勒索财物？如包含勒索财物，则索贿与国家工作人员敲诈勒索之间的区别何在？根据《刑法》第389条第3款的规定，"因被勒索给予国家工作人员以财物，没有获得不正当利益的，不是行贿。"索贿应包含国家工作人员利用职务之便勒索财物的方式，这表明索取贿赂包括勒索贿赂。

国家工作人员敲诈勒索和国家工作人员索贿之间有很多相似之处，二者区分的关键在于看国家工作人员是否利用了职务上的便利。在国家工作人员未利用职权进行敲诈勒索的场合，行为人虽然是国家工作人员，但对方有求于他的事项与其职务行为没有关系，行为人利用对方的困境，以此要挟、索取财物的，成立敲诈勒索罪；国家工作人员主动以打击报复相要挟、要求对方提供财物的，也成立敲诈勒索罪。如某县委书记的秘书无意中得知某企业巨额偷税、漏税，以向税务机关举报索要数额较大财物的，即成立敲诈勒索罪，而不成立受贿罪。反之，如果对方有求于国家工作人员的事项必须利用其职务之便（包括放弃职务行为）才能实现，行为人利用他人的困境，索取财物的，则成立受贿罪。

《刑法》第385条、《中国共产党纪律处分条例》第85条主要就个人索贿作出从重处罚的规定，对单位索贿未做类似规定。实践中可能存在某些单位负责人以单位名义向他人索要财物，这就要求注意区分主要负责人个人索贿与其代表单位索贿，切实做到准确认定，不枉不纵。如某市发改委主要负责人张某以某单位的名义向某国有药业公司索要价值22万元轿车一辆主要归自己公务乘坐。若认定为张某个人受贿，且具有索贿情节，对张某的处罚自然较单位受贿要重许多，显然这种区分很有必要。区分单位受贿还是个人受贿，宜从以下四个方面综合把握：一是行为人向他人索要财物是否为了单位的利益；二是行为人向他人索要财物时是否以单位名义索贿；三是行为人是否具有代表单位的权限；四是索要的财物是否归单位所有或使用，这是最重要的判断标准。综合这些因素基本上可判定张某以单位的名义向企业索要汽车归自己公务使用的行为是单位受贿。难点在于行为人不具有代表单位的权限，以单位的名义向他人索要财物归自己使用，如何认定？实践中，常见的是某些单位内设机构负责人以单位名义向他人索要财物，归自己私用和公用，即是如此。大体上可从财物使用的用途上判定：若是自己公务使用，从宽严相济的刑事政策上讲认定为单位行为较妥；若将索要的财物归个人私用，则宜认定为个人行为。

"索贿"后又实施为他人谋取非法利益的行为如何处理？

实践中，索贿后实施为他人谋取非法利益的案例很多，对其行为定性也存在较大分歧。如税务稽查员曹某利用职务便利，索取5万元贿赂后，不征应征税款40万元，其行为应认定为一罪（受贿罪或徇私舞弊不征税款罪）还是数罪，即同时构成受贿罪与徇私舞弊不征税款罪即存在争议。一种观点认为，曹某为达到受贿目的，采用了不征税款的方法，应认定为受贿罪。另一观点认为，曹某的行为应认定为徇私舞弊不征税款罪。理由是《刑法》第404条徇私舞弊不征税款罪的"徇私"包含受贿内容，受贿应作为徇私的情节，在量刑时从重处罚。还有观点认为，曹某的行为同时构成受贿罪和徇私舞弊不征税款罪。这三种观点折射出的问题是，实行数罪并罚是否存在构成要件的重复使用或重复评价？

笔者认为，曹某先实施了索贿行为，而后又徇私舞弊不征税款给国家税收造成了重大损失，应以受贿罪与徇私舞弊不征税款罪数罪并罚。理由是：根据《刑法》规定，索贿只需要利用职务上的便利就成立受贿罪，不要求为他人谋取利益。据此可知"为他人谋取利益"不是受贿罪（索贿）的实行行为，收受财物时即构成受贿罪（索贿）的既遂，后续的利用职务便利不征税款的行为是独立于受贿罪构成要件之外的，因而也不存在重复评价。因此，对受贿后为他人谋取不正当利益，徇私舞弊不征税款的，实行数罪并罚并不违背禁止重复评价原则。

最高人民法院《关于审理挪用公款案件具体应用法律若干问题的解释》第 7 条明确规定："因挪用公款收受（索取）贿赂构成犯罪的，依照数罪并罚的规定处罚。"据此，先索要他人贿赂而后实施挪用公款的，虽然两个行为之间具有牵连关系，也应实行数罪并罚。

受贿后以不作为的方式为他人谋取非法利益，造成严重后果构成犯罪的，刑法理论通常认为，以受贿罪和其所犯渎职罪实行数罪并罚，除非立法明确作出从一重处罚或者从一重从重处罚的专门规定。这是由于受贿罪实行行为是单一的"索要或收受财物"行为，"为他人谋取利益的行为"是受贿罪实行行为之外的客观行为要件。

需要说明的两点，一是索贿后进一步实施为他人谋取非法利益的，是否数罪并罚，应以法条规定为准，规定数罪并罚就要并罚，没有规定则按牵连犯处罚原则予以处罚。二是《中国共产党纪律处分条例》将行为人受贿后实施为他人谋取非法利益的给国家、集体和人民利益造成重大损失的规定为从重或加重处罚情节，如根据《中国共产党纪律处分条例》第 85 条第 3 款规定，因受贿给国家、集体和人民利益造成重大损失的，从重或者加重处分，直至开除党籍。这说明，行为人索贿后又进一步实施为他人谋取非法利益给国家、集体和人民利益造成重大损失的，须从重或者加重处分。可以肯定，在加重处罚的场合，与实行数罪并罚，就处罚结果而言，均能实现罪责刑相适应。

"索贿"的既遂与未遂认定

从《刑法》第 386 条关于"索贿的从重处罚"的规定可以看出立法的倾向是惩处索贿，不仅要求有索要行为，而且还要求行为人有取得一定数额财物的结果。根据《中国共产党纪律处分条例》第 85 条第 4 款规定，因索取财物未遂而刁难报复对方，给对方造成损失的，视情节轻重，给予相应的处分，这表明索贿存在未遂情节，且未遂的标准是未索取到财物；既遂的标准是索取到财物或者收受了财物。由此可见，索贿是结果犯，应以行为人是否索取到财物作为认定其既遂与未遂的标准。

索贿未遂是否有范围限制？索要数额较小的财物未遂的，是否也要处罚？根据宽严相济的刑事司法政策和《刑法》分则关于犯罪未遂的解释原理，有必要对索贿未遂的成立范围进行限制：对行为人索要财物数额较小未遂的，一般不予处罚；但是，若索要财物数额巨大，由于其意志以外的原因对方没有实际给付，应认定为受贿（未遂）。这种情形下，之所以未遂也要处罚，原因有二：一是行为人索贿数额巨大，本身就折射出行为人巨大的人身危险性，即主观恶性极大；二是索贿数额巨大，对受贿罪保护的法益即国家工作人员职务廉洁性造成的侵害或威胁就越大，因而有必要惩处。

行为人索要财物未果后，对方应行为人的要求出具欠条的，成立索贿既遂还是未遂？如国家工作人员张某挪用公款50万元给他人使用后，即向对方索要财物，未果后，担心对方给付好处的承诺变卦，为此要求其出具数额为2万元的欠条。对张某要求并收受他人出具欠条的行为能否认定为索贿？若作出肯定的回答，是受贿既遂还是未遂？笔者认为，要求他人出具欠条的行为应认定为索贿，且欠条在一定程度上恰恰证明了行为人有索要财物的行为，但行为人收受了欠条不能就因此认为行为人现实地取得了财物。原因在于欠条的功能是证明双方存在债权债务关系，只具有证据价值，不能因此就认为行为人现实地获得了2万元的财物，行为人若须取得2万元的财物，须持欠条向债务人主张债权或向法院起诉行使债权。

若行为人索要财物数额不明确，则无论行为人收受财物数额多少，均系其概括故意支配的结果，应将其收受的财物数额全额认定为索贿数额。

特殊主体索贿的认定

特殊主体索贿是指不具有国家工作人员身份的人索贿，主要包括两种情况：一是特定关系人在国家工作人员不知情的情况下索贿（如果特定关系人与国家工作人员通谋，由特定关系人索贿的，对特定关系人以受贿罪的共犯论处即可）；二是国家工作人员离职后索贿。特定关系人在国家工作人员不知情的情况下索贿，《刑法修正案（七）》适时作出新规定，予以单独评价。对"国家工作人员的近亲属或者其他与该国家工作人员关系密切的人，通过该国家工作人员职务上的行为，或者利用该国家工作人员职权或者地位形成的便利条件，通过其他国家工作人员职务上的行为，为请托人谋取不正当利益，索取请托人财物，数额较大或者有其他较重情节的"，成立特定关系人受贿罪。需要明确的是，该罪的成立要求特定关系人为请托人谋取不正当利益，且不适用"索贿从重处罚"的规定。问题在于特定关系人在国家工作人员不知情的情况下向他人索要财物，但未为他人谋取不正当利益的，如何处理？笔者认为，若特定关系人向他人索要财物时，不打算为对方谋取不正当利益，虚构事实或隐瞒真相，恐吓或欺骗对方使其交付财物的，可以视情况成立敲诈勒索罪或诈骗罪。

受贿罪的成立要求行为人具有国家工作人员的身份。国家工作人员离职后，已不具有国家工作人员身份，其在位时为他人谋取利益，离职后向他人索要财物的如何处理？最高人民法院、最高人民检察院《关于办理受贿刑事案件适用法律若干问题的意见》就国家工作人员离职后收受请托人财物，成立受贿罪要求国家工作人员与请托人之间存在约定，否则不成立受贿罪。如《关于办理受贿刑事案件适用法律若干问题的意见》规定："国家工作人员利用职务上的便利为请托人谋取利益之前或者之后，约定在其离职后收受请托人财物，并在离职后收受的，以受贿论。"逻辑上可推知，若国家工作人员与请托人之间不存在约定，国家工作人员利用职务上的便利为请托人谋取利益后离职，收受或索要请托人财物的，不宜认定为受贿。原因在于，受贿罪的实行行为是收受或索取财物，要求行为人在实施收受或索取财物时具有国家工作人员身份，否则不成立受贿。

来源：《中国纪检监察报》2010 年 9 月 9 日

受贿罪不是复行为犯

复行为犯是由两个以上非独立成罪的要素行为构成实行行为的犯罪既遂类型。特点是两个以上具有递进和依存关系的危害行为结合为一个整体来反映犯罪的实质。例如，强奸罪的实行行为是由"强制行为+奸淫妇女"两个危害行为组成，抢劫罪的实行行为是由"暴力胁迫+劫取财物"两个危害行为组成。问题在于司法实践和刑法理论界有观点认为《刑法》第 385 条规定的受贿罪也是复行为犯，即受贿罪的实行行为是由"为他人谋取利益+收受贿赂"两个危害行为构成。笔者认为受贿罪不是复行为犯，受贿罪的实行行为是单一的"索要或收受财物"行为，"为他人谋取利益的行为"是受贿罪实行行为之外的超客观行为要件。理由如下：

首先，若将为他人谋取利益的行为界定为受贿罪的实行行为之一，则在行为人利用本人职务上的便利实施为他人谋取利益的行为时即是受贿罪的"着手"，如同强奸罪、抢劫罪行为人实施强制行为时就属于犯罪着手一样，这显然不妥。因为在行为人利用本人职务上的便利为他人谋取正当利益，尚不能认定为受贿犯罪的着手，"为他人谋取利益"的评价必须依赖于行为人进一步实施收受财物的行为，而在强奸罪等复行为犯中，以奸淫的故意实施强制行为即可认定为强奸罪的着手，强制行为无须依赖于奸淫行为而独立存在。

其次，故意犯罪的实行行为具有同一性，不会因行为方式而使行为性质发生改变。例如，在强奸罪这一复行为犯场合，无论行为是采用暴力、胁迫还是其他方法，均能说明行为人与被害人发生性行为是违背被害人意志的。从行为方式上看，受贿的方式主要有行为人索要财物和收受财物两种方式，但无论是哪一种方式，受贿罪的实行行为应是同一的，若将"为他人谋取利益"界定为受贿罪的实行行为，无法解释行为人利用职务上的便利索要财物成立受贿无须"为他人谋取利益"的要件。即对受贿罪实行行为的界定须能囊括行为人索要财物和收受财物两种情形，将为他人谋取利益界定为受贿罪的实行行为不符合索贿的场合。

再次，若将"为他人谋取利益"的行为界定为受贿罪的实行行为之一，则无法解释事后不受财现象。事后不受财，是指行为人为他人谋取了正当或不正当利益、但事后并未收受他人财物，若将"为他人谋取利益"界定为受贿罪的实行行为，而对行为人为他人谋取不正当利益、最终未能收受财物的情形予以处罚，因为在行为人为他人谋取利益时就已经是受贿罪的"着手"，这显然与刑事司法实践的常见做法相悖。

最后，根据《全国法院审理经济犯罪案件工作座谈会纪要》规定，"为他人谋取利益包括承诺、实施和实现三个阶段的行为。只要具有其中一个阶段的行为，如国家工作人员收受他人财物时，根据他人提出的具体请托事项，承诺为他人谋取利益的，就具备了为他人谋取利益的要件。而明知他人有具体请托事项而收受其财物的，视为承诺为他人谋取利益"，可推知"为他人谋取利益"系客观行为要件，受贿罪实行行为主要是"收受财物"。行为人利用职务之便收受财物时承诺为他人谋取利益的，就构成受贿罪的既遂。司法实践中，对行为人收受财物后，又进一步实施为他人谋取利益的行为，触犯新的罪名的，认定为牵连犯，或择一重罪处罚（见《刑法》第 399 条第 4 款之规定），或数罪并罚（如先收受财物，后挪用公款）。这说明无论是立法还是司法实践，均将行为人收受财物后实施"为他人谋取利益的行为"单独评价，而不是评价为受贿罪的实行行为，这也说明《刑法》第 385 条规定的受贿罪不属于复行为犯。

来源：《检察日报》2009 年 12 月 4 日

重复收受同一财物如何认定数额

办案中经常遇到这样的情形：国家工作人员收受财物后，基于多种原因将财物退还给行贿人，一段时间后，再次收受财物。对这种重复收受财物的数额如何认定，刑法理论研究不多，司法实践中也存在不同认识。有人认为应以最后收受的财物数额计算，也有人认为应将两次的数额累计。

笔者认为，对行为人重复收受财物行为的数额认定，应该根据行为人第一次收受财物时是否具有受贿故意和第二次收受财物时是否基于行为人的同一个具体请托事项而定。

若行为人第一次接受他人所送财物时没有受贿故意，事后及时将财物退还的，不成立受贿。如行为人不清楚他人当场给予的财物的价值大小，事后发现价值太大或者太小，或者担心不安全或者相关的人和事被查处，而将财物及时退还给行贿人的，一般也不成立受贿犯罪。一段时间后，行贿人基于同一事项或者不同请托事项而将相同数额或者数额更大的财物再次送给行为人，行为人基于受贿故意收受财物的，其受贿数额应以后一次收受的财物价值计算。

若行为人第一次收受他人财物时基于受贿故意收受他人财物，为他人谋取利益，即受贿犯罪既遂。之后，行为人将收受的财物全部退还给行贿人，这属于犯罪既遂后的退赃行为。退赃之后，行贿人基于同一请托事项，再次将财物送给行为人，受贿犯罪的数额原则上应按照第一次收受财物时的数额认定。因为尽管从表面上看，行为人存在两次受贿行为，但是贿赂物毕竟属于同一人所有的同一特定物，行贿人只付出了一个特定物的价值，如果重复计算，与事实不符；从受贿人角度看，其与行贿人基于同一请托事项权钱交易的结果是只占有一个特定物。因此，行为人第二次索要或者收受财物，本质上是以平和的手段单纯索要或者收受赃物，则不宜再另行评价。

行为人退赃之后，若行贿人基于不同请托事项，再次将财物送给行为人，行为人利用职权为他人谋取利益，两次收受的财物虽是同一财物，但是行为人两次利用职权为他人谋取不同利益，两次均符合受贿犯罪的构成要件，故应累计受贿数额。

如果行为人在完成受贿犯罪后，其收受的财物被盗或者遗失，该财物又被行贿人占有，行贿人再次将其送给行为人，那么对行为人是否累计受贿数额？笔者认为，行为人再次收受该财物时，虽然未利用职权为行贿人谋取新的利益，但由于介入其他客观因素，因此两次收受财物虽是基于同一请托事项，也可以累计受贿数额。

来源：《检察日报》2013 年 8 月 14 日

"回赠"是否应从受贿总额中扣除

【基本案情】

案例一：王某，中共党员，某市公安局财务科科长。2008至2009年，王某在负责所在公安局后勤基建工作期间，利用职务便利，为工程承包商梁某谋取利益。2010年上半年，王某向梁某索取100万元。2010年年底，因分管基建工作的公安局副局长被立案调查，王某担心事情暴露，便于2011年5月与梁某补签借款协议，回赠价值40万元的建材给梁某公司。

案例二：韩某，中共党员，某局局长。2011年春节期间，在办公楼工程承揽方面受到照顾的张某送给韩某现金2万元。韩某碍于面子，收下现金，但在张某离开时，回赠价值约2万元的高档白酒和香烟。

【分歧意见】

案例一中，王某利用职务便利，索要100万元，无疑构成受贿，但对价值40万元的回赠是否应从受贿总额中扣除存在分歧。案例二中，对韩某碍于面子收下现金，却及时回赠礼品的行为是否构成受贿也存在赞成与不赞成的分歧。

【评析意见】

实践中，国家工作人员在收受贿赂后，常常于某些情形下回赠行贿人一定数量的财物。对回赠财物数额是否应从受贿总额中扣除，实践中并未达成共识。

笔者认为，回赠财物数额是否应当从受贿总额中扣除，不能一概而论，而应从以下几个方面进行甄别。

第一，看回赠的时间是否及时。若国家工作人员在收受财物时当场回赠或者事后及时回赠，则其接受财物的行为与回赠的行为是一个整体，表明其主观上没有收受他人财物的故意，这时回赠财物数额应从受贿总额中扣除。案例一中，王某的回赠发生在索贿既遂约1年后，且是在分管领导被立案调查后为之，表明其主观上是为了掩盖受贿行为，因而其回赠财物数额不能从受贿总额中扣除。案例二中，韩某当场回赠财物，说明其主观上没有收受他人财物的故意，应将回赠财物数额从受贿总额中扣除。

第二，看回赠财物数额的大小。回赠财物价值原则上应与行贿人所送财物价值相当。案例一中，王某索要他人100万元，但仅回赠价值40万元的建材，表明其主观上明显具有非法收受他人财物的故意，其回赠只不过是为了逃避组织调查，掩人耳目，此种情形，不应将回赠财物数额从受贿总额中扣除。案例二中，韩某回赠张某财物的数额与其接受财物的数额大体相当，说明其主观上没有收受他人财物的故意。

第三，看回赠的动机、原因。如果因相关的人或事案发而回赠，或者在行为人被立案调查后，辩称双方系人情往来或已通过回赠将受贿财物退还行贿人，则表明行为人的回赠是为了逃避组织调查，这时，回赠财物数额不应从受贿总额中扣除。若收受财物是碍于情面不好拒绝，并于事后回赠财物，则不宜认定行为人主观上具有非法收受他人财物的故意，这时，回赠财物数额应从受贿总额中扣除。

第四，看双方关系，有无正常经济往来、人情交往。馈赠、回赠一般发生在关系较为亲密的同学、战友、老乡、故交之间，双方的人情往来是双向的，数额基本对等，否则，即考虑认定为受贿。

综上，案例一中，王某利用职务便利，索取他人100万元现金，已构成受贿既遂，其回赠价值40万元的建材是因为分管领导被查处，担心受牵连，目的是为了掩盖受贿的违纪事实，故不应从受贿总额中扣除。同时，其受贿数额巨大，已涉嫌犯罪，应当移送司法机关。案例二中，韩某虽然碍于面子接受了他人财物，但及时回赠价值大体相当的财物，表明其主观上没有占有他人财物的故意，因而，不应将其行为认定为受贿。

来源：《中国纪检监察报》2013年8月30日

收受的财物未及时退还即被盗，其行为如何定性？

【案情简介】

案例一：2010 年 1 月，某县建设工程有限公司负责人秦某为感谢该县住建局局长陈某对其承揽市政工程和拨付工程款方面给予关照，安排公司员工周某以自己的名义办理一张内存 10 万元的银行卡送给陈某。陈某接受此卡后，未拒绝，但其持有此卡却分文未花。周某办卡 3 个月后，从公司辞职。2012 年底，周某意外发现秦某当年让他办的那张银行卡竟然分文未动。周某在申请挂失该卡后办理了一张新卡，并通过 ATM 机取现方式将 10 万元陆续取走。后周某入室盗窃时被抓现行而案发，遂供述此事。陈某因此案发。

案例二：某县县长丁某，利用职务便利，在工程领域为相关工程承包人杨某谋取利益，杨某出于感谢，于 2012 年 3 月 11 日到丁某住处将现金 20 万元放于酒品包装中送给丁某，言称只是送酒给其品尝。杨某走后，丁某打开包装，方知其中装有现金。丁某立即打电话给杨某，要求其把钱取走，杨某以当天夜晚饮酒过多、头脑不清醒为由，拒绝取回。次日，杨某因亲属去世出往外省。2012 年 3 月 15 日，丁某在外地出差时，放在住室的 20 万元现金被盗。盗窃案发后，丁某碍于面子，未报案。同时，丁某与杨某十多次联系退钱，杨某因事推托一直拒取。2014 年 3 月 20 日，小偷被抓获归案，称自己多次流窜作案，将盗窃丁某一事如实供述，丁某遂案发。案发后，丁某在向公安机关作证时称自己被盗金额仅为 1 万元，在向上级领导汇报时，称自己收受杨某财物为七八万元。2014 年 4 月 20 日，丁某借钱凑齐 20 万元退还给杨某。2014 年 5 月 20 日，丁某接受组织调查。

调查中，丁某一直辩解称自己不想收钱，并打算退给杨某。行贿人杨某也称丁某多次与其联系退钱一事。

【案例评析】

违纪嫌疑人收受贿款未及退还即被盗，对其行为定性时尤其要注意其有无主观故意。案例一中陈某行为构成受贿基本无异议，而案例二中丁某行为是否具有主观故意，往往在定性时会出现分歧。

《中共中央纪委关于严格禁止利用职务上的便利谋取不正当利益的若干规定》第10条规定："收受请托人财物后及时退还或者上交的，不是违纪。违纪后，因自身或者与违纪有关联的人、事被查处，为掩饰违纪而退还或者上交的，不影响违纪认定。"这个判断规则为实务部门办理退交财物型受贿案件提供了极为重要的认定依据。

案例一中陈某行为构成受贿

案例一中，陈某利用职务之便，为他人谋取利益，收受他人银行卡，当场能退还而不退，虽至案发尚未支取卡上钱款，但他自收取之时起即取得对这笔钱的实际占有和支配权，即在确定有非法收受他人财物故意的情况下占有、支配财物即可认定其受贿既遂，是否使用以及被办卡人挂失私自取走只是赃款去向问题，不影响受贿数额的认定。根据2008年11月20日最高人民法院、最高人民检察院联合发布的《关于办理商业贿赂刑事案件适用法律若干问题的意见》："不论受贿人是否实际取出或者消费，卡内存款数额一般应全额认定为受贿数额。"据此，陈某收受10万元银行卡拒不退还和上交的行为，应认定为受贿。

案例二中丁某行为不构成受贿

案例二较为复杂，这个案件的难点在于，在国家工作人员丁某受贿主观故意不确定的情况下，暂时收受的财物被盗，行为性质认定分歧较大。

一种观点认为，丁某收受财物后，因保管不善，贿赂物灭失，因金钱非特定物，故丁某可用自己存款或者借钱及时退还或者上交的，方表明其主观上没有收受他人财物的故意，其在案发后才将财物退还行贿人，其退交行为恰恰表明其主观上有受贿的故意，因此应认定为受贿既遂。

另一种观点认为，丁某主观上没有收受财物的故意，在得知酒箱内装有巨额现金的情况下，立即与行贿人联系退钱，之后也多次与送钱人联系，客观上由于行贿人以种种理由拒收、财物被盗而未能完成退还行为，在贿赂物未被找回的情况下，仍然借钱退还，恰恰从一个侧面印证了其主观上没有受贿的故意，故丁某的行为不属于受贿既遂后的财物返还问题，也不属于是因自身或者与受贿有关联的人、事被查处，为掩饰违纪而退还，因此不构成受贿。

笔者倾向于第二种观点，即便县长丁某的退还行为距离其暂时收受财物时间较长，有侥幸和投机"受贿"的嫌疑，但其多次与身在外地的行贿人联系退钱，认定其主观上有非法收受他人财物的故意时，在证据上未达到确定唯一的标准，主观要件证据不充分，根据事实存疑时有利于被调查人的原则，故不宜认定丁某的行为构成受贿违纪。但是，在公安机关办理盗窃案过程中，丁某作为受害人，未如实作证，谎称自己被盗金额仅为1万，明显在包庇犯罪分子，同时欺骗相关调查部门，谎称自己收受他人财物仅为七八万元，故也应给予其相应党政纪处分。

来源：《中国纪检监察报》2015年8月10日

收受财物后及时上交的刑事司法认定

一、"及时退还或上交"的内涵

2007年7月8日最高人民法院、最高人民检察院《关于办理受贿刑事案件适用法律若干问题的意见》第9条规定："国家工作人员收受请托人财物后及时退还或者上交的，不是受贿。国家工作人员受贿后，因自身或者与受贿有关联的人、事被查处，为掩饰犯罪而退还或者上交的，不影响认定受贿罪。"

"及时退还或上交"的内涵：一是行为人接受财物时的被动性和非自愿性，即不能是行为人主动索要财物。利用职务上便利索要财物的，在其收受财物后就既遂，不存在因及时退交而不成立受贿的情况。如果行为人索贿后，基于内心醒悟、害怕等原因将财物及时退交，属于受贿既遂后的财物返还问题，可酌情从轻处罚；二是退还和上交财物时的积极主动性。如果是因自身或者与受贿有关联的人、事被查处，为掩饰犯罪而退还或者上交的，即退还和上交财物是被迫的，则仍然成立受贿。

二、正确界定"及时"

关于"及时"的界定，理论上和实践中主要有两种观点：

一种观点是根据现代汉语词典对"及时"一词的解释："不拖延、马上、立刻"。国家工作人员收下他人财物后，应迅速、立刻退还或者上交，否则就是受贿。只有这样的"及时"，才能充分反映出国家工作人员主观上没有受贿的故意。另一种观点认为，不分数额、不分退还时间长短，只要"案发前"自动退还或者如实说明情况上交的均属于"及时"。

笔者认为，对是否属于"及时退还或上交"，应综合考虑主客观情况加以认定。只要在合理的期限内，退还或上交行为在客观上足以反映出该国家工作人员主观上没有受贿的故意，就可以认定为"及时退还或上交"。《国家行政机关及其工作人员在国内公务活动中不得赠送和接受礼品的规定》第9条规定，对接收的礼品必须在1个月内交出并上交国库；中共中央办公厅、国务院办公厅《关于严禁党政机关及其工作人员在公务活动中接受和赠送礼金、有价证券的通知》规定，各级党政机关及其工作人员在涉外活动中，由于难以谢绝而接受的礼金和有价证券，必须在1个月内全部交出并上缴国库。借鉴以上规定，"及时"应以1个月为期。对是否属于及时退还或上交，应当结合以下因素进行判断：（1）有无明确表示过不想收受财物的意思表示；（2）有无拒绝收受财物的具体行为；（3）收受财物与退还或上交财物间隔时间的长短；（4）客观上是否存在不能及时退还或上交的原因。

三、"上交"的认定

国家工作人员将其收受的财物上交，涉及以下几个问题：

1. 国家工作人员将其收受的财物上交给纪检监察机关时，是否需要其交给有管辖权的纪检监察机关？如某县县长，本属地市级纪检监察机关管辖对象，其收受财物后，向县级纪检监察机关报告上交其收受的财物，是否有效？我们认为，不必要求行为人必须遵守干部管理权限的有关规定，只要其将收受的财物及时向纪检监察机关报告并上交，即可表明其没有受贿的故意。

2. 向组织（含所在单位）上交，是否要如实说明收受财物的来源、时间、数额、数量等情况？我们认为，行为人应如实报告收受财物的来源、时间、数额、数量等情况，尤其在行为人同时收受多人所送数额相同的财物情况下。

3. 向组织上交，是否必须要求其上交收受的原物（特定物）？以替代物和折价款形式上交是否有效？我们认为，根据《关于办理受贿刑事案件适用法律若干问题的意见》的规定，原则上要求行为人上交其收受的原物。特殊情况下，也可以是替代物和折价款。如国家工作人员收受财物后，因保管不善，财物灭失，以替代物和折价款形式上交的，也表明其主观上没有收受他人财物的故意。

来源：《检察日报》2011年1月10日

收受财物及时退交存在两种认识误区

导读 两种误区：退还和上交须在 1 个月内或者 3 个月内完成只要及时交给组织，就一律不认定为受贿。

最高人民法院、最高人民检察院《关于办理受贿刑事案件适用法律若干问题的意见》（以下简称《意见》）第 9 条规定："国家工作人员收受请托人财物后及时退还或者上交的，不是受贿。"司法实践中，经常出现国家工作人员收受他人财物后，基于某种原因退还或者上交财物的案件。在处理这类案件时，有两大误区：一是退还和上交行为须在 1 个月内或者 3 个月内完成，否则，就是受贿；二是只要及时交给组织，就一律不认定为受贿。

1. "及时"不是一个单纯的时间概念。在认定受贿犯罪时，不少司法人员认为"及时"是个时间概念，迫切期望司法解释明确具体时限。例如，有的司法机关将退还或者上交的时间限定在 3 个月以内；还有的以党政文件通知为依据认定是否及时，如中共中央办公厅、国务院办公厅 1993 年发布的《关于严禁党政机关及其工作人员在公务活动中接受和赠送礼金、有价证券的通知》规定，各级党政机关及其工作人员在涉外活动中，由于难以谢绝而接受的礼金和有价证券，必须在 1 个月内全部交出并上缴国库。有的司法机关借鉴以上规定，将"及时"规定为 1 个月。这种绝对"一刀切"的做法，为司法人员机械办案提供了方便。其弊端在于某些情况下还可能造成错案，完全可能导致没有受贿故意的也成立受贿罪，具有受贿故意的不成立受贿罪等不当情形发生，因而并不可取。应当明确，"及时"不是一个单纯的时间概念。对退还或者上交是否及时的判断，实际上只是对国家工作人员是否具有受贿故意的判断。

在判断国家工作人员是否具有受贿故意时，主要应考虑以下因素：（1）客观上能拒绝的情形下是否有拒绝行为，在可以表示拒绝的情形下是否有拒绝的表示；（2）从知道收受了请托人的财物到退还或者上交之间的时间间隔长短；（3）是否存在影响国家工作人员退还或者上交的客观原因；（4）是否存在影响国家工作人员退还或者上交的主观原因等。"及时退还或者上交"只是判断国家工作人员有无受贿故意的一个判断因素。司法人员不能简单地从时间上判断国家工作人员的行为是否属于"及时退还或者上交"，而应准确判断国家工作人员是否具有受贿的故意。

2. 即便及时"交"给组织，也有可能构成受贿。通常情况下，行为人将其收受的财物及时上交给组织，可认定国家工作人员没有受贿的故意。例如，及时上交给本单位纪检部门、上级纪检部门、本级或者上级检察院等，不影响上交的认定。但是也有例外，如某单位一把手收受财物后担心被查处，将其收受的财物交本单位纪检组、监察室，并交代"代为保管""暂存"，暗示下属不能打开和"交公"。其真正用意是观察时机，如果有关部门调查，则辩称已上交；如果没有被调查，则在条件成熟时将财物要回。这种情形，应认定行为人有受贿的故意。

还有一种情形是收受财物后，在为他人谋取利益的过程中或者之后，由于悔罪、害怕、亲人劝说等因素，主动将财物上交的。此种情形是否认定为受贿罪既遂？实践中，认识分歧较大。笔者认为，行为人在收受财物时有受贿的故意，并据此收下了财物，又利用职权为他人谋取利益，后来虽上交仍然认定为受贿罪，不过可从轻处罚。

索取财物后退还或者上交的，依然可构成受贿罪。《意见》第9条的立法精神是将行为人客观上收受了他人财物，主观上没有受贿故意的情形排除在受贿罪之外。而在他人有求于行为人的职务行为时，行为人主动索取财物的，明显具有受贿的故意，在其收到财物时便是受贿既遂，即便事后及时退还或者上交的，依然成立受贿罪。

来源：《检察日报》2013 年 4 月 15 日

受贿违纪取证要点解析

受贿违纪是党和国家工作人员利用职务上的便利，索取他人财物，或者非法收受他人财物，为他人谋取利益的行为。在认定受贿违纪案件时，应重点审核行为人主体上是否具备党和国家工作人员身份，主观上是否有索要、非法收受他人财物的故意，客观上行为人是否具备职务上便利、是否收受或者索要他人财物，是否实施、实现为他人谋取利益或者承诺为他人谋取利益的行为。在取证过程中，在主体要件、主观要件、客观要件等方面，存在诸多疏漏，表现如下：

一、主体要件的疏漏

主体要件证据是指证明行为人符合违纪构成要件中的主体身份要求的证据。证明主体身份的证据主要有干部档案、任免文件，班子会议记录及其它能反映党、国家工作人员和以国家工作人员论的相关资料。党员身份容易界定，实践中较为困难的是国家工作人员和准国家工作人员的身份证明问题。如国家机关、国有公司、企业、事业单位、人民团体所出具的委任书、聘用书等；违纪主体的行政职级、职务证明材料；受国家机关、国有公司、企业、事业单位、人民团体委派从事公务的证明材料；与违纪主体职务有关的职权分工的规定；证明公司、企业属于国有性质的书证等，这些证据均可证明行为人符合违纪构成要件中的主体身份要求。

实践中，收集主体证据疏漏通常表现为调取主体要件证据不规范、不全面，缺乏充足的证明力，影响违纪案件的认定。有的违纪主体不是国家正式干部，档案或者干部履历表（简历）中反映不出来其主体身份，而只能通过任命文件来证明是被委托从事公务的人员，或其它依法从事公务人员。有的国有企业、事业单位管理不正规，档案资料不全面，无任命文件，只是通过班子会议研究任命其职务，这就要求调查人员调取领导班子会议记录，同时调取相关证人证言来加以辅助。办案实践中，有的办案人员在收集主体身份证据时，只调取了干部档案，而不调取任免文件，或者只调取了任免文件，而不调取干部档案；也有的仅调取某一段时间的主体证据而漏掉违纪行为发生时的主体证据，特别需要说明的是，在收集、审查、判断与运用上述证据过程中，应注意审查违纪主体担任某项职务、行使相应职权的时间，特别是这一段时间与行为人收受财物、为他人谋取利益的时间是否一致。如果行为人用"谋取利益在前，收受财物时已经退休"来辩解，还应查实其退休时间。

二、违纪主观要件的疏漏

违纪主观方面的证据，即能证明行为人具有索取、收受贿赂的故意以及利用职务便利为他人谋取利益的故意的证据。实践中，在收集、审查、判断和运用上述证据时，办案人员通常将取证的重点放在行为人是否有收受他人财物的故意，而对行为人是否利用职权为他人谋取利益的故意注意不够，以致行为人收受财物后以不作为形式为他人谋取利益的认定较为困难，因为行为人会辩称自己无"权钱交易"的故意，也没有承诺为他人谋取利益的故意和行为，所以调查人员应当调取行为人职权规定的证据以及行为人参加某一会议的"会议记录"，以此推定行为人具有受贿故意。

值得注意的是，行为人利用职务上的便利为请托人谋取利益，在其离退休后收受请托人财物的，如果认定为受贿，须有行为人利用职权为请托人谋取利益，并与请托人约定事后收受财物的证据。对事后收受财物的案件，调查疏漏表现为"是否约定""本人是否知情事后收受的小额财物中包藏巨大财物"重视不够；所以有的行为人会以"不知收受的香烟、茶叶中有金钱等贵重物品"作辩解，正确的做法是提取行贿人、受贿人双方约定的证据和行贿人、其他知情人送香烟、茶叶、贵重财物的详细经过以及行为人事后知道香烟、茶叶中含有金钱等贵重物品的证据。

三、违纪客观要件的疏漏

受贿违纪客观方面的证据主要包括三个方面：职务上便利方面的证据、索取或者收受他人财物方面的证据、为他人谋取利益或者承诺为他人谋取利益方面的证据。

职务上便利取证不到位，通常表现为证明行为人职责范围的制度规定、行为人利用职务行为的纪要、会议记录、批文等证据不调取。如在单位集资建房盖家属楼过程中，分管财务和后勤基建工作的副局长王某，收受开发商巨额财物，但调查组在取证过程中，未调取王某分管基建方面的会议纪要、党组分工文件等证据，从而无法得出王某利用职务之便受贿，故在案件审理中，须补充调查。

在证实行为人是否收受或者索要财物方面，调查取证存在的缺陷较多，突出表现为过于依赖口供，行为人收受财物的过程粗糙，甚至在收受、给予财物的时间、地点、财物包装和送钱次数、物品名称、品牌、价值等细节存在若干矛盾或者疑点，在有第三人或者行贿人占有财物的场合，行为人是否控制财物不清楚，以致认定行为人受贿较为困难。

受贿违纪客观要件取证不到位，还容易给行为人翻供留下可乘之机。如案件进入审理环节后，由"承认收受"变为"没有收受"；由"承认收受"变为"已经退还"；由"承认收受"变为"为他所用"，有的行为人在明知受贿事实无法改变的情况下，却在收受财物的用途、去向上做文章，辩解为替请托人办事花了或者用于公务支出，而没有占为己有；由"承认收受"变为"只收未受"，往往承认自己收到请托人的钱，但否认自己有占有此款的故意，辩称等合适的时机退还请托人或者上交组织；承认受贿但否认"为他人谋取利益"；承认收受财物，但这些财物系"投资分红"或者"劳动报酬"等。针对这些现象，调查人员应当紧紧围绕受贿违纪构成要件，扎实细致取证，夯实证据链条，不给行为人翻供留下可乘之机。

来源：《中国纪检监察报》2014 年 6 月 13 日

你问我答

问：如何理解"因行贿取得的违法所得归个人所有"？

答：行贿后取得的不正当利益，归单位所有的，是单位行贿；归个人所有的，是自然人行贿。因行贿取得的违法所得归单位所有后，单位决定将违法所得通过工资、奖金、福利、提成等分配方式转化为单位成员的报酬，仍应认定为单位行贿违纪，不能就此认为是"违法所得归个人所有"，从而认定成个人行贿。

问：如何区分个人行贿与单位行贿？

答：单位负责人既可能代表单位行贿，也可能为实现个人目的而以单位名义行贿。界定要点：（1）目的不同。自然人行贿是为了谋取个人不正当利益，单位行贿则是为单位谋取不正当利益。（2）利益归属不同。因行贿取得的违法所得归个人所有的，是自然人行贿；归单位所有的，是单位行贿。（3）实施的主体不同。单位行贿的主体是单位，而自然人行贿的主体是自然人。虽然单位行贿也是通过具体自然人实施的，但这是在单位意志的支配下实施的。（4）给付财物时名义及程序不同。单位行贿一般经单位集体研究决定，以单位的名义实施，而自然人行贿则是由个人决定，以个人的名义实施。

问：党和国家工作人员利用职务上的便利非法收受他人财物私自将财物用于公务支出的，是否影响受贿违纪的认定，处理时能否从轻处分？

答：党和国家工作人员利用职务上的便利非法收受他人财物私自将财物用于公务支出的，或者指定他人将财物送给其他人的，一般应认定受贿违纪，但应酌情从轻处罚。但下列几种情形，因行为人的受贿故意不能确定或难以认定，可将该部分财物从受贿数额中扣除：（1）行为人因难以推却、退还等原因而收受他人财物，随后将财物上交单位账户或放入小金库使用的；（2）行为人收受他人财物后，将财物用于公务支出时公开说明了财物的性质或来源的；（3）行为人收受他人财物后，在案发或被检举之前的一定期限内主动将财物退还行贿人的。

需要说明的是，认定行为人将所收受的财物用于公务支出，不予认定或从受贿总额中扣除，应从严掌握认定标准：

1. 证据的确实性，即有充分、确实的证据能印证行为人已将财物用于公务支出。

2. 用途的合法性，即公务用途本身应当是合法的，如果是将财物用于向他人行贿等违法犯罪活动的，不能认定将财物用于公务支出。

3. 公务支出行为的公开性，即行为人在将财物交公或用于公务支出之时，应当向本单位的有关工作人员说明财物的性质或来源。如果行为人私自将财物用于公务支出的，如以个人名义将所收受的财物用于扶贫助学等用途的，只能作为从宽处罚情节考虑，不能扣除。

在案件调查过程中，违纪主体有责任说明钱款用于公务活动的具体事项，或提供确实的单据；行为人提出了具体查证方向的，调查组应当予以调查核实。

来源：《中国纪检监察报》2014 年 4 月 25 日

受贿有关问题

某干部：如何认定以借款为名索取或者非法收受财物行为？

刘飞：有借有还，再借不难。可某些人却享有借了不还、再借仍不难的"特权"。在中央重拳惩治腐败的背景下，一些腐败分子"另辟蹊径"，一种以"借款"为表现形式的受贿方式应运而生。

这一受贿形式，是指党和国家工作人员或者其他从事公务的人员，利用职务上的便利，以借款为名向他人索取财物，或者非法收受财物为他人谋取利益的行为。因其穿着"借款"的马甲，在认定时容易使人产生迷惑，但只要把握权钱交易的实质，就不难辨别其是借款行为，还是以借款为名索取或者非法收受财物行为。

根据《全国法院审理经济犯罪案件工作座谈会纪要》，具体认定时，不能仅仅看是否有书面借款手续，应当根据以下因素综合判定：一是有无正当、合理的借款事由；二是款项的去向；三是行为双方平时关系如何、有无经济来往；四是出借方是否要求借款方利用职务上的便利为其谋取利益；五是借款方是否有归还的意思表示及行为；六是借款方是否有归还的能力；七是未归还的原因。

某干部：如何区分报酬型受贿与合理取酬？

刘飞：报酬型受贿是指党和国家工作人员或者其他从事公务的人员，利用职务上的便利，为他人谋取利益，要求或接受请托人以报酬形式给付贿赂的行为。而合理取酬是指行为人在国家政策和法律允许的范围内，利用自己的知识、技能或劳务，进行创作或提供服务，从而获得报酬的行为，其所获得的报酬是正当、合法的。

区分报酬型受贿与合理取酬行为的根本标准，在于党和国家工作人员或者其他从事公务的人员获得的报酬，究竟是基于权钱交易还是劳动付出。进一步讲，在报酬型受贿中，党和国家工作人员或者其他从事公务的人员之所以会从对方获得报酬，是因为他利用职务便利，为对方谋取了利益，这一行为的本质是权钱交易。而在合理取酬行为中，党和国家工作人员或者其他从事公务的人员之所以会从对方获得报酬，不是因为其利用职务上的便利为对方谋取利益，而是因为他利用自己的知识、技能或劳务，进行创作或提供服务，这一行为不具有权钱交易性质。

具体来说，正确区分报酬型受贿与合理取酬，可从以下三个方面把握：一是行为人是利用职务便利为他人谋取利益而收受财物还是利用个人知识、技能或劳务获取报酬；二是行为人是否确实从事了有关劳动；三是行为人接受的财物是否与提供的劳动等值。

来源：《中国纪检监察报》2014 年 3 月 7 日

司法实务

对轻微殴打致死从三点把握定性

实践中，对于拳打脚踢等轻微殴打导致被害人摔倒磕碰死亡或者血友病、白血病、冠心病等原有病症发作死亡的行为如何处理，存在很多争议，如有的认定为过失致人死亡罪，有的认定为无罪，还有的认定为故意伤害罪（致死）。笔者认为，可从三个角度予以认定：

一、伤害行为的界定

《刑法》第 234 条第 2 款将故意伤害致人死亡的法定刑规定为十年以上有期徒刑、无期徒刑或者死刑，从立法本意看，要求行为人所实施的伤害行为是一种严重的暴力行为。对于实施轻微暴力而由于其他因素介入致人死亡的情形，不宜简单地认定为严重暴力行为。

二、刑事责任的认定

轻微暴力行为与死亡结果是否存在刑法因果关系，是否应当承担刑事责任，实践中争议较大。笔者认为，应当着重把握两点：行为人的轻微暴力行为通常是被害人死亡的诱因，二者之间在一定程度上具有刑法上的因果关系，这是行为人对于被害人死亡的结果承担刑事责任的客观基础。但是，具有刑法上因果关系，并不意味着一定要承担刑事责任，还要考察行为人实施轻微暴力时对被害人体质的知情程度，是否具有主观上的过错，行为人主观意图、被害人个体情况（老人或幼童等）、行为人的注意义务以及外部环境和可谴责性程度高低等。在行为人主观过错较小、只是由于被害人体质异常等原因导致死亡的情形下，通常认定行为人不负预见并避免被害人死亡的义务，应当排除故意伤害罪（致死）的成立。

三、适当兼顾公众接受程度

对轻微暴力致特殊体质人死亡的认定，不能违背刑法分则的解释原理，无视公众的接受程度。司法人员在认定故意伤害罪（致死）条款时应当从严掌握，严格限制结果加重犯的成立范围，尽力避免将主客观两方面均属轻微，只是由于介入其他因素才导致死亡结果发生的行为认定为犯罪。

来源：《检察日报》2013 年 1 月 4 日

赃物犯罪加重处罚若干情形的认定

刑法理论上所说的赃物犯罪亦即掩饰、隐瞒犯罪所得、犯罪所得收益罪。我国《刑法》第 312 条第 1 款规定："明知是犯罪所得及其产生的收益而予以窝藏、转移、收购、代为销售或者以其他方法掩饰、隐瞒的，处三年以下有期徒刑、拘役或者管制，并处或者单处罚金；情节严重的，处三年以上七年以下有期徒刑，并处罚金。"问题是"情节严重"的具体含义不明确，缺乏相应的立法和司法解释，刑法理论对此研究较少，司法人员认识分歧，相同或相似行为的定罪及量刑差别较大，导致赃物犯罪的构成要件难以发挥区分罪与非罪、基本犯与加重犯的功能，故有必要对"情节严重"作出正确的解释。下列问题值得研究：

第一，能否将赃物犯罪的累犯作为本罪的情节加重犯？笔者认为不能。因为量刑上的从重处罚与量刑上的加重处罚含义不同，前者是在既定的法定刑幅度范围内偏重处罚，后者是在既定的法定刑上升一格处刑。根据《刑法》第 65 条的规定，累犯从重处罚，赃物犯罪的累犯只能在"三年以下有期徒刑、拘役或者管制"的法定刑幅度内从重处罚，主张将赃物犯罪的累犯作为本罪的情节加重犯违反了刑法总则的规定。

第二，如何厘清本罪情节加重犯与洗钱罪的关系？从洗钱罪的法定刑可看出，洗钱罪属于重罪；鉴于洗钱罪是作为掩饰、隐瞒犯罪所得、犯罪所得收益罪的一种特别规定而分离出来的，所以掩饰、隐瞒犯罪所得、犯罪所得收益罪情节加重犯的上游犯罪与洗钱罪的上游犯罪的法定刑与危害性大体相当。据此，可考虑将抢劫、绑架以及具备加重处罚情节的敲诈勒索等严重犯罪作为本罪情节加重犯的上游犯罪，对明知是这些严重犯罪的所得，协助进行转移、转换或者以其他方式掩饰、隐瞒其性质和来源的行为，确定为本罪的情节加重犯。

第三，能否将掩饰、隐瞒犯罪所得数额特别巨大作为本罪的情节加重犯？对此，笔者认为原则上可以，但也有例外。如明知是盗窃的机动车而收购，价值达百万元之巨，完全可以作为本罪的情节加重犯。因为在盗窃数额特别巨大的场合，其法定刑一般为十年以上有期徒刑或者无期徒刑，正因为掩饰、隐瞒犯罪所得行为在相当程度上助长、诱发财产犯罪，所以对掩饰、隐瞒犯罪所得数额特别巨大的应作为本罪的情节加重犯。在这方面，日本《刑法》值得借鉴。日本《刑法》第256条第2款规定，搬运、保管或有偿受让盗窃赃物或其他相当于财产犯罪的行为所领得之物的，或者就该物的有偿处分进行斡旋的，处以十年以下有期徒刑，并处50万日元以下的罚金。赃物犯罪的处罚较盗窃、诈骗、敲诈勒索罪等财产犯罪还要重，是因为考虑到赃物犯罪是营利犯，赃物犯罪人实施保管、销赃等事后帮助行为，在制度上助长、诱发财产犯罪，具有本犯助长性特性和利益参与性特性，因而更有必要从类型上加以预防。作为例外的是，买赃自用，具备数额巨大等"情节严重"情形时，构成赃物犯罪的基本犯，而不是赃物犯罪的情节加重犯；因为刑法理论一致认为，少量买赃自用的行为，不以收购赃物罪论处。

第四，能否将多次掩饰、隐瞒犯罪所得、犯罪所得收益的行为认定为本罪的情节加重犯？或者认定为连续犯"从重处罚"？笔者认为，这两种观点均有绝对化之嫌，事实上"多次掩饰、隐瞒犯罪所得、犯罪所得收益的"是认定为连续犯择一罪从重处罚还是认定为本罪的情节加重犯，须遵守罪责刑相适应的原则，视具体情况而定：若掩饰、隐瞒犯罪所得、犯罪所得收益罪的上游犯罪是一般盗窃等轻罪，明知是盗窃犯罪所得而掩饰、隐瞒的，即使收购赃物次数众多，也不宜将其作为本罪的情节加重犯；但是如果掩饰、隐瞒犯罪所得、犯罪所得收益罪的上游犯罪是抢劫等重罪，明知是抢劫犯罪所得而掩饰、隐瞒，且收购赃物次数众多的，则宜将其作为本罪的情节加重犯。理由是多次掩饰、隐瞒犯罪所得的情形属于同种数罪，根据我国刑法理论的通说，对于同种数罪，原则上不数罪并罚（如多次贪污的，累计贪污数额，以一个贪污罪定罪处罚即可），但是也有例外，如果以一个罪定罪量刑无法做到罪刑相适应，也可考虑数罪并罚或作为情节加重犯处理［如刑法对多次抢劫、聚众斗殴、组织他人偷越国（边）境的、运送他人偷越国（边）境的、盗掘古文化遗址、古墓葬的、强迫他人卖淫的，均作为情节加重犯处理］。因此，对多次掩饰、隐瞒严重犯罪所得的，累计犯罪数额，无法做到罪刑相适应，应将其评价为本罪的情节加重犯。

第五，对掩饰、隐瞒的犯罪所得明知是来源于残疾人、孤寡老人或者丧失劳动能力的人的财物的情形，能否认定为本罪的情节加重犯？笔者认为，与掩饰、隐瞒的犯罪所得来源于正常人的财物相比，从被侵害的法益客观性角度审视，两者无质的不同和量的差异，只是前者折射出行为人的主观恶性更大，因此从刑法的任务和目的角度出发，将此情形规定为从重处罚即可，没有必要规定为加重处罚情节。

总之，本罪情节加重犯的认定须全面综合考虑掩饰、隐瞒犯罪所得、犯罪所得收益行为的时间、空间、对象、方式、次数、人数、数额、行为人的身份、动机、目的、侵犯法益大小等。

综上所述，具备下列情节之一的，可界定为赃物犯罪的"情节严重"：（1）掩饰、隐瞒犯罪所得，严重妨害司法机关对重罪追诉的；（2）明知是严重犯罪所得而掩饰、隐瞒，次数众多的；（3）明知犯罪所得是救灾、抢险、防汛、优抚、扶贫、移民、救济、医疗款物而掩饰、隐瞒，造成严重后果的；（4）掩饰、隐瞒犯罪所得数额特别巨大的（买赃自用的除外）；（5）具有其他严重情节的。

来源：《检察日报》2009 年 2 月 10 日

赃物犯罪不应一律以前罪构成犯罪为前提

刑法理论上所说的赃物犯罪亦即《刑法》第 312 条规定的掩饰、隐瞒犯罪所得、犯罪所得收益罪。关于"犯罪"所得的界定，刑法理论和司法实务均有较大的争议：一种观点认为，这里的"犯罪"应限于法律规定的具备犯罪构成的犯罪，所以，没有达到刑事责任年龄或没有刑事责任能力的人违法所得的财物不是犯罪所得；另一种观点认为，"本犯"之"犯罪"，只要在刑法调整范围内即可，行为人不一定需要达到刑事责任年龄或具有刑事责任能力，因此，欠缺刑事责任能力的人实施违法行为所得之物，也应视为赃物，因犯罪但具备处罚阻却事由而未实际受到处罚之行为所得之物，亦是赃物。事实上，这两个问题可归结为一个问题即赃物犯罪是否应以前罪成立为要件？并且可以分解为以下两个方面：一是没有达到刑事责任年龄或没有刑事责任能力的人违法所得的财物是否是赃物？二是尚未构成犯罪的违法行为所得的财物是否是赃物？

笔者认为，解决上述问题应联系赃物犯罪侵害或保护的法益进行，我国刑法将赃物犯罪归入妨害社会管理秩序类罪（妨害司法罪）。据此，赃物犯罪的成立应以妨害司法为基准：

首先，从行为的社会危害性来看，掩饰、隐瞒犯罪所得罪侵犯的法益是司法机关对刑事犯罪的侦破、揭露和惩罚等正常活动。如果本犯不构成犯罪，那么掩饰、隐瞒犯罪所得行为的社会危害性相对就小，进一步说就是法益受到侵犯的程度小，也就没有必要按照犯罪来处理。对未满 16 周岁的未成年人或精神病人窃取的数额较大的财物，予以窝藏、转移、收购、销售的行为就不能构成掩饰、隐瞒犯罪所得罪。因为未满 16 周岁的未成年人或精神病人不符合盗窃罪构成的主体要件，盗窃罪不成立，所以赃物犯罪也不能成立。

其次，从法条"明知是犯罪所得的赃物而予以窝藏、转移、收购或者代为销售的"规定来看，掩饰、隐瞒犯罪所得罪是依附于原罪而成立的犯罪，如果前罪不构成犯罪，则收购赃物犯罪也不能成立。

最后，作上述界定有利于对尚未构成犯罪的违法行为所得的财物是否是赃物难题坚持前后立场的一致性。由此可见，赃物犯罪的成立原则上是以前罪的成立为前提的。但是，也有例外：在司法机关对赃物犯罪的前罪进行刑事侦查等追诉活动时，若行为人实施窝藏、转移、收购或者代为销售违法所得等妨害侦查的行为，侵犯了司法机关的正常活动，则可对行为人以赃物犯罪论处。因为只有先侦查，才能确定盗窃行为是何人所为，是否构成犯罪。比如未成年人母亲在侦查机关进行侦查时窝藏"赃物"，则妨害了司法机关的侦查活动，宜定罪处罚。如果窝藏、转移、收购或者代为销售的赃物，是他人违法所得，案件事实清楚，不需要司法机关对违法行为进行刑事侦查、起诉、审判等正常活动，那么也就谈不上行为人的掩饰、隐瞒行为侵犯了司法机关的追诉活动，当然也就不构成赃物犯罪。

总之，笔者认为，本犯与赃物犯罪之间的关系是原则上以前罪（原罪）为成立要件，没有前者就没有后者；但也存在例外，如前罪事实不清，需要用"赃物"来查证前罪，在这种情况下实施的妨害司法机关对前罪的查处追诉行为，就有可能成立赃物犯罪，从这个意义上讲，赃物犯罪又有其自身的独立性。

来源：《检察日报》2009 年 1 月 20 日

作出减刑裁定前听听罪犯本人意见

　　减刑制度是保障罪犯人权的重要途径和程序。为更好地发挥减刑制度改造罪犯的功效，笔者建议，从以下方面完善减刑程序。

　　赋予罪犯本人减刑程序的参与权和救济权。在书面审理减刑案件时，罪犯一般不参与进来，这不利于体现对其主体性的应有尊重。与裁判结果有关的人应当有权参与到裁判的制作过程中来，这是程序正义的基本要求。法院对减刑建议文书的审查直接涉及罪犯本人实际执行的刑期是否会被缩短，涉及其在已经执行的刑罚中的悔改或立功表现是否会得到法院的认可，因此法院在审查罪犯本人是否符合减刑条件时，应听取罪犯本人的意见，尤其是在可能作出对罪犯本人不利的裁判时，更应听取罪犯本人的申辩。只有这样，才能体现对罪犯本人作为程序主体的应有尊重。笔者建议，赋予罪犯申辩权和申请复议权，即罪犯有权参与到减刑程序中，法官应当听取罪犯的合理申辩；罪犯对减刑裁定如果不服，可以自收到减刑裁定书后一定期限内向检察院或者作出减刑裁定的法院申诉。

　　为减刑裁定生效日期设置缓冲期。司法实践中，法院在减刑裁定文书末尾写明减刑裁定生效日期即"送达后即发生法律效力"。根据《最高人民法院关于办理减刑、假释案件具体应用法律若干问题的规定》（下称《减刑、假释规定》）第28条，法院应当在裁定作出之日起7日内将减刑裁定送达有关执行机关、检察院以及罪犯本人。实践中，减刑裁定一般先于检察院送达刑罚执行机关以及罪犯本人，且送达到即生效。虽然立法要求检察机关在收到裁定书副本后20日以内向法院提出书面纠正意见，但这是对检察机关行使监督权期限的限制，即在法定期限内提出书面纠正意见，超出此期限，法院可以此为由不受理；检察机关在收到裁定书副本后20日以内，是否向法院提出书面纠正意见，并不影响减刑裁定的生效。为充分保障检察机关法律监督的有效性，从维护刑罚变更执行的司法公正角度出发，宜将减刑裁定生效日期设置缓冲期，可考虑检察院收到减刑裁定书副本后 20 日内未提出书面纠正意见，减刑裁定才发生法律效力。

来源：《检察日报》2013 年 10 月 28 日

一审宣判无罪宜变更强制措施

现行《刑事诉讼法》第 209 条规定："第一审人民法院判决被告人无罪、免除刑事处罚的，如果被告人在押，在宣判后应当立即释放。"从维护被告人合法权益的角度考虑，既然一审已经判决被告人无罪、免除刑事处罚，如果再继续对其关押，就有故意侵犯其合法权益的嫌疑，对此笔者深表赞同。

但是，司法实践中，被告人一审被判处无罪或免除刑事处罚后，在押被告人得以获释，如果人民检察院根据事实和证据提起抗诉引起第二审程序，第二审人民法院开庭审理时，被一审法院释放的被告人已不知去向或不能到庭，法庭就此只能裁定中止审理，以致案件久拖不决。据此，甚至有人认为第 209 条存在着重大立法缺陷，刑事判决和裁定在发生法律效力之前是不应被执行的。

笔者认为，一审法院宣告被告人无罪或免除刑罚后，立即释放在押被告人是刑事诉讼法一项特殊规定，而不是对未生效判决或裁定的执行。同时，第 209 条仅规定立即释放在押被告人，如果被告人不是在押，而是被取保候审或监视居住，法律并没有要求解除强制措施，为的是保障刑事诉讼的（可能）继续进行、检察机关抗诉权的有效行使和二审终审制的实现。第 209 条的立法本意是变更强制措施，而非执行刑罚。

一、国外对这一问题的处理模式及其启示

《法国刑事诉讼法》第 367 条规定：如果被告人被免除刑罚或宣布无罪，而没有因其他缘故被拘留，应立即予以释放。欧盟成员国如比利时、希腊等国家也有类似的规定，即被宣告无罪的被告人如在押，立即释放。《日本刑事

诉讼法》第 345 条规定，经告知无罪、免诉、免除刑罚、缓刑、公诉不受理、罚金或者罚款的裁判时，羁押证丧失其效力。当然，英美法系的英国与美国也是如此。在美国，如果被判为无罪，法官将宣布被告无罪释放，被告就可以去监狱收拾东西回家。有人研究发现这些国家对此问题的处理有三点值得借鉴：其一是宣告免除刑罚或无罪的人实行立即释放；其二是均在一审程序中规定，而不是在执行程序中规定，其三是均将这种立即释放视为变更强制措施。因为在无罪推定原则之下，未决羁押本身就具有非自然的正当性，只是为了公共利益（姑且如是说），才以牺牲公民的人身自由的基本权利为条件的，故未决羁押本身也就需要谦抑性，而非扩张。同时由于被告人还是无罪之身，不是非羁押不可时，就要尽快恢复人身自由或变羁押为非羁押，这是无罪推定本身的内在要求。

二、问题之解决

一方面，根据国际通行规则，一审判决被判处被告人无罪或免除刑事处罚后，须立即释放在押被告人；另一方面，如遇抗诉情形，法院开庭时，被一审法院释放的被告人有可能不知去向或不能到庭，致使出现无法保障检察机关抗诉权的有效行使和二审终审制的实现等弊端。因此，解决方案的提出应遵循以下原则：其一，须能有效地保障刑事诉讼的进行；其二，满足无罪推定原则之下保障被告人的合法权益的要求；其三，较好地实现国家公权力与公民私权利之间的平衡，在避免错误关押与避免破坏诉讼程序、诉讼制度之间寻求合理的平衡点；其四，遵守国际公约，借鉴国际通行做法，遵守无罪推定原则；其五，维护现行刑事诉讼法律体系的稳定性和整体和谐性，方案设计须符合国情。

笔者认为，我国《刑事诉讼法》第 209 条规定的"立即释放在押被告人"在性质上应认定为变更强制措施。据此，提出如下变通方案：将第 209 条规定的内容体现在《刑事诉讼法》中的一审程序中（而非放在执行程序中规定），对该条规定增加适当的限制条件："第一审人民法院判决被告人无罪、免除刑事处罚的，如果被告人在押，在宣判后应当立即释放；在判决生效前，人民法院可以依照本法第六章的规定对被告人采取取保候审或者监视居住。"

如此规定还可以与最高人民法院《关于执行〈中华人民共和国刑事诉讼

法〉若干问题的解释》第81条规定相协调："对已经逮捕的被告人，第一审人民法院判处管制或者宣告缓刑以及单独适用附加刑，判决尚未发生法律效力的，人民法院应当变更强制措施或者释放。"

来源：《检察日报》2007年12月4日

拒不执行判决、裁定罪主体包括刑事被告人

　　《刑法》第313条规定了"拒不执行判决、裁定罪"，对该罪中的判决、裁定是否包括刑事判决，本罪的主体是否包括刑事案件被告人，学界讨论不多，但基本上有肯定说和否定说两种观点。笔者认为，"拒不执行判决、裁定罪犯罪"主体包括刑事案件被告人。理由如下：

　　1. 对被人民法院并处或单处罚金的犯罪人，其有能力执行人民法院生效判决、裁定，而采取隐藏、转移、故意毁损财产、以明显不合理的低价转让财产等手段，致使判决、裁定无法执行的行为，符合该罪犯罪构成要件，应成立拒不执行判决、裁定罪。

　　2. 《全国人民代表大会常务委员会关于〈中华人民共和国刑法〉第三百一十三条的解释》（以下简称人大常委会《解释》）就《刑法》第313条规定的"有能力执行而拒不执行，情节严重"列举出五种情形。笔者认为有两点值得注意：（1）被执行人隐藏、转移、故意毁损财产或者无偿转让财产、以明显不合理的低价转让财产，致使判决、裁定无法执行的。这里的被执行人，1998年4月8日最高人民法院《关于审理拒不执行判决、裁定案件具体应用法律若干问题的解释》与人大常委会《解释》都没有明确限定为民事、行政判决裁定中的当事人，因而刑事附带民事判决、并处或单处罚金的被告人均可成为被执行人。（2）由于司法实践的复杂性，立法者和解释者无法预测生活的方方面面，为防止其解释存在缺陷或漏洞，又在第5项规定一个兜底条款"其他有执行能力而拒不执行，情节严重的情形"。

　　3. 刑事判决中的被执行人与民事、行政案件中的被执行人拒不执行生效判决、裁定，情节严重的行为，均具有共同或相同的社会危害性，都严重侵害国家的司法权威，妨碍对生效判决裁定所确定内容的正常执行。对刑事案

件被告人以此罪追究其刑事责任，并没有超出国民预测可能性，与罪刑法定原则并不违背。

4. 认为本罪的犯罪主体不包括刑事案件被告人，笔者认为是因为持此观点之人的思维未能保持开放性：在解释具体犯罪的构成要件时，习惯于将自己熟悉的事实视为应当的事实，进而认为刑法规范所描述的事实就是自己熟悉的事实。例如，当人们熟悉了秘密窃取财物的盗窃行为之后，便习惯于认为盗窃罪的构成要件不包括公开盗窃的情形。

来源：《检察日报》2007 年 11 月 8 日

明确重点　提高死刑复核监督实效

对死刑复核监督权的行使，《刑事诉讼法》缺少具体可操作性的程序规定，笔者认为应根据《宪法》以及诉讼规律来完善有关规定。根据 2007 年 2 月 28 日最高人民法院《关于复核死刑案件若干问题的规定》，最高人民法院复核死刑案件，应当作出核准的裁定、判决，或者作出不予核准的裁定。据此最高人民检察院行使死刑复核监督权的内容也包括两种：一种情形是对应当核准死刑而不予核准的监督；另一种情形是对不应当核准死刑而予以核准的监督。考虑到死刑案件的数量，要求最高人民检察院对所有的死刑案件予以监督并不现实，因而明确监督重点、赋予省级检察机关的提请监督义务和当事人及律师提请监督权对提高监督实效至关重要。

第一，明确死刑复核监督重点。最高人民检察院死刑复核监督时认为发现的新事实或新证据足以表明不应判处死刑立即执行的，或者对被告人判处死刑立即执行事实不清、证据不足的，或者最高人民检察院认为之前的刑事诉讼程序严重违法的，或者适用法律错误，或者量刑不当，应当改判的；之前被告人提交新证据未被采信的，或者有重大立功表现未被认定的，这些情形属于死刑复核监督的重点关注对象，死刑复核监督时应重点关注辩护意见被采纳的程度以及未被采纳的原因。此外，对媒体和社会舆论广泛关注的案件，检察机关在行使死刑复核监督权时也应重点关注。

第二，明确省级检察机关有义务提请监督。对属于上述列举的重点情形，省级检察机关应当在一定期限内（如收到同级人民法院判决书 30 日内）以书面形式提请最高人民检察院予以监督。来自省级检察机关的提请监督是最高人民检察院死刑复核监督的主要来源。各省级检察机关提请最高人民检察院监督时，应当一案一报。报送的材料应当包括：提请监督的报告、一审和二审判决书，诉讼案卷和证据复印件等相关材料。为保证最高检察机关行使死刑复核监督权的质量，建议法律明确死刑复核监督人员的组成，即最高人民检察院死刑复核监督时，应当由两名检察员进行。

第三，赋予当事人和律师提请监督权。最高人民检察院死刑复核监督除来自省级检察机关的提请监督外，还应在一定范围内赋予当事人、律师的提请监督权。如对有一定证据证明遭受刑讯逼供而作有罪供述的被告人的提请以及对类似案件没有类似处理、量刑畸重的，赋予被害人及其近亲属以提请权。其有权利在收到二审判决文书后的一定期限内（比如30日内）以书面形式提请最高人民检察院在行使死刑复核监督权时予以重点关注。鉴于律师在整个刑事诉讼程序中的重要作用，考虑到死刑复核程序的慎重和死刑复核监督程序的本质在于保证死刑判决的公正性，还有必要允许律师以适当的方式提请最高人民检察院进行死刑复核监督，发挥专业律师在死刑复核中的积极作用，使被告人的辩护意见得到进一步表达，最终实现最高检察机关行使死刑复核监督权的合理性，确保不枉不纵。

来源：《检察日报》2009 年 1 月 4 日

单位犯罪可以成立自首

单位犯罪能否成立自首，对此有不同的认识。笔者对此持肯定看法：

1. 法人是有意识和有意志的，法人的决策机构是法人产生意识、表示意志的中枢神经。法人决策机构作出的一切决定，都是法人的意志，无论是遵守法人章程还是超越法人章程，都表达或体现着法人的意志，自首也是法人意志的体现。法人是超个人的社会人格化的主体，具有其独特的认识和意志能力，尽管这种认识与意志的完成有赖于法人内部的自然人，但我们仍然须认识到：法人内部决策人员的思想、观念、追求和欲望等上升到法人意识后，就不再是自然人个人的意识，而是法人对社会的能动反映。

2. 单位自首是单位犯罪以后的一种积极行为，它表明自首的单位已认识到自己行为的违法性和应受惩罚性，从而认识到自己的犯罪行为与现行法律秩序是相对立的。正是基于这种认识，自首的单位得以产生了一种主动提请司法机关追诉所犯罪行的心理。刑法没有将自首的主体（犯罪嫌疑人、被告人）限定为自然人，也没有否定、排斥单位自首的存在，所以认为单位犯罪后不能自首的观点不能成立。

3. 相对自然人犯罪，单位犯罪被举报、被发现的概率偏低，承认单位自首，对具有自首情节的犯罪单位，依照法律从轻处罚，有利于鼓励犯罪单位自首，有利于侦查部门及时获取相关证据。

4. 从自首成立条件看单位犯罪可成立自首。成立自首主观上要求单位必须具有积极的投案意思表示。单位犯罪后，其法定代表人或其他直接责任人无论出于何种原因，产生自首投案的意思（意图），把这种意思通过一定的方式（集体研究决定）上升为单位意志，再由单位向有关机关投案，从而实现自己自动投案的意图。

成立自首客观上要求单位有自动投案，有如实供述自己罪行的实际行动。单位的投案是先由其决策机构作出决定，再向有关机关投案。客观要件一般在司法实践中有两种形式：一是法定代表人自动投案，二是单位向司法机关或其他单位投送加盖公章、承认其犯罪的书面材料。

来源：《检察日报》2003 年 4 月 25 日

量刑时如何把握自首情节

我国《刑法》第 67 条第 1 款规定："犯罪以后自动投案，如实供述自己的罪刑的是自首。对于自首的犯罪分子，可以从轻或者减轻处罚。其中，犯罪较轻的，可以免除处罚。"对自首的犯罪人是从轻还是减轻处罚，由法院酌情决定。那么人民法院该如何裁量呢？笔者认为，具体情况要着重看犯罪人的犯罪情节、自首情节，同时兼顾自首的功利性、自首的本质。

首先，从犯罪情节上讲，主要包括行为的客观危害性和行为人的人身危险性两个方面的内容。具体有被告人的基本情况（尤其是犯罪人的责任能力、一贯表现），犯罪的主观原因、客观原因，犯罪的准备过程、实施过程，犯罪的直接和间接损害后果，罪过的形态，社会影响，行为人归案后情况以及认罪态度等。

其次，应正确认识自首情节的外延。笔者认为，自首的外延包括自首的动机（是否基于悔罪而自首，若是，那么悔罪的程度如何：悔罪程度大的，从宽幅度就大；悔罪程度小的，从宽幅度就小）、自首的时间（是在被发觉前还是被发觉后，自首时间不同，反映犯罪人对其犯罪行为的悔悟程度不同）、自首的方式（是基于自己良心发现还是在他人劝说甚至强制下投案的）。只有全面分析自首情节才能得出正确结论。

再次，从自首设立的根据上看，一方面基于犯罪人人身危险性减小，另一方面还有鼓励犯罪人主动投案、节约司法成本为顺利进行侦查起诉审判提供便利的功利性。为此应注意到，一方面从自首的根据上看，要求对犯罪人从轻处罚，但是另一方面自首制度与报应还是有一定联系的，即须受到报应的制约。

最后，从自首的本质看，自首的本质内容是自动交付或者提请司法机关追诉（当然也有人认为自首的本质是悔罪。虽然在大多数情况下，自首都可以看作是悔罪的表征，但也不尽然，有的犯罪人投案且坦白交代，但无悔罪表现仍然成立自首）。自首的本质不要求悔罪，只要自首一般情况下就对犯罪人从轻处罚。

由于我国刑法对自首规定的是相对从宽处罚原则即"可以"从轻或者减轻处罚，因此在一般情况下要对犯罪后自首的予以从轻处罚或者减轻处罚。如果犯罪分子行为后果极其严重，虽然具有自首情节，但若将自首情节放到整个犯罪情节中考察，不足以成为犯罪分子从轻根据的，则不从轻。笔者认为，量刑时如何考虑自首情节，即是否据其作出从轻处理，取决于法官对上述所有因素的全面把握和正确运用。

来源：《检察日报》2005 年 6 月 8 日

刑法中"威胁"应根据不同情形把握

刑法用语具有相对性，不同条文中的同一用语含义并不相同。如我国《刑法》中规定了许多以威胁方式实施的犯罪，如以胁迫的方式强迫交易的，成立强迫交易罪；以暴力威胁的方式当场取得被害人财物的，成立抢劫罪；以胁迫手段奸淫妇女的，成立强奸罪；以恶害威胁取得数额较大的财物，成立敲诈勒索罪等。由此可见不同条文中的威胁（胁迫）含义并不相同，司法人员在处理威胁犯罪时也很容易产生分歧，因此，准确理解和把握威胁、胁迫用语含义具有重要的理论意义和司法实践意义。

一、对以自杀等损害自己利益的方式相威胁，是否属于刑法中的"威胁"？

刑法理论通说认为，"胁迫"是指以剥夺他人生命、损害他人健康、揭发他人隐私、毁损他人财物等对行为人进行精神上的强制，据此，对以自杀等损害自己利益方式相威胁似乎很难认定为刑法中"胁迫"；但是以自杀等损害自己利益的方式相威胁能否认定为刑法中"威胁"须视威胁行为触犯的具体法益而定，如以自杀等方式仅损害自己利益的威胁，原则上不成立犯罪；但是如果在损害自己利益的同时，又损害国家和社会公共利益的，则可能成立相应的犯罪。如以引爆爆炸物与执法人员同归于尽的方式自杀威胁的，可能会给依法执行公务的国家工作人员以精神上的恐惧与紧张甚至精神强制，情节严重的，可构成妨害公务罪。

二、犯意表示是否属于刑法中的"威胁"？

犯意表示是在实施犯罪活动以前，把自己的犯罪意图通过口头或者书面的形式流露出来，如扬言杀人、放火等。笔者认为，犯意表示本质上属于表达威胁的行为，是行为人在"威胁他人"这个故意支配下的身体行为，是威胁行为的组成部分，只是刑法对这种威胁不予处罚。值得注意的是，表达威胁的行为在特定的情况下，也可能直接侵犯某个具体的法益，满足特定个罪的构成要件，因而具有了独立的评价意义。如扬言要给某超市食品中投放毒品来威胁超市，成立编造虚假恐怖信息罪。

三、如何判断威胁的程度？

每个人的心理承受能力是有差异的：对来自同一个人同样的威胁，不同的人反应是不同的，对有的人起到了精神强制作用，对有的人可能就起不到强制作用。所以需要对威胁的程度进行具体的考察，如具体考察威胁行为的强度、时间、空间、威胁对象、威胁行为的情势及样态等方面而作具体的判断是否具有使对方产生精神上的强制或恐惧的现实可能性。

四、以真实的恶害告发进行威胁的，如何定性？

笔者认为须视恶害的内容和威胁的对象及侵犯的法益而定：如以真实的炸弹爆炸的方式威胁勒索财物的，如果在侵犯公私财产权的同时，危害公共安全的，则构成爆炸罪与敲诈勒索罪的牵连犯，择一重罪处罚即可；如以揭发他人隐私相威胁勒索财物的，若揭发他人隐私，情节严重的，构成侮辱罪与敲诈勒索罪的牵连犯；值得研究的是，执行公务的人员收受相对人财物后，仍须依法执行公务，相对人以举报其受贿相威胁，致使公务人员不敢再继续执行公务的，是否成立妨害公务罪？笔者认为举报公职人员受贿是相对人的权利，尽管行为人欲依此达到阻碍公务人员执行公务的目的，但这种恶害只对收受贿赂的公务人员有一定的精神压力，对未收受公务的人员来说，不会产生精神压力，不影响公务的继续执行，故不成立妨害公务罪。

来源：《检察日报》2010 年 12 月 29 日

《刑法修正案（七）》绑架罪"情节较轻"如何认定

　　《刑法修正案（七）》在绑架罪的刑罚设置上增加了法定减轻情节，对情节较轻的，处五年以上十年以下有期徒刑，并处罚金。笔者认为，绑架罪法定刑的修正和改进，体现了宽严相济的刑事政策，使得刑法对绑架罪的惩治是重中有轻、严中有宽，与罪刑相适应的基本原则一脉相承。但由于司法实践中法律和司法解释还没有对"情节较轻"的范围和具体情形作出明确具体的规定，一般只能由司法人员根据案件本身情况予以灵活掌握。

　　笔者认为，对于绑架罪"情节较轻"下列问题值得研究：

　　疑问一： "情节较轻"中的"情节"究竟是指构成绑架犯罪主客观要件的基本事实，还是指基本事实以外能够影响绑架行为危害程度的犯罪事实？笔者认为应是兼而有之，且以构成基本事实的情节为主。前者如绑架的暴力程度较轻，绑架行为未造成现实的后果；后者如绑架的手段较为平和，实施绑架犯罪的动机不属特别恶劣范畴（一般情况下，绑架犯罪的动机都是不良的，但却有程度的差异），未将老、弱、病、残、孕妇等特殊对象作为人质，主动归案，积极认罪、悔罪态度明显等。

　　疑问二： 绑架人质过程中，对人质实施殴打、侮辱情节的，整个犯罪情节还能否认定为"情节较轻"？笔者认为，如果行为人仅对人质实施轻微殴打，未对人质造成严重人身伤害的，整个犯罪情节仍可认定为"情节较轻"；对人质实施侮辱的，能否认定为"情节较轻"须视具体情况而定：如以向人质口中塞粪等恶劣的手段侮辱人质的，就不能认定"情节较轻"，一般的侮辱行为，且未对人质实施殴打的，可视为"情节较轻"。

　　疑问三： 一个绑架犯罪案件存在多种法定或酌定的量刑情节如何处理？在这些情节中，既可能都是从宽处罚情节，也可能都是从严处罚情节，还可能是既有从宽从轻情节，又有从严从重情节，两种逆向情节并存。在从重（加重）、从轻（减轻）情节并存时，整个绑架犯罪还能否认定"情节较轻"？笔者认为，应从情节在整个犯罪中所处的地位、犯罪的社会危害性以及犯罪人的人身危险性等诸多因素综合评价，也可能得出"情节较轻"的结论。但若具有下列从重处罚或加重处罚情节之一的，即便具有自首、立功等法定从轻处罚情节，也不宜评价为"情节较轻"：绑架集团的首要分子；多次绑架或者绑架多人；致使被绑架人重伤、死亡或者杀害被绑架人；强奸被绑架的妇女或者奸淫被绑架的幼女；绑架勒索数额巨大；持枪绑架或冒充军警人员绑架；绑架行为给国家利益造成严重损害的或造成恶劣影响；绑架行为致使被绑架人以外的人重伤、死亡或者造成其他严重后果。

疑问四：索债型绑架案件能否认定为本罪中的情节较轻？这里面有两个问题值得研究：一是虽然存在债权债务关系，行为人（债权人）通过控制和支配债务人（人质），要求债务人的利害关系人还债，但其主张远远超出了债权债务范围，此种情况下刑法理论一般认为应成立绑架罪，若未对债务人（人质）实施殴打等情节，可认定为"情节较轻"；二是为索取债务而将与债务人没有共同财产关系和没有人身关系的第三人（如情人）作为人质的，应成立绑架罪，但是否属于"情节较轻"宜根据行为人绑架人质的手段、方法、对待人质态度、是否主动释放人质、是否自首等众多情节综合判断，不宜简单地评价为"情节较轻"。

疑问五：绑架罪的基本构造是否会影响本罪情节较轻的认定？关于绑架罪的基本构造，刑法理论争议较大：一些学者认为，绑架罪侵犯的是单一客体，只要行为人绑架并实际控制他人人身的，就构成本罪既遂。绑架罪要保护的法益是人质在生活场所的安全与行动自由以及身体安全等人身权利，所以只要行为人实力控制和支配了人质的人身自由，就意味着使人质的身体安全处于一种危险状态。而不管其在客观上是否向人质的利害关系人提出勒索财物或者其他不法要求，也不管行为人最终是否获得财物或者满足了不法要求，均成立绑架罪既遂。在控制和支配了被害人的人身自由之后，虽然没有提出勒索财物或者其他不法要求，或者虽然提出了勒索财物或者其他不法要求，但还没有获得财物或者没有满足不法要求，而主动释放人质的，不能认定为犯罪未遂或者中止，不能适用《刑法》总则中关于从轻、减轻或者免除处罚的规定。

　　但这样的司法认定显然不符合鼓励犯罪人停止犯罪、鼓励犯罪人主动释放人质和给犯罪人架设后退"黄金桥"的刑事政策，不利于促使犯罪人主动放弃犯罪行为和保护人质安全，也背离了刑罚的目的。因此有观点认为，绑架罪的客观方面宜解释为复合行为，即由绑架和勒索或者提出其他不法要求两个行为组成，其既遂应以实施了复合行为为限度，但不以勒索到他人财物等危害后果为标准。罪刑相适应的基本原则以及实现刑罚公正的需要要求司法人员积极将未勒索到财物等情形认定为"情节较轻"。这与国际上很多国家刑法的通行做法相一致。如《德国刑法典》第 239 条第 4 款规定："行为人又将被害人带回其生活环境的，法院可依第 49 条第 1 款减轻处罚。被害人回到其生活环境并非因行为人所致，只要行为人真诚努力追求此结果，即可视为已具备第 1 句之条件。"《日本刑法典》第 228 条规定："犯掳人勒赎罪，在提起公诉前，将被掠取或者被诱拐的人解放至安全场所的，减轻刑罚。"对主动释放人质的，俄罗斯刑法处罚更为宽松，如《俄罗斯联邦刑法典》第 126 条附注规定："主动释放被绑架人的，如果在其行为中没有其他的犯罪构成，可以免除其刑事责任。"由此可见，无论对绑架罪的基本构造及犯罪形态持何种观点，宜将主动释放人质界定为"情节较轻"。

来源：《检察日报》2009 年 4 月 27 日

法治视野下的涉检信访听证制度

信访听证范围界定

考虑到检察机关信访工作量大和对效率的要求，应对信访听证进行适当限制，并非所有的信访案件都采用信访听证解决。笔者认为可采用列举式和概括式并用的方法来界定信访听证范围。

1. 涉及人数多、群众反映强烈、争议较大的信访事项，原承办机关或者上级检察机关控申部门认为需要举行听证的。

2. 信访人、被处理人均对有关部门作出的信访事项处理意见或复查意见不服，要求举行信访听证的。

3. 信访人对检察机关作出的处理意见或者复查意见不服，多次上访以及在社会上引起重大影响，原承办机关的上级检察院控申部门认为需要举行听证的。

4. 检察机关认为其他需要通过信访听证来解决的。

建立健全相关权利设计和保障机制

首先，应建立回避制度、告知权利义务制度、证据制度。回避制度、告知权利义务制度、证据制度是信访听证会的保障制度，其保留司法程序的内容和特点，是信访听证公正运行的基石。如告知权利义务制度要求有关部门在法定的合理期限内，告知当事人享有的权利、应履行的义务以及不履行义务的法律后果，具体表现在告知当事人有要求或放弃听证、委托代理人、申请回避、提供证据、进行陈述、申辩、质证、审核听证笔录的权利与义务。如果有关部门应当告知而没有告知就构成程序违法，申请人有权得到法律上的救济。从法律上确立告知制度，对于信访听证活动中充分保护听证参与人的合法权益，保证听证会活动的顺利进行具有十分重要的意义。

其次，强化听证笔录的作用。从一些国家的法律规定来看，听证笔录对决定的约束力有两种情况：一种是听证笔录对决定有相对约束力，除法律有明确规定之外，听证笔录只是有关机关作出决定的依据之一，如德国、日本；另一种是听证笔录对决定产生有绝对约束力，有关机关的决定必须根据案卷作出，不能以当事人不知道或没有论证的事实为根据，奉行"案卷排他主义"。那么，在听证笔录的效力问题上，是采相对约束力还是绝对约束力？笔者认为：听证笔录是在听证会上各方提交并经质证无异议的证据，应成为信访问题处理决定的主要依据，听证会外取得的证据应为辅。只有如此，才能保证听证会不流于形式，使其充分发挥作用。

最后，可考虑引入法律援助制度。很多信访人缺乏法律专业知识，又没有财力来聘请代理人，在听证过程中若为其提供法律援助，比如由其熟悉法律规定的代理人听取和反映被代理人的意见与需求，而相关的费用由国家承担，如此一来，可使信访听证会形成"高手过招"的局面，真正使参与各方心悦诚服。

对信访问题的源头治理

通过信访向检察机关反映有关问题，是宪法和法律赋予公民的权利，信访既是公民参政议政的特殊通道，也是弱势群体维权的有效法宝。从长效机制考虑，要建立执法质量考评体系，转变作风，改善执法工作，提高办案质量，从第一道关、第一时间、第一现场不留下后遗症，从源头上治理，杜绝错案，笔者认为这是解决涉检信访问题的治本之策。

当前的涉检信访困境在一定程度上是信访工作长期处于"末端治理"状态而造成的。办案人员不能重结案不重善后工作，要认识到办好案件才是息诉工作的关键；该做的工作不做或没有做好，就会形成上访，出现不断缠诉，要通过落实首办责任制，加大责任，提高责任心；要善于借助外力，争取各方面的支持，加强督办，解决上访疑案，做好息诉工作。

来源：《检察日报》2007 年 1 月 31 日

疑难案例分析

求婚不成掐人脖　误认死亡施奸淫
徐某的第二行为应如何定性

【案情】犯罪嫌疑人徐某深夜到叶某家向叶某求婚，叶某拒绝并大声吆喝、张扬，徐某气愤，遂用手掐叶某脖子（本人供述大约有 10 分钟），认为叶某已死，后又对叶某实施奸淫。法医鉴定后认为，叶某系被他人扼压颈部致窒息而死亡，叶某被奸淫时尚未死亡（属生前）或处于濒死期。（案例提供者：刘飞）

【分歧意见】对徐某用手卡叶某致其死亡的行为构成故意杀人罪不存在异议，但对徐某奸淫正处于濒死期的叶某的行为（以下简称"第二行为"）如何定性存在如下分歧意见：

第一种意见认为，徐某第二行为构成强奸罪。理由是叶某被奸淫时尚未死亡。

第二种意见认为，徐某第二行为不成立犯罪。徐某主观上没有强奸的故意，强奸罪（既遂）的对象必须是活体。

第三种意见认为，徐某第二行为构成侮辱尸体罪（未遂）。理由是徐某主观上具有奸淫尸体的故意，但叶某被奸淫时尸体并不存在，故成立侮辱尸体罪（未遂）。

第四种意见认为，徐某第二行为属于"不可罚之事后行为"，为故意杀人罪吸收。

徐某构成侮辱尸体罪（未遂）

笔者认为，徐某行为不构成强奸罪。虽然客观上发生了叶某被徐某奸淫的事实，但徐某实施奸淫行为时主观上认为叶某已死，故不具有奸淫活体的故意；其使用暴力目的是为了阻止叶某张扬，奸淫行为是暴力行为结束后在另起犯意的情况下而实施的。

徐某第二行为也非"不可罚之事后行为"。不可罚之事后行为是指状态犯行为完成后为维持或利用不法姿态以确保犯罪利益得以实现的行为，虽在形式上符合某一犯罪构成，但因法律对该事后行为缺乏适法行为的期待可能性，故不单独定罪处罚的行为。不可罚之事后行为只适用于状态犯。徐某将叶某杀死的行为属于即成犯，杀人行为结束后杀人犯罪即告结束，既不存在犯罪行为的继续，也不存在不法状态的继续。

徐某误将处于濒死期的叶某当作尸体属于刑法理论中对行为对象的认识错误：误把活体当作尸体加以侵害，而活体与尸体体现了两种不同的合法权益。对这种认识错误，应在主客观统一的范围内认定犯罪，即不能仅根据行为人的故意内容或仅根据行为的客观内容认定犯罪，而应在故意内容与客观行为相统一的范围内认定犯罪。徐某客观上虽然实施了奸淫叶某的行为，但主观上认为叶某已死亡，不具有奸淫活体的故意，故阻却强奸罪的成立。

侮辱尸体罪是指行为人侮辱尸体的行为。该罪行为对象是尸体，侮辱一般是指对尸体进行贬损或者直接对尸体实施凌辱的行为，如损毁尸体、奸污女尸，将尸体扔至公共场所等。一般认为：杀人后为损害死者尊严或生者感情等目的而故意奸污尸体的，应成立数罪。徐某奸污"女尸"的行为符合侮辱尸体罪构成要件，但由于徐某意志以外的原因其奸污尸体时尸体并不存在，故构成侮辱尸体罪（未遂）[1]。

来源：《检察日报》2006 年 1 月 16 日

---

[1] 2006 年 1 月 23 日，清华大学法学院黎宏教授在检察日报对此案进行点评，主张徐某的上述第二行为不成立犯罪的观点固然不对，但是主张成立强奸罪的观点也有问题。上述行为应成立侮辱尸体罪，但不是该罪的未遂，而应当是侮辱尸体罪的既遂。

致同伙死亡是否为"抢劫致人死亡"

【案情】王某伙同杨某持刀抢夺张某，张某反抗并拽倒杨某，王某为帮助杨某脱身持刀刺张某，张某躲开，未料将杨某刺死。

【分歧】王某携带凶器抢夺的行为无疑构成抢劫罪，但王某持刀刺死同伙的行为能否认定为抢劫致人死亡问题上存在分歧。

第一种意见认为，成立抢劫致人死亡。理由是《刑法》在规定抢劫致人死亡时并没有对"人"作出限制，换言之，此处的"人"并不限于财产的所有人、占有人或者保管人，可以是第三人，甚至是同案犯。

第二种意见认为，不能认定为抢劫致人死亡，王某要单独对王某的死亡承担刑事责任，对于王某的行为可以普通的抢劫罪和故意伤害（致人死亡）罪实行数罪并罚。

第三种意见认为，本案既不能认定为抢劫致人死亡，王某也不需要对同伙杨某的死亡承担刑事责任。

【评析】笔者赞同第二种观点。抢劫致人死亡中的"人"并不是指任何人，而只能是行为人以外的第三人，即抢劫致人死亡中的"人"不包括犯罪同伙。理由如下：

首先，抢劫致人死亡属于结果加重犯，应遵循结果加重犯"基本行为+加重结果"的基本构造。根据结果加重犯的构造，结果加重犯应是对基本犯罪行为对象造成加重结果。例如，只有对故意伤害对象造成死亡的，才属于故意伤害致死；同理，抢劫致人死亡应是指致被抢劫的人死亡，即抢劫的对象与死亡者之间具有同一性。在抢劫过程中致抢劫对象以外的人死亡的，应不属于抢劫致人死亡的情形。

其次，抢劫罪保护的法益是抢劫犯以外的其他人的财产权利和人身权利，而不包括抢劫犯自己以及同伙，抢劫致人死亡的场合也不例外，即抢劫犯的生命法益不受刑法保护。《刑法》规定"抢劫致人死亡"这样的加重结果，设置较高的法定刑，意在保护抢劫犯以外的被害人或其他相关人的财产权利和人身权利。在抢劫罪中，行为人本身的财产权利和人身权利已经丧失了刑法的保护，这从《刑法》第20条第3款规定的特殊防卫权可看出。

再次，有关司法解释也可佐证抢劫致人死亡中的"人"必须是行为人以外的第三人，而不包括行为人（包括同案犯）本身。例如，2005年6月8日最高人民法院《关于审理抢劫、抢夺刑事案件适用法律若干问题的意见》第10条规定："抢劫罪侵犯的是复杂客体，既侵犯财产权利又侵犯人身权利，具备劫取财物或者造成他人轻伤以上后果两者之一的，均属抢劫既遂；既未劫取财物，又未造成他人人身伤害后果的，属抢劫未遂……"这里的"他人"，一般理解为"第三人"。

最后，根据《刑法》分则的解释原理与解释规则，也可得出抢劫致人死亡中的"人"不包括行为人及其同伙的财产权利和人身权利。"致人死亡"是我国《刑法》分则所规定的影响量刑的重要情节，其中，有的条款对"人"作出明确的限制，有的条款则没有作出明确的限制。在没有作出明确限制的情形下，需要结合该条的规范目的和刑法的整体精神作体系性的限制解释。因此，从刑法规范的目的来看，刑法虽然对抢劫致人死亡中的"人"没有明确规定，也没有指出必须是"他人"，但从设置抢劫致人死亡的结果加重构成的目的来看，显然是为了保护财产所有人、占有人、保管人或者是与之有利害关系的第三人的财产权利和人身权利，而不是为了保护行为人自身的财产权利和人身权利。

需要说明的是，行为人及其同伙的人身法益和财产法益不受刑法保护是就行为人与防卫权的享有者而言的，对犯罪人遭受同伙的不法侵害，可依法追究行为人的刑事责任，据此可按相关犯罪（如过失伤害致死）实行处罚。

来源：《检察日报》2009年7月26日

装修租赁房屋　出租人应否补偿费用

要旨：承租人对租赁房屋的装修，合同期满后通常归出租人所有，除非双方另有约定。

当前房价居高不下，租房成了不少年轻人和商户的选择，但是，租赁的房屋能否装修？合同到期后，装修费用如何处理？现实生活中，此类纠纷屡屡发生。

2007年2月18日，李刚与张强签订了一份房屋租赁协议，协议约定：李刚租用张强门面房100平方米用于经营电脑配件，租期3年，每年租金6万元。合同签订后，李刚花费8万元对房屋进行了装潢装修（换门窗、铺地板、吊顶，增设空调、电视、监控等经营设备）。对合同期满后，装潢装修如何处置，租赁合同没有约定。

2010年2月19日，李刚与张强续签了租期3年的房屋租赁合同。张强在其起草的合同中要求增加一条："承租人为改善房屋使用，征得出租人同意对承租房屋进行装潢装修，所需资金由承租人自行承担，租赁关系发生变更和租赁期满时，出租人对装潢不作任何补偿，承租人不能带走的装饰，不能恶意破坏。"李刚考虑到另寻新房成本较高，便续签了合同。

2012年12月，李刚出资5万元对该房重新装修。

2013年2月续签的合同到期后，张强以自行居住为由，不再将房屋租赁给李刚使用，且对李刚付出的装潢装修费用不给任何补偿。

李刚认为，自己先后两次出资13万元进行装修，合同到期后，张强不给自己分文补偿，显失公平，续签的合同系霸王条款，张强所获的13万元装修价值明显系不当得利。张强反驳称，装修是李刚自愿，虽然经过自己同意，但双方在续签的合同中对装修明确约定，不给予补偿，并且不同意承租人李刚移除装修。

本案系一起因租赁合同履行期限届满，装饰装修费用如何处理问题发生的争议。其争议的焦点在于，经出租人同意对租赁房屋进行装修装饰的费用，在租赁期限届满时承租人是否可以不当得利之债请求出租人部分或者全部返还。

《合同法》第 223 条对租赁合同的一般性适用作了规定："承租人经出租人同意，可以对租赁物进行改善或者增设他物。承租人未经出租人同意，对租赁物进行改善或者增设他物的，出租人可以要求承租人恢复原状或者赔偿损失。"但合同法对房屋租赁合同期满后的装修装饰物的处理未作出具体规定。

为满足日益增多的对房屋租赁合同履行期限届满后的装饰装修物如何处理的司法需求，最高人民法院于 2009 年 7 月 30 日公布的《关于审理城镇房屋租赁合同纠纷案件具体应用法律若干问题的解释》第 12 条规定："承租人经出租人同意装饰装修，租赁期间届满时，承租人请求出租人补偿附合装饰装修费用的，不予支持。但当事人另有约定的除外。"

由此可见，承租人对租赁物进行的改善或者增设的他物，在租赁合同期满后通常归出租人所有，出租人无需返还或者支付相应对价，除非双方另有约定；相应地，承租人装修房屋是经出租人同意的，因而出租人也无权要求承租人对房屋恢复原状。

本案中，李刚对租赁房屋进行换门窗、铺地板、吊顶等装修，虽然已经与原房屋形成动产与不动产的附合，不可分离拆除，若分离拆除必将造成原物及附属物价值的贬损，故不能请求张强返还。原因在于：

第一，添附物未必使出租人因此受益。李刚对房屋进行的装修是为经营电脑配件，其装修装饰的风格很难说会有助于提升张强将来对房屋的使用价值。

第二，承租方已经因装修受益，无权要求出租人补偿装修费。任何投资皆有风险，根据诚实信用原则，承租人既然明知该装饰装修物将来很难拆回，无法收回残值，仍愿意进行装饰装修，可见其已将该费用作为实现租赁合同目的的必要成本，在合同期内分摊完毕。当然，出租人如果事先对合同期满后的装饰装修费用承担问题，与出租人进行特别约定，则可以要求出租人承担装修费用。

来源：《检察日报》2013 年 7 月 27 日

擅设水泥减速带　致人损害当赔偿

2010 年 11 月，某县公路局与通宇路桥公司（下称"路桥公司"）签订了公路改建施工合同，合同约定由路桥公司对该县潼阳乡的琪楼小学门口的路段进行改建。应琪楼小学要求，路桥公司在学校门前的公路上用水泥设置了高 10 厘米、下底宽 80 厘米、上底宽 25 厘米的 3 条减速带，并在路旁设有减速慢行警示标志。公路改建工程竣工后，经上级交通工程质量监督站验收合格，投入试运营。

2011 年 12 月 14 日上午，32 岁的杨某无证、逆向驾驶机动三轮车行至琪楼小学门口，在穿越减速带时未减速慢行，误把油门当成刹车，致使三轮车加速行驶发生侧翻。杨某倒地受伤，经抢救无效死亡。杨某的近亲属认为，减速带是琪楼小学建议他人设置，该县公路局对他人设置减速带疏于监督、管理，路桥公司作为施工单位设置的减速带不符合行业标准，三方均应对杨某的死亡负责。

2012 年 2 月 22 日，杨某近亲属将琪楼小学、县公路局及路桥公司告上法庭，要求赔偿医疗费、死亡赔偿金、被扶养人生活费、丧葬费、护理费、交通费、精神抚慰金等共计 21 万元。

杨某近亲属的起诉理由是否成立，谁有权设置减速带，如何正确设置减速带，减速带又该由谁来监管，本案带给人们诸多思考。

谁有权设置减速带

《公路法》第 46 条规定："任何单位和个人不得在公路上及公路用地范围内摆摊设点、堆放物品、倾倒垃圾、设置障碍、挖沟引水、利用公路边沟排放污物或者进行其他损坏、污染公路和影响公路畅通的活动。"国道、省道、县乡道如果设置减速带，应经公路管理部门批准。其他人无权设置。在市区道路上，公安机关或者住房和城乡建设管理部门有权设置减速带。据此可知，减速带私人不能设置。

如何正确设置减速带

减速带是安装在公路上使经过的车辆减速的交通设施,减速带的设置必须保证车辆通过时不会发生车辆失控,重要安全部件不会出现断裂等危险状况,应拥有较高的行驶和结构安全性。目前,国家并未出台有关减速带的标准。笔者在生产减速带的企业调查发现,各企业生产时有一个较为统一的标准:减速带宽度不得超过30厘米,厚度(高度)不得超过5厘米,根据路面的宽窄有25厘米和1米两种长度,带体应覆盖有黑、黄两种颜色的条纹,以便与路面的颜色区别开来。

谁来承担监管职责

设置减速带的本意是保证交通安全,如果危及安全,减速带就会变成路障。因此,道路主管部门应对违规设置的减速带进行监管和清理。《道路交通安全法》第104条规定:"未经批准,擅自挖掘道路、占用道路施工或者从事其他影响道路交通安全活动的,由道路主管部门责令停止违法行为,并恢复原状,可以依法给予罚款;致使通行的人员、车辆及其他财产遭受损失的,依法承担赔偿责任。"道路主管部门对他人设置减速带有监督、管理的职责,如果疏于监督、管理,主观上有过错,根据《侵权责任法》第6条第1款规定:"行为人因过错侵害他人民事权益,应当承担侵权责任。"

相关责任如何界定

分析本案,死者杨某违反"应取得机动车驾驶证""机动车实行右侧通行""机动车驾驶人及乘坐人应戴安全头盔"等规定,是造成交通事故的主要原因,应负主要责任。路桥公司作为施工单位,应当按照道路减速带标准施工,而其设置的"减速带"缺乏安全性、合理性和科学性,不符合行业标准,是杨洋受伤致死的原因之一,对交通事故的发生负有一定的责任。琪楼小学从安全角度出发建议施工单位设置减速带,让过往车辆能减速慢行,保护学生人身不受伤害,且设置减速慢行警示标志,已尽到了注意提醒义务,不应承担赔偿责任。法院最终判决该县公路局、路桥公司各承担10%的损害赔偿责任,其余80%的责任由死者杨某自行承担。

来源:《检察日报》2013年12月7日

预设安全装置是否正当防卫？

【案情简介】杨某携家人准备离家外出时，为防止家里被盗，就在自己的住宅围墙上放置玻璃片，同时在自己的住宅内安放了自动杀伤机关。2002年8月28日晚，窃贼吴某翻墙入室，身体多处被碎玻璃片扎破流血，而后撬门侵入杨某的住宅后，被自动杀伤机关击成重伤。正巧杨某携家人回家，杨某将受伤的吴某送到当地派出所处理，但对杨某私自设置安全装置该如何处理，则有以下两种分歧意见：

【意见分歧】第一种意见认为：我国《刑法》规定，对于正在进行的不法侵害可以实行正当防卫，但是"正在进行"是指防卫行为实行时还是指防卫效果发生时刑法没有明确。从刑法立法精神上说，不法侵害正在进行是指防卫行为实行时。本案中杨某在自己的住宅围墙上放置玻璃片，同时在自己的住宅内安放自动杀伤机关时并无正在进行的不法侵害，因此这不是正当防卫。

第二种意见认为：虽然杨某在安装自动杀伤机关时，不存在正在进行的不法侵害，但该安全装置发挥作用时，不法侵害正在进行，因此，只要安装防卫装置的行为不危害公共安全，本身并不违法，在其针对后来的不法侵害发挥作用时，就该认为是正当防卫。

【意见评析】本案的关键在于"正在进行的不法侵害"是仅指进行防卫行为当时的时间，还是包括了防卫行为发生防卫效果的时候。我们认为：刑法之所以规定正当防卫，是用其来抵御不法侵害，保全合法权益。如果担忧未来侵害的到来，而预先采取必要的防范措施，在侵害发生之前作防卫的准备，以便在发生不法侵害时予以反击，发生防卫效果，从设置正当防卫的立法精神来看是应当允许的。就本案来说，只要杨某的行为没有危及公共安全，且预防措施的效果是对不法侵害发生时产生的，就可以认为是正当防卫。

值得一提的是，如果预防措施的效果不是对不法侵害而产生的，而是造成了无辜人员的伤害或者财产损失，则不能认为是正当防卫，而应该根据具体情况对该危害行为作具体分析。即预防设施危害公共安全，就该以故意危害公共安全犯罪论处。如果预防设施虽然不危害公共安全，但是显然超过必要限度。如本案中致吴某重伤，不应该视为合法，而应该以防卫过当论处。当然如果致使吴某轻伤，可以认为是正当防卫。

来源：《检察日报》2002 年 11 月 4 日

敲诈勒索罪专题

从四个方面完善敲诈勒索罪立法

将数额较大作为敲诈勒索基本犯的唯一定罪标准是否妥当，是否应该有其它定罪情节，敲诈勒索罪是否应该增设罚金刑，敲诈勒索罪加重处罚情节的法定刑是否有必要提高，这些都是在认定敲诈勒索罪的司法实践中遇到的亟待解决的问题与困惑，本部分围绕这些问题展开论述，对敲诈勒索罪的立法完善做如下思考。

一、多次敲诈勒索宜犯罪化

对多次敲诈勒索的行为如何处理，理论上有不同的认识。笔者认为，如果行为人的每次敲诈勒索行为均构成犯罪，可以考虑将其作为敲诈勒索罪的情节加重犯，因为根据我国刑法理论通说，对于同种数罪原则上不数罪并罚。行为人多次敲诈勒索的，累计犯罪数额，可能无法做到罪刑相适应，在这种情况下，将其评价为敲诈勒索罪中的"具有其他严重情节"，对行为人适用3年至10年的法定刑，基本上能做到罪刑相适应。如果行为人的多次敲诈勒索行为，每次均不构成犯罪，但又不属于犯罪情节显著轻微，那么根据《刑法》规定，不能以敲诈勒索罪追究行为人的刑事责任，只能给予行政处罚。为此，笔者建议将多次敲诈勒索行为（每次敲诈勒索行为均不构成犯罪）犯罪化。

首先，与多次盗窃相比较。从犯罪手段上看，敲诈勒索罪中威胁或要挟等恐吓手段足以使被害人的心理产生恐惧，而盗窃罪的秘密窃取手段行为比较平和，未侵害到被害人的意思决定自由；从刑法保护的法益看，盗窃罪侵犯的法益是被害人的财产权，敲诈勒索罪侵犯的法益是被害人的意思决定自由、人身权利或其他法益。

其次，将多次敲诈勒索规定为犯罪，适应社会生活的发展要求。1997年

《刑法》制定时，该类犯罪行为较少，而现在，多次敲诈勒索行为则频频发生。将多次敲诈勒索行为犯罪化，有利于克服以数额较大作为唯一定罪标准的缺陷，有利于保护法益。

最后，"多次敲诈勒索"犯罪化并非无条件、无限制地犯罪化，仍然坚持刑法的谦抑性要求。比如考虑行为人是否有敲诈勒索数额较大的故意，是否有敲诈勒索数额较大的财物的可能；要综合考虑行为的时间、对象、方式等。

二、敲诈勒索罪的定罪标准应增设其他定罪情节

我国 1997 年《刑法》第 274 条关于敲诈勒索罪的定罪标准较 1979 年《刑法》第 154 条关于敲诈勒索罪的定罪标准具有明确性、易操作性，为打击敲诈勒索犯罪提供了有力的法律武器。但 1997 年《刑法》关于敲诈勒索定罪标准的规定同样存在不足，试分析如下：

第一，把数额多少与社会危害程度大小绝对地等同，违背我国刑法关于罪与非罪的区分标准。一般而言，行为的社会危害性及其程度是区分罪与非罪的总标准。就敲诈勒索犯罪而言，数额大小是构成犯罪的一个举足轻重的因素，但是，也应注意到，数额并不是孤立因素，而是与其他因素作为一个有机整体决定行为的社会危害程度。具体案件中，其他因素也可能对行为的社会危害性产生较为重要的影响。换句话说，数额并不是决定行为的社会危害性及其程度的唯一标准。但现行刑法恰恰把数额多少与社会危害程度大小绝对地等同。

第二，将数额较大作为唯一的定罪标准，在认识论上属于认识片面——违背主客观相统一的基本原则。行为人的行为是否构成犯罪，以及行为的危害程度大小，取决于主客观因素的统一，数额仅仅是其中的因素之一。如果对数额达到"较大"的标准，但在全面考虑主客观因素的基础上，本可不必以犯罪论处的，却被定罪量刑；二是虽然数额不够"较大"起点线，但基于其他情节严重，综合全部主客观因素已达犯罪程度，本应予以刑罚处罚，只因数额不大未达标准而只好任其逍遥法外。

第三，把"数额较大"作为敲诈勒索罪的唯一定罪标准与世界各国的立法通例不符。现代各国的刑事立法例很少把数额作为敲诈勒索罪的构成标准加以规定。如《印度刑法典》《新加坡共和国刑法典》及《马来西亚刑法典》第 383 条，《德国刑法》第 253 条，《日本刑法》第 345 条、第 346 条、第 347

条、第 348 条,《加拿大刑事法典》第 346 条等均没有把数额作为敲诈勒索罪的构成标准或作为唯一情节加以规定。

第四,从逻辑上讲,定罪在先,量刑在后;定罪情节与量刑情节大体上是一致的,但现行《刑法》第 174 条前段规定的定罪情节只包含了数额较大的标准,除此之外,没有其他标准;而后段规定的法定刑加重处罚情节(情节加重犯),与前段规定的定罪情节不匹配,违背了定罪与量刑的逻辑关系。

为此,笔者认为,对本罪的基本犯成立条件应完善为"敲诈勒索公私财物,数额较大或有其他严重情节的",既肯定数额是敲诈勒索罪量刑的重要依据,又承认有其他定罪量刑情节;既克服 1979 年《刑法》定罪标准模糊的缺陷,保留"数额较大"的优点,同时又增设"其它严重情节"标准,弥补"数额较大"规定的不足。如对敲诈勒索公私财物,数额虽未达到"数额较大"的起点,但具有下列情形之一的,可以敲诈勒索罪追究刑事责任:敲诈勒索行为引起严重后果的,如引起被害人自杀、精神失常、逃往异乡的;敲诈勒索造成重大损失的;敲诈勒索手段恶劣,造成恶劣影响的;1 年内多次敲诈勒索的;等等。

三、敲诈勒索罪应增设罚金刑

首先,对敲诈勒索罪增设罚金刑与罚金刑的性质、功能相适应。对敲诈勒索犯罪适用罚金刑,可剥夺行为人的犯罪所得及实施犯罪的资本,唤醒行为人的规范意识,起到特殊预防的作用;而且还可以警示社会上的其他虞犯者,收到一般预防之功效。

其次,对敲诈勒索罪增设罚金刑有助于实现不同财产犯罪之间法定刑的协调。刑法分则对以非法占有为目的作为主观构成要件的财产犯罪,如抢劫罪、盗窃罪、诈骗罪、抢夺罪、侵占罪等均规定在判处主刑的同时,并处或单处罚金;对敲诈勒索罪增设罚金刑有助于实现不同财产犯罪之间法定刑的协调。

最后,对贪利性犯罪适用财产刑,基本上成为刑罚发展的世界性趋势;对敲诈勒索罪增设罚金刑,符合国际立法惯例。如《印度刑法典》第 384 条规定:"犯敲诈勒索罪的,处可达 3 年的监禁或罚金,或者二者并处。"《马来西亚刑法》第 384 条规定:"犯敲诈勒索罪的,处可达 3 年的监禁,或罚金,或鞭笞,或任何其中两项处罚。"

需要说明的是，在罚金刑设置方式上应有所区别，在构成要件场合，罚金刑的适用方式是并处或者单处，而在法定刑加重的场合，罚金刑的适用方式则是并处。

四、应提高敲诈勒索罪加重处罚情节的法定刑

为解决敲诈勒索罪法定刑偏低，使之与盗窃罪、诈骗罪法定刑保持协调平衡、协调，建议在《刑法》第 274 条规定中增加"数额特别巨大或有其他特别严重情节"的处刑规定，即"数额特别巨大或者有其他特别严重情节的，处十年以上有期徒刑或者无期徒刑，并处罚金或者没收财产。"理由如下：

从行为人的主观恶性上看，敲诈勒索罪的行为人的人身危险性要比诈骗罪、盗窃罪的主观恶性要大；从犯罪手段上看，敲诈勒索罪的威胁或要挟等恐吓行为足以使被害人的心理产生恐惧，敲诈勒索罪的"公开恐吓"犯罪手段性质比盗窃罪的"秘密窃取"手段性质更为严重，而在诈骗罪的场合也是如此；从刑法保护的法益上看，盗窃罪、诈骗罪侵犯的法益比较单一，而敲诈勒索罪侵犯的法益除了被害人的财产法益外，还包括被害人的意思决定自由、人身权利或其它法益。通常情况下，同样的犯罪数额，敲诈勒索罪的社会危害性要比诈骗罪、盗窃罪的社会危害性更重。

然而，对照《刑法》第 264 条、第 266 条和第 274 条的规定却发现，敲诈勒索罪的法定刑较诈骗罪、盗窃罪轻，敲诈勒索罪的法定最高刑为十年有期徒刑，没有规定"数额特别巨大"或"其他特别严重的情节"的情形，且无财产刑的规定。而盗窃罪有"盗窃数额特别巨大"或"有其他特别严重情节"的，处十年以上有期徒刑或者无期徒刑，并处罚金或者没收财产；诈骗公私财物，数额特别巨大或者有其他特别严重情节的，处十年以上有期徒刑或者无期徒刑，并处罚金或者没收财产。在敲诈勒索他人数额特别巨大的财物，应属于刑法理论上的重罪，立法却规定比较轻的法定刑，与盗窃罪、诈骗罪法定刑不平衡、不协调。不仅如此，在敲诈勒索罪与诈骗罪出现交叉或疑似场合，也会凸显本罪法定刑偏低的缺陷。如刑法理论认为，如行为人的行为同时具有欺骗与恐吓的性质，被害人一方面陷入了认识错误，另一方面也产生了恐惧心理，认识错误与恐惧心理的竞合，成立诈骗罪与敲诈勒索罪的想象竞合犯，从一重罪处罚即可。问题是如果行为人的行为不是同时具有诈骗与恐吓性质，对方同时陷入认识错误与产生恐惧心理，则不能认定为诈

骗罪与敲诈勒索罪的想象竞合犯：行为人仅实施恐吓行为，被害人虽陷入一定认识错误，但完全或主要基于恐惧心理交付数额特别巨大的财物的场合，则只能认定为敲诈勒索罪，不能认定为诈骗罪与敲诈勒索罪的想象竞合犯；或者行为人的行为同时具有恐吓与欺骗性质，对方仅产生恐惧心理并基于恐惧心理交付数额特别巨大的财产，而没有陷入认识错误的，也只能认定为敲诈勒索罪。但是，将这些情形认定为敲诈勒索罪，就会有失罪刑均衡。值得注意的是，《日本刑法》中的诈骗罪与敲诈勒索罪（恐吓罪）的法定刑完全相同，对行为人以带有欺诈性内容的恐吓，无论认定为哪种犯罪，不会出现罪刑失衡。

为解决罪刑平衡问题，建议在《刑法》第 274 条规定中增加"数额特别巨大或有其他特别严重情节"的处刑规定，即"数额特别巨大或者有其他特别严重情节的，处十年以上有期徒刑或者无期徒刑，并处罚金或者没收财产。"

综上所述，笔者建议，对敲诈勒索罪罪状和法定刑作如下完善："敲诈勒索公私财物，数额较大或有其他严重情节的，处三年以下有期徒刑、拘役或者管制，并处或者单处罚金；数额巨大或者有其他特别严重情节的，处三年以上十年以下有期徒刑，并处罚金；数额特别巨大的，处十年以上有期徒刑或者无期徒刑，并处罚金或者没收财产。"[1]

来源：《人民检察》2008 年第 16 期

---

[1] 2011 年 2 月 25 日通过的《刑法修正案（八）》将敲诈勒索罪的罪状和法定刑修改为："敲诈勒索公私财物，数额较大或者多次敲诈勒索的，处三年以下有期徒刑、拘役或者管制，并处或者单处罚金；数额巨大或者有其他严重情节的，处三年以上十年以下有期徒刑，并处罚金；数额特别巨大或者有其他特别严重情节的，处十年以上有期徒刑，并处罚金。"《刑法修正案（八）》的修改有四点：一是增加了"多次敲诈勒索的"，只要是多次敲诈勒索，不论数额大小，都构成犯罪。二是增设罚金刑；三是提高敲诈勒索罪的法定刑，由之前的最高 10 年提高至 15 年；四是增设情节加重犯，不以数额大小作为唯一定罪标准。

解读敲诈勒索罪修改的三大亮点

　　《刑法修正案（八）》第40条将《刑法》第274条修改为："敲诈勒索公私财物，数额较大或者多次敲诈勒索的，处三年以下有期徒刑、拘役或者管制，并处或者单处罚金；数额巨大或者有其他严重情节的，处三年以上十年以下有期徒刑，并处罚金；数额特别巨大或者有其他特别严重情节的，处十年以上有期徒刑，并处罚金。"关于敲诈勒索犯罪，刑法修正案作了不少调整，具体阐述如下：

一、将多次敲诈勒索入罪

　　多次敲诈勒索入罪非常必要。首先，与多次盗窃相比较：从犯罪手段上看，敲诈勒索罪中威胁或要挟等恐吓手段使被害人的心理产生恐惧，而盗窃罪的秘密窃取手段行为比较平和，未侵害到被害人的意志自由；刑法将多次盗窃行为入罪，多次敲诈勒索自然亦应入罪。其次，将多次敲诈勒索规定为犯罪，适应社会的发展要求。1997年《刑法》制定时，该类犯罪行为较少，而现在多次敲诈勒索行为则频频发生。将多次敲诈勒索行为犯罪化，有利于克服以数额较大作为唯一定罪标准的缺陷，有利于保护法益。

二、增设罚金刑

　　首先，对敲诈勒索犯罪适用罚金刑，可剥夺行为人的犯罪所得及实施犯罪的资本，唤醒行为人的守法意识，起到特殊预防的作用，而且还可以警示社会上的潜在犯罪者，收到一般预防之功效。

　　其次，对敲诈勒索罪增设罚金刑有助于实现不同财产犯罪之间法定刑的协调。刑法分则对以非法占有为目的作为主观构成要件的财产犯罪，如抢劫罪、盗窃罪、诈骗罪、抢夺罪、侵占罪等均规定在判处主刑的同时，并处或单处罚金。

最后，对敲诈勒索罪增设罚金刑，也符合国际立法惯例。

三、提高加重处罚情形的法定刑

《刑法修正案（八）》出台前，敲诈勒索罪的法定最高刑为十年有期徒刑，较诈骗罪、盗窃罪明显偏轻，且没有规定"数额特别巨大"或"其他特别严重的情节"的情形。敲诈勒索数额特别巨大的财物，应属于刑法理论上的重罪，立法却规定比较轻的法定刑，与盗窃罪、诈骗罪法定刑不平衡、不协调。不仅如此，在敲诈勒索罪与诈骗罪出现竞合时，也会凸显本罪法定刑偏低的缺陷。刑法理论认为，如行为人的行为同时具有欺骗与恐吓的性质，被害人一方面会陷入认识错误，另一方面也会产生恐惧心理，认识错误与恐惧心理的竞合，成立诈骗罪与敲诈勒索罪的想象竞合犯，从一重罪处罚即可。问题是行为人仅实施恐吓行为，被害人虽陷入一定认识错误，但完全或主要基于恐惧心理交付数额特别巨大的财物的场合，则只能认定为敲诈勒索罪，不能认定为诈骗罪与敲诈勒索罪的想象竞合犯。或者行为人的行为同时具有恐吓与欺骗性质，对方仅产生恐惧心理并基于恐惧心理交付数额特别巨大的财产，而没有陷入认识错误的，也只能认定为敲诈勒索罪。对这些情形认定为敲诈勒索罪，就会有失罪刑均衡。此次《刑法修正案（八）》对敲诈勒索罪的法定刑予以重新配置，对行为人以带有欺诈性内容的恐吓，认定为敲诈勒索犯罪，恢复了罪刑均衡。

来源：《检察日报》2011年3月9日

多次敲诈勒索宜犯罪化

对多次敲诈勒索的行为如何处理，理论上有不同的认识。笔者认为，如果行为人的每次敲诈勒索行为均构成犯罪，可以考虑将其作为敲诈勒索罪的情节加重犯，因为根据我国刑法理论通说，对于同种数罪原则上不数罪并罚。行为人多次敲诈勒索的，累计犯罪数额，可能无法做到罪刑相适应，在这种情况下，将其评价为敲诈勒索罪中的"具有其他严重情节"，对行为人适用三年以上至十年以下的法定刑，基本上能做到罪刑相适应。如果行为人的多次敲诈勒索行为，每次均不构成犯罪，但又不属于犯罪情节显著轻微，那么根据《刑法》规定，不能以敲诈勒索罪追究行为人的刑事责任，只能给予行政处罚。为此，笔者建议将多次敲诈勒索行为（每次敲诈勒索行为均不构成犯罪）犯罪化。

首先，与多次盗窃相比较。从犯罪手段上看，敲诈勒索罪中威胁或要挟等恐吓手段足以使被害人的心理产生恐惧，而盗窃罪的秘密窃取手段行为比较平和，未侵害到被害人的意思决定自由；从刑法保护的法益看，盗窃罪侵犯的法益是被害人的财产权，敲诈勒索罪侵犯的法益是被害人的意思决定自由、人身权利或其他法益。

其次，将多次敲诈勒索规定为犯罪，适应社会生活的发展要求。1997年《刑法》制定时，该类犯罪行为较少，而现在，多次敲诈勒索行为则频频发生。将多次敲诈勒索行为（每次敲诈勒索行为均不构成犯罪）犯罪化，有利于克服以数额较大作为唯一定罪标准的缺陷，有利于保护法益。

最后，"多次敲诈勒索"犯罪化并非无条件、无限制地犯罪化，仍然坚持刑法的谦抑性要求。比如考虑行为人是否有敲诈勒索数额较大的故意，是否有敲诈勒索数额较大的财物的可能。要综合考虑行为的时间、对象、方式等。

时间、空间、次数和数额上要有限制：时间上，原则上以 1 年为限；空间上，进入校园内对未成年人多次敲诈勒索的；次数上，原则上 3 次以上（包括 3 次）；数额上，多次敲诈勒索他人财物累计数额较大。

来源：《检察日报》2008 年 5 月 7 日

敲诈勒索罪加重处罚情节的司法认定

我国《刑法》第 274 条规定："敲诈勒索公私财物，数额较大的，处三年以下有期徒刑、拘役或者管制；数额巨大或者有其他严重情节的，处三年以上十年以下有期徒刑。"由于我国在刑事立法历来奉行"宁粗勿细，宁疏勿密"的原则，因而刑法在关于敲诈勒索罪的加重处罚情节所作是极粗疏的概括。《刑法》分则条文虽然划分了两个不等幅度的法定刑，但只是用数额巨大和"其它严重情节"这个模糊的语言概括地说明了适用加重法定刑处罚规定。最高人民法院对"数额巨大"作了具体规定，但对"其他严重情节"法律未作规定，司法解释也未明确予以界定。如果有相应的司法解释，司法工作人员依照解释内容判断即可，而问题是我国还没有相关司法解释的出台，这更使司法实践对敲诈勒索罪的加重处罚难以做到"罪当其罚，罚当其罪"。罪与罚之间应当有一把公正的比例尺，使得"罪质的一定层次和罪责的一定等级互相对应，在罪刑相适应原则上达到平衡和统一"。如后所述，刑法理论界和司法实务界对敲诈勒索罪的研究过于关注敲诈勒索数额，对敲诈勒索罪"其他严重情节"的认识混乱。

对敲诈勒索罪中的加重处罚情节进行研究具有重要的理论和实践意义。从微观上说，其有利于罪与非罪的区分、重罪与轻罪的界定；从宏观上说，其有利于对法官自由裁量权的合理限制，有利于罪刑相适应原则的最终实现。从实践意义上讲，许多被告人所关心的不一定是罪名，而是处罚。这是因为"多数被告关心的毋宁说主要是集中在刑罚量定上，这样说也绝不会言过其实"。但我国的司法实践一直比较注重对罪名的认定，对处罚却关注不够。因此科学地界定敲诈勒索罪加重处罚情节，对于保障被告人的人权，具有重要意义。

一、"其他严重情节"的界定原则

"数额巨大"本来也是严重情节的内容，但是，由于"其他严重情节"使用了"其他"的限制，那么，"其他严重情节"在内容上就只能是除了"数额巨大"之外的别的情节。这样，"数额巨大"与"其他严重情节"之间的关系，可以表述为：它们之间既具有等量性又彼此独立。

所谓等量性，是指两者各自所代表的社会危害性程度彼此相当。换言之，尽管各自以不同事实特征来描绘敲诈勒索罪情节加重犯行为的社会危害性程度，从不同角度限制敲诈勒索罪情节加重犯的成立范围，从而划分基本犯与加重犯的界限。但是，由于两者都属于敲诈勒索罪加重犯的犯罪构成要件，同一罪质决定了各个选择要素所代表的社会危害性程度，彼此之间应是等同的或者大致相当的。

所谓彼此独立，就是指"数额巨大"与"其他严重情节"，一方面在内容上各自具有内涵上的特定性且逻辑上互不包容，另一方面在定罪作用上它们也是各自独立的，"数额巨大"与"其他严重情节"的选择要素属于不同的事实特征，各个要素所包括的具体内容彼此不存在相互包容或者重复的问题。立法者使用数额与"其他严重情节"相互选择时，特意在"严重情节"前面加上"其他"限制，这个"其他严重情节"就是指"数额巨大"之外的、不包含数额内容的其他情况。所以，"数额巨大"与"其他严重情节"的选择要素在敲诈勒索罪情节加重犯的意义上，各自具有独立评价意义。

综上，敲诈勒索罪情节加重犯是不纯正数额犯，"数额巨大"与"其他严重情节"是同质条件下的彼此独立的关系。由于两个选择要素所代表的社会危害性程度应相当或者基本相当是前提，因此，司法实践在确定各个选择要素的具体内容时，就应当注意到它们之间反映的危害性程度应当大致平衡，不至于某个要素重而某个要素轻。明确这一点对于适用刑法具有重要的意义。

二、"其他严重情节"的具体认定

哪些情节属于敲诈勒索罪中的"其他严重情节"，理论上存在很大的分歧：

第一种观点认为：本罪的严重情节是指：（1）敲诈勒索行为引起严重后果的，如引起被害人自杀、精神失常等；（2）流窜作案、多次作案，危害严重的；(3) 敲诈勒索手段极为恶劣的，如冒充公务员敲诈勒索、以危害社会公共安全为手段敲诈勒索等；(4) 实施敲诈勒索行为的累犯；(5) 共同敲诈勒索犯罪中情节严重的主犯；(6) 敲诈勒索残疾人、孤寡老人或者丧失劳动能力的人的财物的；(7) 具有其他严重情节的。

第二种观点认为："多次敲诈勒索的；敲诈勒索犯罪集团的首要分子；因敲诈勒索造成被害人生活困难、精神失常或其他严重后果的。"

第三种观点认为："敲诈勒索罪的累犯或者惯犯；是共同犯罪的首要分子；敲诈勒索公私财物数额巨大的；冒充国家工作人员敲诈勒索的；敲诈手段特别恶劣的或者造成严重后果的等。"

第四种观点认为："敲诈勒索行为引起严重后果的，如被害人自杀等；手段极为恶劣的；多次敲诈勒索的；敲诈勒索累犯；冒充国家工作人员敲诈勒索的；敲诈勒索的主犯或教唆犯。"

第五种观点认为：敲诈勒索行为引起严重后果的，如引起被害人自杀身亡，精神失常，逃往异乡的；敲诈勒索的手段极为恶劣、危害很大的；多次实施敲诈勒索行为的；敲诈勒索罪的累犯；他人犯罪知情不举并乘机敲诈勒索的；冒充国家工作人员敲诈勒索的；共同敲诈勒索的主犯或教唆犯；结伙设置骗局敲诈勒索的；等等。

笔者认为，首先有必要区分量刑上的从重处罚与量刑上的加重处罚，前者是在既定的法定刑幅度范围内加重处罚，后者是在既定的法定刑上升一格处刑。作为加重构成意义上的"重情节"只可能导致适用另一个独立的、加重的法定刑，而不存在量刑意义上的从重处罚问题。根据《刑法》第65条的规定，累犯从重处罚，敲诈勒索罪的累犯只能在"三年以下有期徒刑、拘役或者管制"的法定刑幅度内从重处罚。而主张将敲诈勒索罪的累犯作为本罪的情节加重犯，适用"三年以上十年以下有期徒刑"的法定刑幅度内处罚，应当认为违反了刑法总则的规定。"敲诈勒索残疾人、孤寡老人或者丧失劳动能力的人的财物的"，与敲诈勒索正常人的财物，从被侵害的法益客观性角度审视，两者无量的不同，只是前者的场合，折射出行为人的主观恶性更大，因此从刑法的任务和目的角度出发，将此情形规定为从重处罚即可，没有必要规定为加重处罚情节。

其次，对其它严重情节的界定不能与刑法总则的规定相冲突。如根据《刑法》第26条第1款的规定，组织、领导敲诈勒索犯罪集团进行犯罪活动的，或者在敲诈勒索共同犯罪中起主要作用的主犯，按照其所参与的或者组织、指挥的全部犯罪处罚；根据《刑法》第26条第3款的规定，敲诈勒索犯罪集团的首要分子，按照集团所犯的全部罪行处罚；再如根据《刑法》第29条的规定，教唆他人敲诈勒索犯罪的，应当按照他在共同犯罪中所起的作用处罚。教唆不满18周岁的人实施敲诈勒索犯罪的，从重处罚。因此，无视新刑法规定，将其解释为敲诈勒索罪的加重处罚情节不妥当。

再次，界定加重处罚情节，须厘清敲诈勒索罪与相关犯罪的区别，实现与其它相关犯罪法定刑协调。以危害社会公共安全为手段的敲诈勒索的，如"碰瓷"场合，行为人侵犯的是重法益，成立重罪，自然排除轻罪的适用，以危险方法危害公共安全罪其法定刑为十年以上有期徒刑、无期徒刑或者死刑；而敲诈勒索罪情节加重犯是三年以上十年以下有期徒刑。很显然，将此情节评价为敲诈勒索罪情节加重犯，并没有实现对行为人加重处罚的目的。再如冒充国家工作人员敲诈勒索的，实际上是手段行为与目的行为的牵连，按照牵连犯的处理原则即可，没有必要将其作为敲诈勒索的情节加重犯对待。

最后，流窜作案在抢劫罪等重罪都没有被规定为情节加重犯，根据举重以明轻的解释原则，在比抢劫罪轻微的敲诈勒索罪中，更没有必要规定为加重处罚情节。"惯犯"在我国刑法中并没有具体规定，大体上相当于刑法理论上的常习犯，对常习犯，刑法理论已有定论，没有必要将其作为敲诈勒索罪的加重处罚情节。至于"他人犯罪知情不举并乘机敲诈勒索的""结伙设置骗局敲诈勒索"，前者属于"黑吃黑"，只是普通的敲诈勒索行为，构成犯罪的，依法定罪量刑即可，后者的场合，也没有必要认定为敲诈勒索罪的加重处罚情节。"行为人的一个行为同时具有欺骗行为和恐吓行为的性质，对方同时陷入认识错误与产生恐惧心理，可以认定为诈骗罪与敲诈勒索罪的想象竞合犯，以一重罪论处。但是如果行为不是同时具有诈骗与恐吓性质、对方同时陷入认识错误与产生恐惧心理，则不能认定为诈骗罪与敲诈勒索罪的想象竞合犯。行为人仅实施欺骗行为，使被害人陷入认识错误并产生恐惧心理的，只能认定为诈骗罪；行为人仅实施恐吓行为，被害人虽陷入了一定认识错误，但完全或主要基于恐惧心理交付财物的，宜认定为敲诈勒索罪，不能认定为诈骗罪与敲诈勒索罪的想象竞合犯；行为人同时具有欺骗与恐吓性质，对方仅陷入认识错误并基于认识错误处分财产，而没有产生恐惧心理的，宜认定为诈骗罪；行为同时具有恐吓与欺骗性质，对方仅产生恐惧心理并基于恐惧心理交付财产，而没有陷入认识错误的，宜认定为敲诈勒索罪。"

值得研究的是多次敲诈勒索是否属于敲诈勒索罪的"其他严重情节"？

"多次敲诈勒索"不应一概被视为敲诈勒索罪的加重处罚情节《刑法》将多次抢劫作为抢劫罪的情节加重犯处理，将多次盗窃（1年内入户盗窃或者在公共场所扒窃3次以上）作为盗窃罪的定罪情节之一；司法解释将抢夺公私财物数额较大，1年内抢夺3次以上的，以抢夺罪从重处罚。对多次敲诈勒索的，如何处理，刑法理论和司法实践有不同的认识：

一种观点认为，多次敲诈勒索的，属于敲诈勒索罪的情节加重犯（至于是否以每次敲诈勒索行为均构成犯罪为前提，没有提及）；另一种观点认为，多次敲诈勒索的，属于连续犯，应依照连续犯的理论处理。

笔者认为，须视具体情况而定。如果行为人的每次敲诈勒索行为均构成犯罪，可以考虑将其作为敲诈勒索罪的情节加重犯。理由是将多次敲诈勒索的情形属于同种数罪，根据我国刑法理论的通说，对于同种数罪，原则上不数罪并罚。如多次盗窃的，累计盗窃数额，以一个盗窃罪定罪处罚；多次贪污的，累计贪污数额，以一个贪污罪定罪处罚即可。但是也有例外，如果以一个罪定罪量刑，无法做到罪刑相适应的场合，也可考虑数罪并罚。行为人多次敲诈勒索的，累计犯罪数额，可能无法做到罪刑相适应，在这种情况下，将其作为评价为敲诈勒索罪中的"具有其它严重情节"，对行为人适用三年以上十年以下的法定刑，基本上做到罪刑相适应。问题是如果行为人的多次敲诈勒索行为，每次均不构成犯罪，但不属于犯罪情节显著轻微的场合，对行为人的行为如何处理？根据刑法罪刑法定原则的规定，不能以敲诈勒索罪追究行为人的刑事责任。

解释刑法不可缺少比较方法，尤其是在刑法条文表述相同或者相似、条文适用背景相同或者相似的情况下。在我国司法机关未对"其他严重情节"作出具体界定的情况下，参考外国的刑法学说与审判实践解释本国刑法规范，可能会得出发人深省的结论。如《俄罗斯及联邦刑法典》第21章"侵犯财产的犯罪"第163条第2款规定的第二档加重处罚情节：（1）有预谋的团伙实施的；（2）多次实施的；（3）使用暴力的，处三年以上七年以下的剥夺自由，并处或不并处没收财产。第三档加重处罚情节：（1）有组织的团伙实施的；（2）以获取巨额财产为目的的；（3）对受害人健康造成严重损害的；（4）具有2次以上盗窃或勒索前科的人员实施的，处七年以上十五年以下的剥夺自由，并处没收财产。《意大利刑法典》第 13 章"侵犯财产罪"第 1 节"以对人或物的暴力侵犯财产的犯罪"第 629 条规定：如果暴力行为是采用武器实施的，或者是由经过化装的数人结伙实施的，或者暴力行为表现为使某人处于无意思或行为能力状态的，或者暴力、威胁是由黑手党集团的团体的人实施的，处六年至二十年有期徒刑和 200 万~600 万里拉罚金。《法国刑法典》第 312-2 条规定加重处罚情节为：进行勒索之前、同时或之后，对他人使用暴力，致其全丧失劳动能力未超过 8 天的；对由于年龄、疾病、残疾、怀孕或者身体或精神缺陷而明显极易攻击或罪犯明知极易的人进行勒索。第 312-3 条规定：实行勒索之前、之后或同时使用暴力，致他人完全丧失劳动能力超过 8 天的，处十五年徒刑并科 100 万法郎罚金。第 312-4 条规定：实行勒索之前、之后或同时使用暴力，致他人身体毁伤或永久性残疾的，处二十年徒刑并科 100 万法郎罚金。第 312-5 条规定：使用武器或威胁使用武器进行勒索，或者由携带须经批准的武器或被禁止之武器的人进行勒索的，处三十年徒刑并科 10 万法郎罚金。第 312-6 条规定：组织团伙进行勒索的，处二十年徒刑并科 100 万法郎罚金；组织团伙进行勒索之前、之后或同时使用暴力，致他人身体毁伤或永久性残疾的，处三十年徒刑并科 100 万法郎罚金；组织团伙，使用武器或威胁使用武器或由携带须批准或禁止携带之武器的人进行勒索的，处无期徒刑；第 312-7 条规定：实行勒索之前、之后或同时使用暴力，致他人死亡，或者采用酷刑或野蛮行为进行勒索的，处无期徒刑并科 100 万法郎罚金。

上述三个国家刑法典关于敲诈勒索罪加重处罚情节有如下相同或相近之处：行为人的种类（如数人结伙或有组织的团伙实施的）；有选择性的将行为的实施方式（使用暴力、使用武器）；对被害人造成严重损害的（含毁伤、损害健康、永久性残疾、致被害人丧失劳动能力的）、取得财物数额巨大等。在一定情况下，对由于年龄、疾病、残疾、怀孕或者身体或精神缺陷而明显极易攻击或罪犯明知极易的人进行勒索也可加重处罚。

不可否认，上述共同之处，可为我国刑法理论和司法实务具体界定"其他严重情节"提供有益的借鉴。结合我国刑法理论语境和司法实践现状，笔者主张将下列情节视为"其他严重情节"：

（1）导致被害人死亡、精神失常或其他严重后果的；（2）对多名未成年人、残疾人、孤寡老人或者多次对未成年人、残疾人、孤寡老人实施敲诈勒索，数额较大的；（3）敲诈勒索救灾、抢险、防汛、优抚、扶贫、移民、救济、医疗款物，造成严重后果的；（4）敲诈勒索法人、其他组织的生产资料或者个人急需的生活资料，严重影响生产生活或者造成其他重大损失的；（5）1年内多次敲诈勒索的（以每次均构成犯罪为前提）；（6）犯罪数额接近数额巨大标准，犯罪手段特别恶劣的；（7）多人入户敲诈勒索的；（8）军警人员实施敲诈勒索，数额较大的；（9）对被害人使用暴力造成严重损害的（含毁伤、损害健康、永久性残疾、致被害人丧失劳动能力的）；（10）造成其他巨大损失的。

需要说明的是：（1）在认定敲诈勒索罪其他严重情节时，须全面、综合考虑行为的时间、空间、对象、方式、次数、数额、行为人的身份、动机、侵犯法益可能性大小等。（2）避免重复评价。犯罪情节可分为定罪情节与量刑情节，作为禁止重复评价原则的重要体现，定罪情节不应当在量刑时再次使用，因为定罪情节在确定某一行为是否构成犯罪时已经被评价过一次。如果在量刑时再次对其评价，就是重复评价，因此应该禁止。如行为人主观上基于非法占有财物的目的（当场占有与日后并存），客观上的当场暴力既是当场取得财物的手段，同时也是借助先前的暴力对被害人产生的恐惧心理日后取得财物的手段，不存在两个独立的行为，若定抢劫罪和敲诈勒索罪，实行数罪并罚，则对暴力行为做了两次评价就是违反"禁止重复评价原则"。

来源：《中国青年政治学院学报》2008年第4期

盗窃后"讹诈"案件的具体认定

司法实践中，盗窃后讹诈的案件不少，但各地定性差别较大，影响了刑事法律实施的严肃性和统一性。本文以盗窃对象的不同和讹诈故意产生时间的不同而对该问题作系统的梳理。

以盗窃对象的不同和讹诈数额大小及讹诈故意产生时间分类处理。

从犯罪数额上看，若盗窃数额较大，但讹诈数额较小（无论是否既遂），由于讹诈数额较小，不成立敲诈勒索犯罪，故只对先前的盗窃行为以盗窃罪评价即可；同理，若盗窃数额较小，但讹诈所得较大既遂的，则只需对讹诈行为以敲诈勒索罪评价即可；敲诈勒索未遂，情节严重的，也以敲诈勒索罪处罚。值得研究的是以下三种情形，即被盗财物无客观价值（或较小）但对被害人有一定主观价值的。

1. 盗窃骨灰盒、结婚照等难以评估客观价值的财物，而后讹诈他人的。对行为人而言，骨灰盒、结婚照、纪念照等难以评估客观价值，甚至可能毫无价值，但对失主来说，潜在的主观价值可能更大一些。若这些物质的客观价值尚未达到盗窃罪立案标准，则只需评价敲诈勒索行为；若上述物质的客观价值已达到盗窃罪立案标准，则应认定为盗窃罪、敲诈勒索罪的牵连犯。

2. 盗窃他人裸照、私生活录像、违法犯罪证据等隐私资料，让被害人巨额赎回的。裸照、私生活录像、违法犯罪证据等隐私资料几乎无任何客观价值，所以盗窃行为在刑法上无法评价（如果手段行为在刑法上能评价，则评价为相应的犯罪），由于讹诈数额巨大，无论是否既遂，均应以敲诈勒索罪定罪处罚。因为敲诈勒索罪中社会危害性的实现不要求其自身内容具有违法性，即便是包含正当权利的事项，如果作为使他人交付财物的手段来使用，也可能成为胁迫行为。例如，如果甲盗窃乙向丙行贿的过程的录像带一盘后，以此要挟乙交付1万元钱，否则就要告发，根据我国刑事法的有关规定甲要告发乙的犯罪行为虽属合法权利，但其无权从中取得利益，其若借告发行为获利的，则构成敲诈勒索罪。

3. 盗窃机动车号牌让车主赎回的。有观点认为成立盗窃国家机关证件罪，笔者认为将盗窃车牌的行为定性为"盗窃国家机关证件罪"不妥。理由是：机动车号牌不属于国家机关证件，只是一种标志，其作用是表明事物的特征、证明机动车的权属，也是机动车取得合法行驶权的必备条件，没有号牌或者号牌不符合规定的车辆不允许在道路上行驶；而证件则是一种用来证明身份的文件（如工作证、代表证等）。从刑法某些条文的规定也可以推断出机动车号牌的性质，如《刑法》第375条第2款所规定的非法生产、买卖军用标志罪，该罪是指非法生产、买卖武装部队制式服装、车辆号牌等专用标志，情节严重的行为。刑法既然将武装部队的机动车号牌列为专用标志的一种（而不是证件），那么普通居民的机动车号牌也就更没有理由成为国家机关证件了。

如果机动车号牌本身是国家机关证件的话，那就无需再以司法解释的形式专门规定，而是应该直接按照《刑法》第280条第1款的规定处理就可以了。正因为机动车牌证不属于国家机关证件，而伪造、变造、买卖机动车牌证的行为又具有严重的社会危害性，所以才对此作出专门的解释。盗窃机动车号牌让车主赎回，讹诈数额较大的，以敲诈勒索罪定罪处罚；否则，则不成立敲诈勒索罪。

此外，盗窃时有无讹诈的故意也对行为的定性产生影响。若盗窃时没有勒索的故意，盗窃既遂后才产生勒索财物的故意的，以盗窃罪、敲诈勒索罪数罪并罚；若以勒索他人为目的的盗窃财物，在这种情况下，讹诈是为了将先前的盗窃成果予以兑现（即盗窃是行为人勒索敲诈的手段），根据牵连犯"择一重罪"的原则定罪处罚：若盗窃罪数额巨大，但敲诈勒索数额较大，则以盗窃罪定罪处罚；若盗窃罪数额较大，但敲诈勒索数额巨大，则以敲诈勒索罪定罪处罚；若盗窃罪数额巨大（较大），敲诈勒索数额也巨大（较大），则以敲诈勒索罪定罪处罚。

将他人盗窃所得再次盗窃，讹诈他人的如何进行处理呢？对明知是他人盗窃所得，而再次盗窃，以举报相威胁要求赎回行为的定性，刑法理论颇有争议。如杨某盗窃一台笔记本电脑，何某得知后予以盗窃，杨某知情后多次向何某索要，但何某拒不退还，并"威胁"杨某，"如果你再要电脑，我就到公安机关去告发你，你吃个亏，这台电脑就归我了；或者你要，就给我 3000 元钱（电脑价值 5000 元）"。杨某无奈，只得不提此事。后杨某案发供出了何某。对何某的行为定性存在较多分歧。笔者认为，因为需要通过法定程序恢复应有状态的占有也是刑法保护的法益，所以何某将杨某盗窃所得再次予以窃取的，无疑构成盗窃罪。何某在明知杨某的电脑是其盗窃所得的情况下而予以转移，显然不只是侵犯刑法上的占有，同时还妨害了司法机关对赃物的追缴，侵犯了司法机关的正常活动，理应成立转移掩饰、隐瞒犯罪所得罪。由于行为人的盗窃转移行为，侵犯两个不同的法益、触犯两个不同的罪名，故成立盗窃罪和掩饰、隐瞒犯罪所得罪的想象竞合犯，按行为所触犯的罪名中的一个重罪处罚即可。至于何某以恐吓手段威胁或讹诈杨某，本质上仍是侵吞，威胁、讹诈行为也不构成敲诈勒索罪。

来源：《检察日报》2008 年 12 月 9 日

立法建言

应细化故意伤害罪的法定刑设置

《刑法》第 234 条第 2 款规定："故意伤害他人身体，致人重伤的，处三年以上十年以下有期徒刑；致人死亡或者以特别残忍手段致人重伤造成严重残疾的，处十年以上有期徒刑、无期徒刑或者死刑。"笔者认为，该条规定应细化。原因如下：

1. 若行为人故意伤害数十人重伤，都没有致人死亡或以特别残忍手段致人重伤造成严重残疾，根据罪刑法定原则和司法实践同种数罪不并罚的惯例，法院只能在三年以上十年以下有期徒刑之间量刑，这明显违反了罪刑相适应原则。刑法理论上不仅存在结果加重犯，还存在情节加重犯，立法仅考虑到结果加重犯，而没有考虑到情节加重犯。故该款应设置情节加重犯，即"故意伤害他人身体，致多人重伤的，处十年以上有期徒刑"。

2. 根据该款规定，若行为人以特别残忍手段故意伤害他人身体，致人重伤，尚未造成严重残疾的，也只能处三年以上十年以下有期徒刑。笔者曾办理一案：被告人黄某将他人一只手砍掉，作案手段相当残忍。但经法医鉴定，属七级伤残，尚未达到严重残疾程度（一级至五级伤残属于严重伤残）。按照法律规定，只能在三年以上十年以下量刑。另外，若行为人以一般残忍手段（尚未达到立法者认定的特别残忍手段程度）致人重伤造成严重残疾的，根据罪刑法定原则，法院也只能在三年以上十年以下有期徒刑之间量刑。造成类似罪刑不相适应的根本原因是：立法过于简单，没有考虑到以上两种例外情况。笔者认为，以特别残忍手段致人重伤，造成一般残疾的，或者以一般残忍手段致人重伤造成严重残疾，都该处十年以上有期徒刑。

来源：《人民法院报》2004 年 2 月 17 日

掩饰、隐瞒犯罪所得罪应增设注意性规定

《刑法》第312条规定了"掩饰、隐瞒犯罪所得、犯罪所得收益罪"（下称本罪）的罪状与法定刑，但对本罪与其他特殊规定之间的界限未作进一步提示。笔者建议《刑法》第312条增设"本法另有规定的，依照规定"的注意性规定，提醒司法人员注意。

首先，《刑法》第191条规定的洗钱罪是本罪的特别规定。《刑法修正案（六）》根据国际公约的要求对赃物犯罪进行了修正性规定：明知是毒品犯罪、黑社会性质的组织犯罪、贪污贿赂犯罪、恐怖活动犯罪、走私犯罪等的违法所得及其收益，协助进行转移、转换或者以其他方式掩饰、隐瞒其性质和来源的行为，都被规定为洗钱犯罪，不适用本罪的一般规定。

其次，根据《刑法修正案（四）》第6条，《刑法》第344条被修订为，非法收购、运输、加工、出售国家重点保护植物、国家重点保护植物制品罪，而根据《刑法修正案（四）》第7条，《刑法》第345条规定了非法收购、运输盗伐、滥伐的林木罪。据此，明知是非法采伐珍贵树木而非法收购、运输的，应成立非法收购、运输、加工、出售国家重点保护植物、国家重点保护植物制品罪。但是如果《刑法》不作出明确指示，司法工作人员很容易将其定性为非法收购、运输盗伐、滥伐的林木罪，而这两者都是本罪的特别规定，因此有必要对本罪增设注意性规定。

再次，根据《刑法修正案（四）》第3条的规定，直接向走私人非法收购国家禁止进口物品的，或者直接向走私人非法收购走私进口的其他货物、物品，数额较大的；在内海、领海、界河、界湖运输、收购、贩卖国家禁止进出口物品的，或者运输、收购、贩卖国家限制进出口货物、物品，数额较大，没有合法证明的，均以走私罪论处，这也是本罪的特别规定。

最后，在掩饰、隐瞒的犯罪所得是违禁品的场合，也不构成本罪。如窝藏枪支弹药的，构成窝藏枪支弹药罪；窝藏、转移、隐瞒毒品、毒赃的，构成窝藏、转移、隐瞒毒品、毒赃罪；以贩卖为目的而收购他人制造的毒品的，构成贩卖毒品罪。这是由于窝藏、转移、收购、销售违禁品的行为比窝藏、转移、收购、销售一般犯罪对象的社会危害性更大、侵害的法益更为重要。

来源：《检察日报》2011 年 7 月 13 日

建议刑法增设过失危险犯

近来，各地重特大事故频频发生，严重危害了公共安全。然而，这些事故的最大遗憾之处也许并不在于其后果的严重性，而是在于相关责任人心存侥幸，在第一次过失行为发生后未能及时"亡羊补牢"，采取有效措施，防患于未然。对此，笔者认为，应在危害公共安全类罪中设立过失危险犯。理由如下：

其一，基于有效地保护公共安全的迫切需要。依现行《刑法》的罪刑法定原则，对于基于过失，但尚未对公共安全造成现实危害结果的行为，即使对法益造成的危险很大，也不能追究行为人的刑事责任。坐等严重后果发生之后才去刑事介入，刑法就成了十足的"马后炮"。若刑法规定过失危险犯，这对保护生命财产安全和正常的生活秩序都有不可估量的作用。

其二，基于建立保护重大法益安全的"过失危险预防机制"的需要。对某些严重的过失危险行为予以犯罪化，可使过失行为人充分意识到过失危险行为可能的危害性和国家、社会对过失高度危险行为的警惕。刑法对过失危险行为给予超前的评价和干预，对这种容易引起严重后果的故意、过失违法行为及时给予适当的刑罚威慑，可在一定程度上减少乃至避免侥幸心理，预防严重后果的发生，实现防患于未然。

其三，过失行为人主观上漠视不特定多数人的生命、健康和重大公私财产安全；客观上没有严格遵循规章制度，而非业务技能不佳、应急能力不强。因此，对过失危险行为予以犯罪化，一方面是对行为人客观存在的危险行为进行制裁；另一方面，基于预防的功利性考虑，可以促使从业人员以更高的要求对待业务，严格按照操作规则办事。

同时，笔者主张，在危害公共安全类罪中设立过失危险犯，并非对一切过失危害公共安全行为均予以犯罪化，而是要充分考虑某类过失危险行为的常发性、易发性，对过失危险犯的扩张进行适当限制，借鉴故意危险犯的成熟理论和丰富的司法实践经验来认定。

来源：《法制日报》2006 年 2 月 21 日

滥用职权罪主体应包括村官

2000年4月29日，全国人大常委会就村民委员会等村基层组织人员（以下简称"村官"）成立贪污罪、挪用公款罪、受贿罪作出了解释，《刑法修正案（六）》（2006年6月29日）就公司、企业以外的其他单位人员，包括村民委员会等村基层组织人员的受贿行为也作出了明确规定。相比之下，2002年12月28日全国人大常委会关于渎职罪主体适用问题的解释却没有把村官规定为渎职罪主体。笔者认为，对村官滥用职权、玩忽职守且造成严重后果的行为应予以犯罪化，即滥用职权罪、玩忽职守罪的犯罪主体应包括村官。理由如下：

第一，村官滥用职权、玩忽职守且造成严重后果的渎职行为与贪污罪、受贿罪、挪用公款罪在本质上是相同的，都具有严重的社会危害性和常发性。尤其是在土地管理、计划生育管理等领域，一些村官严重损害农民利益的事件时有发生，已引起了人民群众的强烈不满和干群关系的尖锐对立，导致群体上访事件不断发生。由此可见，村官滥用职权、玩忽职守且造成严重后果的渎职行为具有严重的社会危害性。

第二，村官滥用职权、玩忽职守且造成严重后果的渎职行为予以犯罪化符合立法条件，不存在代替刑罚的适当方法。村官严重渎职行为与其实施的贪污贿赂犯罪一样，已经超过了社会的容忍限度。目前，现有法律不能充分保护农民群众的法益，只有刑法能担当保护法益、禁止村官严重渎职行为的重任。立法机关应放弃对这种行为的容忍，将其上升为刑法规制的对象。

总之，随着村级管理事务不断扩大，村官滥用职权等行为有必要在法律上进一步明确界定，可由全国人大常委会以立法解释方式进行。"村基层组织人员是依照《村民组织法》行使管理公共事务职能的人员，在行使自治职权时，有滥用职权或玩忽职守行为，构成犯罪的，依照刑法滥用职权罪或玩忽职守罪追究刑事责任。"

来源：《检察日报》2007 年 5 月 5 日

刑事诉讼法应增设诚信原则

在刑事诉讼中确立诚信原则（或曰规则，下同），其目的在于纠正职权主义诉讼模式的过头之处，使刑事诉讼程序的过分职权化倾向得到遏制，但这种遏制并非简单地向对抗制模式回归，而是通过强化刑事诉讼参与人义务的途径使我国刑事诉讼法确定的职权主义诉讼模式能够有效发挥作用。刑事诉讼中诚信原则的含义有二：第一层意义是行为意义上的诚信信用，即被告人及其辩护人、被害人及其代理人或其他诉讼参与人在诉讼过程中实施诉讼行为时以及法官、检察官在实施司法行为时，均应当诚实和善意。第二层意义是法官、检察官、当事人以及其他诉讼参与人在诉讼过程中需努力保持被害人利益、被告人利益和国家利益的平衡，不能因为检察机关代表国家利益或社会公共利益而在诉讼中享有特殊地位，即做到程序上和实体上的公正和利益平衡，在强调各种利益平衡前提下主张控辩地位平等。

刑事诉讼中的诚信原则具有以下机能：对当事人而言，诚信原则是当事人行使诉讼权利、履行诉讼义务的行为准则；对检察官、法官而言，诚信原则既是司法官行使司法权、履行司法职责的行为准则，同时也是平衡各种诉讼利益的基准。

诚信原则在刑事诉讼中的具体应用：诚信原则除规定当事人的诉讼活动外，还对司法人员行使司法权的活动以及其他诉讼参与人的诉讼活动起调节作用，这可以被视为是诚信原则由私法实现公法化以后所产生的波及效应。诚信原则要求司法机关执法为民、追求真理、维护正义、崇尚法律，认同职业伦理、恪守法律职业道德，公正、及时、准确地行使司法权，要求司法官在认定事实和适用法律作出最终的确认之前以适当的方式公开自己的内心判断和心证，防止滥用自由裁量权。具体到被告人权利保护，应该充分认识到刑事案件被告人在诉讼中处于天然弱势地位，所以应该保障辩护人独立地位，尽可能在法律规定的范围内为被告人的辩护人提供便利。检察机关在审查起诉时就应该充分听取被害人的意见，从实质上提高被害人的诉讼地位，不漠视其合法权利，在侦查、起诉裁量、公诉苍庭、刑罚执行等任何一环刑事诉讼环节，应诚信地履行职责，决不故意怠忽职责或滥用职权。检察官和法官应充分尊重当事人在诉讼中的自由和人格尊严，保障被告人依法享有的知情权（知悉被控罪名、控方掌握的证据及其它与案件处理有关的信息如当事人基本权利的知悉权）。对法官而言，诚信原则要求其听取双方的陈述，保持中立，不单方接触一方当事人。此外，法官不能和检察官联合起来对付被告、"强强联合"欺负弱者，对辩方的观点，不要再充满歧视、偏见和熟视无睹的傲气；如果不采纳被告人及其辩护人意见，要根据诚信原则给被告人一个必要的回应，以体现被告参与的存在和尊重其人格。诚信还要求法官及时作出判决，杜绝让被告人、被害人漫长的等待，同时冷静、从容的评议（对法庭审判中出现的证据、事实、观点、主张、辩论、焦点、争议点进行一个归纳总结的过程）避免突袭性裁判，给被告人、被害人讲解审理过程中考虑的相关因素，让判决充满说理、探讨的氛围。对其他诉讼参与人和案外人也有不进行任何欺诈、恪守信用的要求，如要求证人如实作证、鉴定人如实鉴定、翻译人如实翻译、案外人依法提供协助等。

民事行政判决裁定
附加检察院监督条款应成文化

《民事诉讼法》第 14 条、第 185 条，《行政诉讼法》第 10 条、第 64 条分别规定人民检察院对法院民事诉讼、行政诉讼实施法律监督。人民检察院发现法院有《民事诉讼法》第 185 条规定的情形，应按照审判监督程序提起抗诉。司法实践中，各级检察院更多是依赖少数（懂法的）当事人向检察院控告、申诉，"等米下锅"的被动工作方法直接造成民事行政检察部门案源不足，也就不能有效对法院民事行政判决、裁定实施监督，也就不能根本上维护司法公正和部分当事人的合法权益，部分当事人选择不停上访，给社会不和谐埋下潜在的危险。

造成检察机关民事行政检察部门案源不足、"等米下锅"的主要原因有二：一是民事诉讼法、行政诉讼法均没有规定法院必须在其判决、裁定中告知当事人可向人民检察院申请抗诉；二是相当多当事人法律知识有限，不知道检察机关对法院民事和行政判决、裁定有监督权；三是检察机关对自己民事行政监督权宣传力度还不够大。

笔者认为：解决这一问题的方案有三种。

第一种方案可考虑在民事诉讼法、行政诉讼法相应条款中增加条款。如在《民事诉讼法》第 134 条中增加一款："宣告判决、裁定时，应当告知当事人向人民检察院申请监督的权利、期限和有权监督的检察院。"作出这样规定的原因除上述二个原因外，还在于：

第一，法律依据。《宪法》《人民检察院组织法》《人民法院组织法》《民事诉讼法》《行政诉讼法》等法律均规定检察机关对人民法院实施法律监督。

第二，事实依据。《法制日报》2005 年 10 月 11 日第 1 版报道了宁夏盐池县人民检察院与县人民法院就将检察机关法律监督条款附加在法院的民事、行政判决书中达成共识并经实践检验后，仅 5 个月，检察院民行部门受理的案源就比上年同期增加了 2 倍。这一做法被实践证明是行之有效的、正确的。

第二种方案可考虑借鉴《刑事诉讼法》第 163 条第 2 款的规定。在《民事诉讼法》《行政诉讼法》增加一款："定期宣告判决的，应当在宣告后立即将判决书送达当事人和同级人民检察院。"作出这样规定的理由主要是：首先是基于立法公平原则。同是法律监督，为何刑事判决、裁定要送达人民检察院，而民事行政判决、裁定却不送达有监督权力和义务的人民检察院！这反映出了立法者存在严重的"重刑轻民"思想。其次，有充分的事实依据。根据 2004 年最高人民法院工作报告、最高人民检察院工作报告，2004 年全国各地方法院共审结刑事案件 644 248 件，审结民事案件是 4 303 744 件，后者是前者的 6.68 倍；而刑事抗诉案件 3063 件，民事抗诉案件是 13 000 件左右；刑事案件抗诉率是 0.475%，民事案件抗诉率是 0.302%。前者证明标准高于后者，宣判后前者的抗诉率却高于后者，这充分说明不仅立法者重刑轻民，广大司法人员（尤其是检察人员）更是存在重刑轻民思想。这种状况亟须从立法上改变。

第三种方案可考虑有最高人民法院、最高人民检察院就上述第一种方案达成共识后联合发布司法解释或通知，要求各级法院在其民事行政判决、裁定附加检察院监督条款。

前两种方案须在修改《民事诉讼法》《行政诉讼法》后才能实行；第三种方案简便易行（原理与前两种方案雷同）。

受贿犯罪原因研究

22 名厅级领导干部受贿犯罪心理剖析

【摘要】厅（局）级领导干部职务犯罪，有其深刻的主观和客观原因。主观原因有：信念动摇、价值观扭曲、道德防线崩溃；侥幸心理严重；法律意识淡薄、滥用职权；贪婪；交友不慎；心态失衡、升迁无望、为子女考虑；虚荣心严重。客观原因：领导干部权力过大、无法有效监督制约；市场经济发展所产生的负面效应；社会潜规则等。

近年来，多名厅级领导干部落马，《检察日报》也刊发了多名厅级领导干部忏悔录，笔者随机提取 22 名犯罪的厅局级领导干部忏悔录。这 22 名厅级领导干部分布各行各业，其犯罪原因和犯罪心理各不相同，对这些活生生的厅级领导干部忏悔录进行归纳总结，找出其违法犯罪的原因，对今后有目的、有针对性地推进职务犯罪预防和对推进职务犯罪研究有重要的实践和理论意义。

一、22 名忏悔厅级领导干部情况概览

22 名厅级领导干部实施的职务犯罪中，以受贿犯罪居多，有 22 人实施受贿犯罪，占 95.4%，其次是巨额财产来源不明罪、挪用公款罪、滥用职权罪、贪污罪等罪名。在这 22 名厅级领导干部中，从职业上看，来自不同的职业，有党政机关"一把手"市委书记、市长、医院院长、出版社社长、大学校长（副校长）、企业领导；从正职、副职犯罪情况看，既有正职"一把手"犯罪，也有副职犯罪，但正职犯罪概率明显多于副职犯罪概率（22 人中，有 12 人系正职或一把手）；从犯罪数额上看，少则几十万、多则几百万到上千万不等；从量刑上看，从判处三年有期徒刑到无期徒刑、死刑的都有；从地域上

看，有东部发达地区，也有中西部经济欠发达地区；从犯罪领域上看，在组织人事调整、土地流转和金融运营、高等院校、医疗卫生、新闻出版、党政机关等众多领域均有，但党政机关仍占支配比例，占77.27%；从性别看，男性领导居绝大多数，超过90%，女性占比例很小；从忏悔的原因上看，主要集中在放松世界观的改造，人生观、价值观扭曲，侥幸心理、贪欲、心态失衡、法律意识淡薄、权力失去有限监督和制约、为妻儿子女（情妇）犯罪、交友不慎、虚荣心过重等；从犯罪的手段上看，主要集中在买官卖官、土地和房地产、暗中接受商业回扣、挪用公款、滥用职权等为他人谋取利益上。

从悔过态度上看，绝大多数都能发自肺腑地忏悔，都能较为深刻地认识自己走上犯罪道路的原因，但也有极少部分被判刑后没有认识到自己犯罪的原因，片面地认为是自己"运气差、倒霉鬼"。多数厅级领导干部受到法律惩处、付出自由或生命代价后，往往会有"悔不当初"的忏悔、都会有迟到的悔悟，在囚室内自算"七笔账"（分别是政治账、经济账、名誉账、自由账、健康账、家庭账、亲情账）。进入监狱服刑后，绝大多数都能认识到自由的可贵，都能发自肺腑地告诫在位的领导干部。

从犯罪本质上讲，都是把权力当成特殊商品，以权谋私，即利用权力对资本进行"寻租"的腐败。权力资本腐败的核心内容是"不法奸商+神秘的关系资源+难以撼动的权力背景之间的黑金交易"，也是地方性腐败利益集团形成的基本公式。它不仅涉及官员与商人，还有侧身其间进行利益均沾的各种"关系人"，一旦犯案，则是案值巨大，窝案、串案（腐败团伙）比较显著。

二、22名忏悔厅级领导干部的犯罪原因（心理）剖析

（一）主观原因

1. 信念动摇、价值观扭曲、道德防线崩溃。所有的领导干部在反思自己犯罪原因时，几乎均认为是自己放松了学习，放松了思想改造，世界观、人生观、价值观扭曲是走上犯罪道路的根本原因。河南省人大常委会办公厅原副主任李国富忏悔道："世界观、人生观、价值观的错位，使我的灵魂扭曲。走上犯罪道路，说到底是'三观'错位的结果，就我个人来说，是在'灵魂'上出了问题。我从小争强好胜，这为我能够取得仕途、事业上的一点成功起到了推动作用，但也滋生了我处处想高人一等的心理。这种心理使我不断陷入两难境地，成为'两面人'。明知天外有天，却还自以为是；明明败絮其

中，还要张扬金玉其外；不追求生活奢侈，却长期发展婚外畸情；不崇拜金钱，却大肆收受和索取贿赂。这种扭曲的'三观'，带来的必然是扭曲的灵魂。"

道德防线崩溃也是一个重要原因。先突破道德的边界，从行为操守不检点开始，进而突破法律的边界。一些厅级领导干部的堕落就是从生活作风不检点开始的，在美色面前经受不住考验，背叛自己的誓言，贪赃枉法，搞权钱交易、权色交易，最终品行堕落、沦为人民的罪人。调查发现，部分厅级领导干部为了满足女人的欢心，不惜铤而走险"弄"钱的超过了40%。经济上的犯罪与生活上的堕落是紧密地联系在一起的。工商银行湖南省分行原行长刘宜清、湖南郴州市原副市长雷渊利等人即如此。

2. 侥幸心理严重。不少厅级领导干部认为，行贿和受贿都是一对一的事，只有天知地知你知我知，谁也不会送了钱又去检举告发，再者受贿的人比比皆是，不一定就能查到自己头上，反腐败就是抓倒霉的，自己不会倒霉到撞上枪口的程度。这种侥幸的心理使厅级领导干部在受贿时脸不红、心不跳，从而走向犯罪的深渊。据笔者统计，有超过90%的厅级领导干部都在忏悔录中描述了自己首次作案后的感受：内心恐惧、思想斗争激烈，过了一段时间之后风平浪静，胆子越来越大，心理防线逐渐被攻破，以致由首次的"收了发抖"演变为后来的"顺其自然、心安理得"。如湖南省工商行政管理局原局长、党组书记欧阳松这样描述自己的犯罪心理："人开始时都有一种侥幸心理，其实这就是走向犯罪的第一步。我以为行贿和受贿都是一对一的事，只有天知地知你知我知，谁也不会送了钱又去检举告发。因此，在侥幸心理的作祟下，自认为不会出事而放任思想防线的崩塌，结果应验了'手莫伸，伸手必被捉'的铁律！"

3. 法律意识淡薄、滥用职权。把党纪国法抛之脑后，恣意妄为，就会像失轨的火车、脱缰的野马，就容易被高压线电倒，必然会付出惨痛的代价。四川省原副省长李达昌徇私舞弊、滥用职权，给国家造成巨额损失，被依法判处有期徒刑7年，就是其中的典型案例。江苏民政厅原副厅长程韶韵忏悔道："党纪国法我也学过，就是没有遵守。在江苏省民政厅我也分管过纪检监察工作，然而我讲的是一套，做的又是另一套，所讲的道理和规定只不过是掩盖自己收受钱财的'虎皮'。如果我的法纪观念强一点，把杨厂长给的1万块钱交给纪委，将所收的'红包'全部上缴，并在厅党组会议上明确提出来不准收受，也不至于今天害己又害人。头脑中没有法制观念，无视法纪，使我一步步地走向歧途。"

4. 贪婪。追求财富没有错，但君子爱财应取之有道，关键是不能捞取不义之财，更不能以权谋私。很多领导干部，根本不缺钱，但由于消极地看待社会阴暗面，对组织和领导的教育听不进，私心不断膨胀，有了第一次的心安理得，贪婪便开始膨胀，贪心越来越大，贪念膨胀到一定程度基本是来者不拒。江苏省淮海工学院原副院长贾军衔在《拜金主义只能使人走向贪婪》一文中忏悔道："贪婪使我留下深深的悔恨，现在我知道，金钱与自由相比，自由是何等的珍贵。每个人都希望拥有幸福，但拜金主义不会给人带来幸福，只能使人走向贪婪。"以"玩权力、玩金钱、玩女人"出名的湖南省郴州市原副市长雷渊利，从拿 1 万元的"好处费"起步，到几十万元、数百万元地贪污受贿，一直到挪用巨额公款，给全市留下上亿元的巨额债务。在贪婪不断膨胀过程中，他生活荒淫，包养情妇，为情妇买车、买房，为私生子设立"生活基金"。

5. 交友不慎。在任时，"朋友"亲近、仰慕、敬畏领导干部，主动上门套近乎，围绕的是一张张笑脸、一声声溢美之词。这些"朋友们"为了自身利益，送钱送礼，五花八门，总是无微不至地关心领导干部。但是一旦领导干部走进了监狱高墙内，这些所谓的"亲朋好友"便会都消失得无影无踪，可能又和下一个厅级领导干部套近乎、交朋友了，从而实现自身利益最大化。工商银行湖南省分行原行长刘宜清这样描述自己交友不慎、为人利用走上犯罪道路："我认识了李某，李是某实业公司的老板。没过几天，李某给我打电话，说想请我吃个便饭。我想自己已是快 60 岁的人了，在位的时间也不多了，既然有人盛情相邀，何乐而不为呢？晚餐后，李某又请我到 KTV 包厢唱歌，尽兴后，他又把我带到一家豪华的桑拿浴室，专门挑选了一个小姐为我做全身按摩。以后，凡是李某邀请，我都满口答应，每次都是乘兴而去，尽兴而归。不久，李某以 1000 元的月薪请了一个按摩女张小姐到他公司里做'公关小姐'。他给我打电话：'公司最近来了一个蛮会喝酒的小姐，今晚就叫她陪您喝几杯？'酒席上，张小姐使出浑身解数频频向我发动攻势，敬酒夹菜讲些'荤段子'。酒足饭饱后，李某悄悄塞给我 5000 块钱，说他已在酒店开好了房间。这时，张小姐来搀扶我：'让我送您去房间休息吧。'我半推半就地随她进了房间……这时的我利令智昏，早已把党纪国法抛到九霄云外去了。在金钱女色的诱惑下，我从'宜清'变成了'不清'，我忘记了一个领导干部的道德行为准则，成了李某利用我牟取私利的'工具'。在商场上的那些所谓朋友没有一个不是冲着我的职位来的，而我却还以为这些朋友可交，结果在他们甜蜜蜜的迷魂汤中迷失了自我，成了他们摆布的一颗棋子。"

6. 心态失衡、升迁无望、为子女考虑。心态失衡、为子女考虑合并在一起也容易导致职务犯罪。如甘肃省兰州市连城铝厂原厂长魏光前在《与生命和自由相比，金钱不值一文》中忏悔道："一是我认为自己吃了很多苦，想着一旦从领导岗位上退下来，就没有了权，人走茶凉。所以，这种想法导致了心理上的不平衡。二是觉得自己在政治上已没有了升迁的可能，还是为晚年生活做点准备，到时候和老伴养老也不用看别人的脸色。三是想在退下来前给儿女们打下一个好的物质基础。如果自己在台上不给他们帮帮忙，害怕退下来以后会遭他们埋怨。四是自己在做这些事情的时候，总是心怀侥幸。自认为送钱、收钱都是一对一，神不知鬼不觉。可是当我被判以重刑，特别是面临死亡的时候，我才开始细细地品味'人为财死、鸟为食亡'这句古语，也才真正认识到：对于生命和自由来说，金钱的确不值一文。"为亲情所困而犯罪的湖南省交通厅原副厅长马其伟（因犯受贿罪被判处无期徒刑）、兰州大学第二医院原院长孙正义均有类似的感受。

7. 虚荣心严重。虚荣心严重导致职务犯罪的，不具有普遍性，但也个别地存在。如江西红星集团原董事长、总经理傅建军称自己"愚不可及"，是虚荣心导致自己犯罪："通过这次的反省思过，我彻底认识了自我，特别是回顾为潘某六次筹钱（挪用公款）的全过程，才真正认清自己是一个多么爱虚荣、爱面子的人。当潘某第一次要求帮助时，她和曹某当面的百般吹捧，使自己迷失了党性和原则。当然，这种爱虚荣、爱面子说到底还是私欲的反映，也是造成腐败的根源。"对名利无限度的追求，也是河南省人大常委会办公厅原副主任李国富走上犯罪道路的推进剂。他说："应该说，15年的时间，从一个无名小卒走上副厅级领导岗位，我得到的够多了。但是在不健康的吹捧、恭维声中，我自己飘飘然起来，还想当更大的官，出更响的名。为去跑官，我伸手拿了不该拿的钱。为了出名，我以自己微薄的学识积累硬走出书之路，把解决资金的手伸向不该伸的地方，得到的却是臭名。结果自作自受，走上了违法犯罪的道路。"

（二）客观原因

不可否认，社会环境对厅级领导干部职务犯罪产生影响，市场经济发展所产生的负面效应，唯"金钱论""一切向钱看"的思潮盛行，比谁的钱多、比谁阔气的攀比心理也无所不在地侵蚀着人们的心灵，使一些领导干部产生对金钱顶礼膜拜的心理，外化为权钱交易行为；私有观念的存在及一些社会不正之风的助长，诱发了部分领导干部的贪婪心理；社会控制弱化和监管制度的漏洞，增强了一些领导干部的侥幸心理和投机心理；客观存在的"潜规则"〔1〕也在一定程度上迫使人们去腐败。浙江省宁波市政协原副主席励奎铭深刻地认识到诱惑多、陷阱深，防不胜防，并写文章告诫自己和他人要常用好"三盆清洁水"。〔2〕但是很遗憾，励奎铭本人最终未能经得起外界诱惑。不良社会风气对职务犯罪人产生重大影响的典型莫过于江苏民政厅原副厅长程韶韵。他在《我把钱看重了》一文中忏悔道："……召开全省民政局长会议期间，一些民政局给厅领导作'贡献'，或春节期间一些单位来拜年送上几百元上千元的现金时，我都收下了，说不收也只是一句客气话。心想这是一种比较普遍的社会现象，我有别人也有，就顺其自然吧。当我 2001 年做心脏手术和养病期间，一些单位和个人以慰问名义给我送钱时，我已感到心安理得，认为这是人之常情的正常现象，没有觉得是在非法敛财。"

权力过大、无法对其及时有效监督制约是部分厅级领导干部的又一诱因。在现行监督体制之下，对于厅级领导干部，同级的纪委和监察部门往往难以起到监督作用，要想厅级领导干部不腐败，更多的是依靠道德自律，即"让你自己的左手监督你的右手"，而非严格的监督制度。沈阳市原市长慕绥新说："我当了市长以后，没人管，成了党内个体户。如果有人经常管我，不至于走到今天。"无视监督、顶风作案也使河南省人大常委会办公厅原副主任李国富走向犯罪的深渊。他说："对我有不良行为的苗头，群众早有发现和察觉。'三讲'时大家所作的尖锐批评和我低票通过的情况，只在我心头沉了一下，并没有触及我的灵魂深处，我不是思过而是发泄不满。到后来，群众联名举报我，领导还专门跟我打招呼，我却置若罔闻，甚至顶风作案。如果接受监督的意识强一点，我也不会走到今天这个地步。"当代中国的法律体系偏重于向国家机构授予比较宽泛的权力，但在授权的同时却没有强调对于这些权力的限制。这样的立法实践，不利于促使当代中国的公共权力特别是国家

---

〔1〕 "潜规则"一词应解释为：本质是为了谋利，是当事双方或多方谋利博弈的一种均衡。从当事者双方来看，二者最终目的是为了获取收益的最大化，或者是损失的最小化。

〔2〕 第一盆水"洗头"，防止头脑发热，做个清醒冷静的官；第二盆水"洗手"，不捞不占，不贪不腐，做个清白廉洁的官；第三盆水"洗脚"，腿脚利索，深入实际，做个求真务实的官……

权力成为有限的权力，也不利于实现对权力的制约与监督，尤其表现在对"一把手"的监督上。一个官员，一旦当了"一把手"，他就成了其所在地区或单位的重要角色，下面的人往往唯其马首是瞻。所以一旦成了"一把手"，就像孙悟空头上的"紧箍子"被摘掉一样，有了很大的自主性。这时，如果不能很好地发挥监督的作用，极易导致权力的滥用，就容易出现职务犯罪的"一把手"现象。湖北省武汉市委原委员、市城乡建设管理委员会原主任张克孝。其《在一个岗位上待长了容易目空一切》一文忏悔道："出了这个事，我想一方面是自己放松了思想改造，在领导岗位上形成了独断专行的作风……干部不能在一个岗位上待的时间过长，否则容易形成弊端。因为在一个岗位上待得时间长了，总觉得周围的人都比自己资历浅，都是自己提拔起来的，容易养成唯我独尊、目空一切的想法。"

上述论述主要是从厅级领导干部犯罪的主要原因或者犯罪的显著原因（心理）来阐述，实际上，每名厅级领导干部之所以实施职务犯罪，都不是某一个原因单独所致，而是多种原因综合在一起所形成的合力所导致的。常见的忏悔是各种原因综合在一起：放松政治理论学习、没有常修为政之德、缺乏对法律的敬重意识、侥幸心理作祟等等。在思想信念动摇、不良社会风气外化和作用下，在侥幸心理怂恿、支配、占据上风的情况下，开始实施违纪违法行为。如中共阜阳市委原常委、组织部部长韩希鹏在《我的物欲不断膨胀》一文中形象地描述的："第一，是没有树立正确的世界观、人生观和价值观；第二，思想政治素质差，缺乏党性观念；第三，侥幸心理在我的思想上占了上风。众所周知，几年前阜阳的党风和社会风气确实出现了比较严重的问题，在这种非常时期，尤其在严峻的形势面前，我没有做到自警、自省，没有保持清醒的头脑，做到洁身自好，更没有慎权、慎微和慎独，反而认为上级领导自身不正，我收受钱物不会有人去追究，自己不收是吃了亏。为了使自己的行为不被发现、不受追究，也为了'自我保护'，在收受钱财问题上我采取了'四不收'的办法。一是领导交办的事情不收，怕领导对我有看法，影响我的进步；二是两个人一起送的不收，怕有证人或用公款记我的账；三是不愿办、不能办的事情不收，想当'正人君子'；四是办不好的事情不收，怕给自己带来麻烦。"再如安徽省淮北市原副市长王汉卿在《"四种心态"四点教训》一文中剖析的自己的蜕变过程："在当时主要有四种心态。一是碍于面子。逢年过节时，有的关系比较好，不收怕人家的面子过不去，于是就收下了。二是认为'湿鞋难免'。阜阳的风气就是这样，找人办事要送礼，不找人办事也要送礼，既然人家都收，甚至有人贪婪地收，我零零星星收一点也是正常的，不收反而被人说是假正经。三是心安理得。认为自己从来没向别人要过，都是人家主动送的，当场退又退不掉。四是侥幸心理。尽管每次收人家钱时，我心里也忐忑不安，怕违纪违法，但每次又是侥幸心理占了上风，认为人家既然送礼也是经过深思熟虑的，送过礼后不会胡乱讲，不会出问题。四点教训是：理论学习不认真、宗旨意识不牢靠、廉洁自律不严格、自我修养不自觉。"

总之，权力是一把双刃剑，可以用来干好事、干实事，为老百姓谋福利，也可以用来为个人谋取私利，损害群众的利益。权力是发挥正效益还是负效益，关键在于为政者是出于公心还是私心。厅级领导干部们用权力为个人谋取私利，用权力为他人谋取不正当利益，最终反受其害，走上了违法犯罪的道路。作为领导干部，不仅要树立正确的权力观，懂得自己手中的权力是人民赋予的，还要认识到人民把权力赋予给你，是要你为人民服务、为人民谋取利益。当你拥有了人民赋予的权力时，就意味着承担了相应的责任；有多大的权力，就承担着多大的责任。但愿这些活生生的案例能警醒手握权力的人，要在其位，谋其政，尽其责。（本文写作于 2009 年）

二十二名厅级领导干部忏悔一览表

序号	姓名	原职务	案发原因及处刑情况	忏悔原因	检察日报标题
1	刘晏宏	郑州航空管理学院原副院长	受贿罪被判刑6年	作风逐渐发生了蜕变，在诱惑面前失去了坚定的自控能力，最终导致一步步走上错误的道路	受贿的同时也埋下了一颗定时炸弹
2	马其伟	湖南省交通厅原副厅长，省高速公路建设开发总公司原副总经理	因犯受贿被判处无期徒刑	亲情观念太浓，为自己、家庭和家族的利益考虑得太多；工作中逐渐用感情代替原则，用党和人民给予的权力为个人、亲属谋取不正当的利益。陷入畸形的亲情泥潭里不能自拔	亲情把我绊倒在高速公路上——一名厅级干部的忏悔

序号	姓名	原职务	案发原因及处刑情况	忏悔原因	检察日报标题
3	贾军衔	江苏省淮海工学院原副院长	犯受贿罪被判刑13年	贪婪、侥幸	拜金主义只能使人走向贪婪
4	张克孝	湖北省武汉市城乡建设管理委员会原主任	犯受贿罪、玩忽职守罪被判处死缓	放松了思想改造，在领导岗位上形成了独断专行的作风；另一方面，接近退休时，"59岁现象"在我身上有很大体现	在一个岗位上待长了容易目空一切
5	李雄	国务院经济体制改革办公室宏观体制司原副司长	因犯受贿罪被判15年	面对灯红酒绿，败下阵来；热衷于认老乡交朋友	受贿后有一种挥之不去的阴影
6	许志锐	江西省出版集团公司原党委书记兼董事长、社长	受贿罪被判刑14年	单独或伙同妻、情妇受贿，禁不住老婆的"驾驭"；自己的私欲在作怪	钱财名利放一边，心境自然就宽阔
7	尚军	安徽省卫生厅原副厅长	受贿罪、巨额财产来源不明罪被判刑10年	根本的原因是放松了对世界观的改造，放松了廉洁自律这根弦，放松了自我约束，法制观念淡薄！是侥幸心理让我一错再错	人情关系迷住了我的眼睛
8	孙正义	兰州大学第二医院原院长	受贿罪被判无期徒刑	法律意识淡薄、收钱救犯罪的弟弟	院长一句糊涂话7人沦为阶下囚
9	王英福	宁夏回族自治区国土资源厅原副厅长	受贿罪、巨额财产来源不明罪被判处无期徒刑	这是我没有认真学法严格守法的恶果	这是我没有认真学法严格守法的恶果
10	杨枫	安徽省宣城市委原常委、副书记	受贿罪被判刑10年	没有严格要求自己，放松了学习，没有把好思想关、权力关、行为关，以致一步步走向深渊	安徽省宣城市委原副书记杨枫信奉的是"谁给钱多，就为谁办事"，被查处后，他才

续表

序 号	姓 名	原职务	案发原因及处刑情况	忏悔原因	检察日报标题
					意识到搞以权谋私权钱交易，不会有好下场
11	樊甲生	湖南省郴州市委原常委、宣传部长	受贿罪、行贿罪、巨额财产来源不明罪被判刑19年	没有真正从思想上解决立党为公、执政为民、廉洁从政的问题，在巨大的经济利益和诱惑面前，成了金钱的俘虏	我成了权钱交易的牺牲品
12	励奎铭	浙江宁波市政协原副主席	受贿罪、滥用职权罪被判处13年	被"政绩工程"冲昏了头脑，滥用职权，擅自决策；收受财物	我这三盆水都没用好
13	汤福锦	四川省雅安市原副市长	受贿罪判处无期徒刑	私欲膨胀，诱惑面前丧失党性；自律松懈收受礼金成家常便饭	他们送钱是冲着书记这个职位来的
14	欧阳松	湖南省工商行政管理局原局长、党组书记	因受贿罪、滥用职权罪和巨额财产来源不明罪被判死缓	以权换钱的思想开始潜移默化地影响着我以前清白做人的为官准则；升迁无望心理失衡	没有前途找"钱途"的工商局长
15	姚康乐	贵州省新闻出版局原局长	滥用职权罪、受贿罪被判刑12年	私心私欲严重、交友不审慎、心存侥幸，耍小聪明规避法纪	搞巧妙腐败心存侥幸贵州一厅级干部的犯罪轨迹
16	李国富	河南省人大常委会办公厅原副主任	因犯受贿罪被判刑13年	无视监督，最后受罪的只能是自己；"那些给你金钱的人，其实看中的是你手中的权力，他们收买的也是你的权力，他们是想从你的权力中捞取更多的金钱"	河南省人大常委会办公厅原副主任李国富的忏悔

序 号	姓 名	原职务	案发原因及处刑情况	忏悔原因	检察日报标题
17	程韶韵	江苏省民政厅原副厅长	受贿罪被判刑3年	扭曲的世界观、人生观和价值观是我走上犯罪道路思想上的总根源。无视法纪，逐步走进了贪图钱财的"怪圈"	我把钱看重了
18	傅建军	江西红星集团原董事长、总经理	犯挪用公款、受贿罪、贪污罪被判刑17年	放松学习、放松了世界观的改造；虚荣心也是导致犯罪；封建的江湖义气、哥儿们义气影响在脑海中根深蒂固	为妙龄女郎慷国家之慨 江西一厅级干部的蜕变轨迹
19	王汉卿	安徽省淮北市原副市长	受贿、巨额财产来源不明被判刑11年	理论学习不认真、宗旨意识不牢靠、廉洁自律不严格、自我修养不自觉	"四种心态"四点教训
20	刘宜清	中国工商银行湖南省分行原行长	受贿罪判处有期徒刑15年	千里之堤，溃于蚁穴。人的蜕变大多是从小的吃喝玩乐开始的。我谋划趁自己退休前好好捞一把。此后，只要有利可图，我是来者不拒。	女色使我晚年"不清"湖南一正厅级干部的忏悔
21	雷渊利	湖南郴州市原副市长	受贿、挪用公款、贪污被判死缓	"人家背后议论我是'玩权、玩钱、玩女人'的'三玩'干部，我认为名副其实。"	湖南郴州"三玩市长"雷渊利一审被判死缓
22	赵洪彦	黑龙江省绥化原地委书记、黑龙江省人事厅原厅长	受贿罪和巨额财产来源不明罪判刑15年	任绥化地委书记"卖官"；任职人事厅厅长受贿充当"保护伞"	他是如何玩转权力魔方的——解剖黑龙江省绥化原地委书记、黑龙江省人事厅原厅长赵洪彦的腐败历程

对"笑着受贿 哭着认罪"等现象的十点思考

笔者对多起受贿犯罪党员领导干部忏悔录（检查）进行归纳，得出了这些人进行受贿犯罪最常见原因（心理）有：侥幸心理、贪欲、心态失衡、升迁无望、居功自傲、拒绝监督、不懂法律、交友不慎、生活腐化、因家人（妻儿）而犯罪。值得注意的是：支配党员领导干部忏实施受贿犯罪的心理并非一种，而是几种心理交叉作用，为论述方便，仅阐述犯罪人犯罪的主要原因。

一、因侥幸而受贿

一般来说，受贿犯罪人对自己受贿行为及其后果都要加以考虑：犯罪得逞后的快感，犯罪得逞带来的后果以及对刑罚的畏惧和道德良心的谴责等，都使受贿犯罪人产生复杂的动机斗争。在动机斗争过程下，这类人心理明显地不安，于是寻找种种"合理化"的理由为自己进行辩解和自我安慰，以减少和解脱心理压力。具体来说，表现在以下四个方面：

1. 以"只有你知我知"为自己辩解。如广西钦州市委原书记俞芳林忏悔道："我想，只有天知地知他知我知，他不说我不讲，又有谁会知道呢？"

2. 以"下不为例"为自己辩解。如工商银行福建华安县支行原行长李金鹏在《心存侥幸是自欺欺人》一文中忏悔道："'1000元小意思'，那时我哪里敢要？'下不为例'就收下了。由于第一次收钱没被发现，接下来几次也没被发现，我的胆子也就大了。"再比如，驻马店市某县（区）国土资源局原局长张某某忏悔道："我不该收受贿赂，尤其是收韩××送给我的100万元钱，我深刻地认识到这是严重的犯罪行为，这100万元对我的诱惑力太大了，我当时也真是利欲熏心、财迷心窍，没能经受住金钱的考验。我当时也有一种赌博的心理，以前也有人给我送过大额的现金，我大都经受了诱惑。但是这笔钱的诱惑太大了，我想我把这笔钱收了之后，在任期间不再收受任何人的钱。在这种不健康的心理驱使下使我走向了犯罪道路。早在韩德志出事后，我也担心东窗事发，心里非常害怕。我本来是有机会把钱退给检察机关或者纪检部门的。在侥幸心理作用下，我最终还是没有把握这次机会。现在回想起来，真的后悔得要死。"

3. 以"送钱人不会出卖自己"为自己辩解。如沈阳市原副市长马向东在其悔罪书《手莫伸，伸手必被捉》中写道："我认为给自己送钱的人绝大多数都是下属干部和朋友，不会出卖自己。"

4. "别人能收我也能收"的阿Q心理（从众心理）。四川省交通厅高速公路管理局原副局长陈昌立忏悔道："对1万元现金意味着什么，十分清楚，当时我脑子里斗争十分激烈，曾想到党纪国法，想到手铐、牢房，也想到道德良知，更想到的是社会上纸醉金迷的生活，一掷千金的大款，在取舍之间权衡，思想斗争十分激烈，最终我收下了钱。钱实实在在地拿在手里，它的诱惑使我忘记组织原则和党纪国法。我内心也在为自己辩解，反正社会风气如此，收钱的又不止我一个人。从此，就迈进了泥潭不能自拔。"

从犯罪学来说，上述四种心理就是侥幸心理，它是指犯罪人对自己能够逃避法律追究的自信想象或可能逃避法律制裁的赌注心理，它是有很强的腐蚀性和传染力的心理病菌，是突破思想防线的杀手，是导致犯罪的祸根。就受贿犯罪而言，多数党员领导干部都有一定的文化修养，对与自己职务有关的法律和规章制度相当熟悉，但是其物欲动机在以权谋私等心理驱动下变得十分强烈，以致把反对动机（自尊、恐惧、名誉等）压抑下去。

客观地讲，党员领导干部之所以敢笑着受贿，是有一定根源的。即教育、制度、监督并重的反腐体系尚不健全，惩防并举的反腐机制尚未形成。具体地讲有以下四点原因：

第一，预防机制的缺失，国家在反腐工作中基本上实行的是事后惩处的办法。有关部门获取腐败案件的线索，除了在案件查处过程中被"拔出萝卜带出泥"外，大部分仍需要依靠很不规范的群众举报，而且这种举报基本取决于群众对内情的了解和个人的意愿。在此情况下，犯罪人自然认为只要交易秘密，就会平安无事。有的受贿犯罪人在受贿过程中还坚守"办不成的事不收"等"几不收"原则，采取种种隐蔽的手段，千方百计地进行自我保护，以进一步加大"保险系数",认为交易隐蔽,不会查到自己头上。这是侥幸心理存在的第一个根源。

第二,党员领导干部自认为有自己的"保护伞"。如山东省黄金工业局原局长兼省黄金集团有限公司原董事长、总经理薛玉泉所说"就是有点风吹草动,上边也会有人罩着",加之有些部门监督机制的缺位,更是加大了案件查处的难度。"伸手必被捉"毕竟还不是"伸手"即"被捉",对"伸手"者的查处往往会有一个过程。案件潜伏期长,这是侥幸心理得以产生或者存在的第二个。

第三,"犯罪黑数"(指虽已发生但由于种种原因未予记载的犯罪数量,也即实际发生的犯罪与被追究的犯罪之间的差数)的不断攀升和大量存在,贪官被查处概率偏低,且存在一定的偶然性,导致了刑事制裁威慑力的绝对弱化和贪官作案侥幸心理的相对强化(贪官选择的侥幸心理与犯罪黑数的数量成正比例关系,即犯罪黑数的数量越小,预期风险就越大,则犯罪的侥幸心理越弱;犯罪黑数的数量越大,预期风险就越小,则犯罪的侥幸心理越强),这是其心存侥幸的重要原因。

第四,在现实实践中"执法不严、监督不力、有案不立、有罪不究"的不正常现象,也在一定程度上强化了职务犯罪人的"侥幸心理"。

尽管如此,笔者认为支撑上述侥幸心理的基础仍不牢固:一是凭什么相信"只有天知、地知、你知、我知"等骗人的"鬼话",要想不留痕迹是不可能的,"要想人不知,除非己莫为"。正如陈毅诗中所说:"手莫伸,伸手必被捉。党和人民在监督,万目睽睽难逃脱。"二是表面上给你送金钱,实际是送毒药、送炸药、送手铐。要明白一个道理:用金钱来换权的那些人,就是不法利益最大化追求者,一旦案发,就会主动立功争取依法宽大处理,或支撑不住被动交代问题。三是不能因小失大,不能贪一时之利,带来终身之悔。一定要算明白账,计算腐败的成本(犯罪后名誉、前途、后半生的自由均被剥夺,家庭遭受打击,子女前途受影响),腐败的确不划算。

二、因贪欲而受贿

心理学中有个著名的"黑猩猩受贿实验",即实验者训练黑猩猩做一个守门者,训练成功后黑猩猩果真很好地充当了守门角色,然而当有人以香蕉贿赂它时,黑猩猩就放行了。这个实验在一定意义上说明了,贪婪与收受贿赂似乎是动物甚至是人的本能。

贪婪心理，即贪得无厌、永不满足的一种过度膨胀的利己欲求的变态反应。俗话说："贪如火，不遏则燎原；欲如水，不遏则滔天。"不知足、冒险、意志薄弱是贪婪的主要特征。贪婪的欲望无止境，所得愈多，胃口越大。贪婪能使人丧失理智，不顾社会道德、法律法规的约束和舆论的谴责，以身试法，甚至不顾身家性命，疯狂地攫取不义之财。贪婪导致人的意志薄弱，不能抵御各种诱惑。贪婪心理犹如"加油站"，加速党员领导干部违纪的步伐。河南省驻马店市某县国土资源局原局长王××发自肺腑的忏悔十分具有代表性。在被问及为何要收取韩××给的 10 万元时，王××回答道："还是自己的贪心作怪，我认为他给我送钱，我给他办事（指拨付工程款、承揽工程），这对我们都是有利的事情，而且将来也不会出事，所以才收取给我的 10 万元钱。"贪欲过重的人一般会错误地认为，社会今后将以占有资本的多少来衡量一个人的价值，于是不择手段地捞钱。因贪欲而受贿的另外一个典型便是江苏省宿迁市市委原常委曾鸿翔。其忏悔道："刚开始接受他人的钱财，也感到烫手，知道这是违法违纪，但是贪婪、敛财的邪念战胜了理智，把砒霜当成了冰糖。"

笔者认为贪婪害处有四——"害党、害民、害人、害己"：

第一，损害党的光辉形象。领导干部以权谋私，不仅败坏社会风气，而且给党的光辉形象抹黑。

第二，损害国家和人民的利益。少数党员干部因贪不义之财而拿国家和人民的利益作交易，从而损害国家和人民的利益。

第三，葬送个人的政治前途。

第四，危害家庭。贪财好色，难免牵累家人，甚至一人贪导致全家贪，使原本好端端的家庭，终被贪欲所吞噬。大贪官李乘龙身陷囹圄后写了一首忏悔诗："钱遮眼睛头发昏，官迷心窍人沉沦。只因留恋名利地，终究成为犯罪身。功名利禄如粪土，富贵荣华似浮云。如君能出赍赦手，脱胎换骨重卧薪。"但悔之晚矣，"眼前有余忘缩手，身后无路想回头"。

作为党的领导干部，永远要记住自己的公仆身份，只要你计算个人成本，最后的结果就完全可能是自己出局。搞腐败对个人和家庭来说，付出的成本实在是太高了，人完全不值得为钱财付出如此高昂的代价！正如因受贿而被判处死缓的湖南建筑工程集团总公司原副总经理蒋艳萍感慨道："世界各国的旅游胜地都可不去，但有三个地方一定要去。一是去贫困地区，看看那些辛苦一年赚不到几百块钱的老百姓是怎样生活的，以提醒自己要时刻记住知足常乐；二是去火葬场看看，人死方知万事空，以提醒自己不该去贪不属于自己的东西；三是去监狱看看，以提醒自己珍惜人生最大的财富——自由。"

三、因心态失衡而受贿

心理失衡也是领导干部受贿违纪的"催化剂"。个别领导干部见升迁无望就错误地认为，既然得不到提拔，政治生命也就如此而已，为此大肆受贿。还有的领导干部，看到房地产开发商出手阔绰，自己一个月的收入还不及这些房地产开发商一顿饭钱，难免会心理失衡，而心理失衡往往是走向受贿违纪的"拐点"，领导干部一旦心理失衡，离受贿违纪就不远了。因心态失衡而受贿的典型是江苏省扬州市原副市长戎文风。其在《我放纵了私欲的滋长》文中忏悔道："我认为自己长期在政府工作，节奏快，负荷重，很辛苦，而付出的劳动与得到的报酬不成正比，分配不公。"类似的还有北京市交通局副局长、首都公路发展公司的"一把手"毕玉玺："从县长调到交通局任副局长心里产生了不平衡，看看人家本县的一些正职调到市里基本都安排了正职，或提拔工作，我就产生了组织对我不公平的思想，我老觉得组织欠我的。"因"跑官买官进班房，昔日劳模变囚徒"的海口工商局振东分局原副局长吴岩忏悔道："看到很多同龄朋友不声不响地都发了大财，开豪华车，住花园别墅，而自己虽然头上罩着许多光环，可生活一点没变。于是，我认为要想升官光有政治资本还不行，还得有人情资本，并萌生了'买官'的念头。"

笔者认为，作为一名党员领导干部，一定要树立正确的名利观、地位观、权力观，不应把地位、权力看得太重，不能被其所累。在目前社会分配机制不完善的情况下，党员领导干部的收入同老板收入相比，的确偏少。但是眼睛不能仅向上看，还要向下看：多看看在贫困线上挣扎的穷苦老百姓！再者，部分"大款"、老板巨额非法所得是靠偷税、诈骗所得，作为国家公职人员决不能去干违法犯罪之事。再向深处想：人要那么多钱干什么？够吃够花就行了。钱乃身外之物，死不能带走。最后，作为国家公务员，为国家和民众作出巨大贡献，人民群众永远不会忘记！须知人民群众的口碑也是一笔巨大的财富，这是那些"大款"、老板永远都得不到的。这样比就不会心理失衡了，也就不会利用手中的权力去搞以权谋私的勾当了。看来，还是要淡泊名利地位、绷紧廉政这根弦，老老实实做人、扎扎实实工作。

四、因升迁无望而受贿

因升迁无望而受贿的典型便是湖南省工商行政管理局原党组书记、局长欧阳松。其在《官居高位不自醒 身陷囹圄始觉悔》中忏悔道："组织上把我从市长岗位调到省工商局任职后，内心是有些想法的，认为自己在市里工作还是干出了一些成绩的，现在看来官阶到此为止，提拔已经无望，过几年就要退休，也应该考虑自己的晚年生活了。于是收受巨额贿赂。"类似的还有重庆合川市（今合川区）原卫生局长李廷云："我感到政治上没有进步了，趁在位时挣点钱，让今后日子好过些。"工商银行厦门分行原行长叶季谌忏悔道："在努力工作的表面下，我对个人前景都感到深深的悲观。在迷失目标、方向的情况下，我的革命意志迅速衰退，产生'为私'错误念头，遂被'糖衣炮弹'击倒。击中了我的要害，我默认了，于是收受了其中几个人的钱财，最终导致了身陷囹圄的悲剧下场。想给自己'留一片天地'，结果一误百误，悔之晚矣。"

欧阳松、李廷云等人之所以走上违法犯罪道路，根本原因是没有树立正确的利益观和权力观，把党和人民赋予的权力当成谋取私利、追逐名利的手段。看来，还是有必要加强正确的利益观、权力观教育，教育党员时刻把党和国家的利益放在首位，把实现最广大人民的根本利益，作为一切工作的出发点和落脚点，"先天下之忧而忧，后天下之乐而乐"；教育党员领导干部立党为公，执政为民，为人民掌好权、用好权，自觉接受群众监督，而非利用手中权力去捞取个人私利。同时，各级党组织尤其是纪检机关、组织部门须加强对即将离任的领导干部的教育，使其正确对待个人进退，保持革命晚节，为党和人民站好最后一班岗，做到永远忠诚老实、廉洁奉公。

五、因妻儿而受贿

因妻儿而犯罪的典型就是吉林省国际经济贸易开发公司原副总经理乔本平（因犯贪污罪、受贿罪、挪用公款罪被判处死刑，立即执行）："我在教育子女过程中过分溺爱孩子，甚至置国法于不顾。孩子要房子，我就用公款给他买房子；孩子要做生意，我就从公款中拿钱给他。对于孩子的要求，我总是百分之百满足，完全不顾自己是不是在违法犯罪。"因妻儿而犯罪的还有宁波市原市委书记许运鸿、湖南省交通厅原副厅长马其伟等人。

从近年来反腐败斗争的实践看，有些不法之徒在腐蚀拉拢领导干部难以奏效的情况下，往往迂回侧击，把进攻的目标瞄准领导干部的"后院"，企图从领导干部的配偶和子女身上打开缺口，通过走"公子路线""夫人路线"，达到不可告人的目的。而家庭对个人的道德品质、价值观念、行为规范影响很大，没有一个廉洁的家庭，就难以确保有一个廉洁的领导。因此，领导干部务必管好配偶子女。

六、因不懂法律而受贿

近年来，普法活动取得了一定成效，国家工作人员的整体法律意识有了很大提高。但是实践中，仍有不少公职人员陷入常见的法纪误区，危害极大，应引起高度关注。

误区一：收钱未办事，不算受贿，或者为他人谋取的正当利益而收钱，不是受贿。如北京市政协原副主席黄纪诚在法庭上辩解称："虽接受请托人的贿赂，但没有为请托人谋利益，不应构成受贿罪。"全国人大常委会原副委员长成克杰在法庭上也辩解称："自己在停车购物城工程、民族宫工程、拉平隧洞工程中为请托人谋取利益，系正当履行职务。"事实上，按照我国刑法理论通说及司法机关通常做法，只要国家工作人员利用职务之便，非法收受他人财物，承诺为他人谋取利益，就构成受贿罪了，而至于为他人谋取的利益是否正当，为他人谋取的利益是否实现，均不影响受贿罪的认定。

误区二：事后收钱不算受贿，或案发前将受贿所得退还行贿人，也不算受贿。生活中，很多领导干部错误地认为为他人谋取利益后，他人基于"友情"等原因，意思一下，人之常情，不应视为受贿，或得知有关部门将对自己的违纪违法行为进行调查，于是抓紧将其受贿所得退还行贿人，就算没事了。如重庆市合川区妇幼保健医院原院长杨建在庭审中辩称：他于 2003 年 7 月至 9 月期间，收受 3 个人给予的"感谢费"3 万元人民币，以及 2006 年 3 月底施工方给予的"感谢费"5000 美元不是受贿，都是人家自愿在事后给的，至多算是违纪，因此受贿金额应扣除这两笔。而法院认为此为典型的受贿行为，所以认定其辩解意见不成立。生活中，不少领导干部对自己实施的违纪违法行为进行错误的法律评价（即对自己行为在法律上是否构成犯罪，构成何种犯罪，应当受到何种刑罚处罚所存在的不正确的理解），以"自我审判"的方式安慰自己，实属自欺欺人。"自我审判、自我安慰"对领导干部具有相当的杀伤力和腐蚀性，误以为自己的行为在法律上不构成犯罪并继续实施犯罪，在错误的道路上越走越远。

误区三：重大节假日，收受巨额红包、礼金，仅构成收受礼金的违纪。如贵州省国土厅地勘处原处长李明道从 2003 年 8 月到 2005 年春节期间，利用职务上的便利，非法收受需要地质勘探的 16 家公司企业的贿赂共 23.3 万元，为这些公司的地质勘探报批大开方便之门。其中，2003 年春节，李明道在审批天柱县一金矿探矿权的过程中，收受杨某某送来的现金 1 万元；2003 年 8 月至 2004 年春节期间，李明道在贵阳某公司的探矿权的审批过程中，分两次收受该公司经理刘某某送来的感谢费，现金 1.5 万元。李明道在庭审时辩解称："过年时相互拜年是一种社会风气，有时候无法拒绝，因此这 18.2 万元不应看作是受贿金额。"其辩护律师也为其作不正确的辩护："从来没有索贿的行为，而且没有因为工作为难当事人，当事人送给他的钱，多是事后作为感谢费。何况，他为送钱的当事人办的事，也没有违规现象发生。当事人向被告人送钱的行为，多发生在春节期间，这是过节期间正常的礼尚往来。"实践中，某些行贿人为了掩人耳目，寻找和等待多种机会和借口沟通感情。如逢年过节看望一下，住院治病慰问一下，家人生日祝贺一下，家有丧事凭吊一下，如此等等。"貌似馈赠、实为贿赂"，需要领导干部特别注意。近几年，一些高官纷纷落马，究其根源，是因为一些党员干部放松了对世界观的改造，淡化了理想信念，放弃了廉洁自律的要求，以致思想腐化堕落，从吃喝玩乐、收受小礼品这样一些看似小节的问题开始，一步步打开道德堤坝的缺口，最终走向了犯罪的深渊。

误区四：行政不作为或乱作为，失职、渎职，仅承担党政违纪责任。某些公职人员法制观念淡薄，对法纪缺少敬畏之心。渎职犯罪的人员大多数都没有树立起牢固的法律观念，对法律、规章、制度缺乏足够的学习、认识和理解。因此，其在实际工作中也就不可能自觉地遵照法律规定做到依法办事。如四川省人民政府原副省长李达昌利用职权违规染指一宗巨额挪用公款案，从而导致一家四川上市公司从此陷入步步荆棘，"给国家造成了巨大经济损失"。李达昌因滥用职权被北京市第一中级人民法院一审判处有期徒刑 7 年。有法学专家表示，这或是中国省部级高官中，因"过错行政"、滥用职权而获罪的第一人。权力具有腐蚀性和扩张性，不了解权力的边界，不按权力的运行规则去做，就会像失轨的火车、脱缰的野马，必然付出惨痛的代价。正如湖南省水利厅原副厅长刘其业在《三罪并罚、泪洒黄昏路》一文中所忏悔的：

"在不到两年的时间里，我竟犯下了受贿、挪用公款和玩忽职守三大罪行。当时，一种委屈、冤枉的情绪袭上心头。我认为自己主观上还是为单位着想，是好心办了坏事，怎么能治我的罪呢？这时，管教警察给我送来了《刑法》。我反反复复对照看了好多遍，这才搞清楚自己确确实实是触犯了刑法。唉！不怨天，不怨地，只怨自己过去没有好好学法。在囹圄之中，我才深深地认识到，头脑里没有法纪观念这根弦，或者这根弦一旦松弛，走上犯罪道路是迟早的事。"实践中，人们对于渎职犯罪存在五大认识误区：其一，哪怕损失再大，"钱不进个人腰包不犯罪"；其二，"为公不犯罪"，甚至美其名曰"好心办坏事"；其三，"失误在所难免"，造成重大损失是"交学费"；其四，"法不责众"；其五，"集体研究无责任"或者"领导决定无责任"。这些误区，公职人员当远离。

不懂法，并不足以成为减轻罪责的砝码。笔者认为，作为一名党员领导干部，更应加强法律学习。如果缺少必要的法律修养，很容易好心办坏事，最后却把自己搭了进去。值得注意的是，中共中央政治局每年都请法律专家授课，中央领导尚且如此，地方各级领导干部就更不能以忙为借口拒绝学习法律了。以受贿罪中的"为他人谋取利益"为例，个别党员领导干部法庭上为自己辩解道：自己虽收钱，但未为行贿人谋取非法利益。其实不知，受贿罪的客体是国家公务行为的廉洁性和公信力，而且根据《全国法院审理经济犯罪案件工作座谈会纪要》（现为2016年4月18日最高人民法院、最高人民检察院《关于办理贪污贿赂刑事案件适用法律若干问题的解释》所代替）规定"为他人谋取利益"包括承诺、实施和实现三个阶段。只要具有其中一个阶段的行为，如国家工作人员收受他人财物时，根据他人提出的具体请托事项，承诺为他人谋取利益，就具备了为他人谋取利益的要件。明知他人有具体请托事项而收受其财物的，就视为承诺为他人谋取利益。很显然，这里的为他人谋取利益并不要求有为他人谋取利益的实际行为，只要求行为人承诺（默认）为他人谋取利益即可。

七、因交友不慎而受贿

因交友不慎而犯罪的典型事例莫过于湖北省黄石市原市长（后任市委书记）陈家杰在《一个个饭局铸成一节节锁链》一文中忏悔的："吃别人的嘴短，拿别人的手软；世上没有无缘无故的爱，也没有无缘无故的恨，人家巴结的不是我陈家杰本人，而是手中握有的实权，是能给他们带来利益的市长、市委书记。"工行湖南省分行原行长刘宜清忏悔道："在商场上的那些所谓朋友没有一个不是冲着我的职位来的，而我却还以为这些朋友可交，结果在他们甜蜜蜜的迷魂汤中迷失了自我，成为他们摆布的一颗棋子。"交友不慎还是山东第一贪官潘广田走向犯罪的重要原因："随着职务的提高和权力的增大，千方百计通过各种渠道想认识我的人越来越多，一开始请你吃饭、送点土特产，以后送贵重物品，最后到送钱。我这个贪欲也是由小到大，由简到繁。这些人送钱的目的是什么呢？大部分人可以说是为了利用你的权力，为他的目的，投一点鱼饵，钓一条大鱼，事实就是这样。有一部分人可能是出于正常的感谢，但更多的是为了达到他们的个人目的，他就不惜（大把送钱）害得人家家破人亡。"

上述领导干部交友不慎，傍"大款"、靠老板，哥们义气超过了党的原则，最终吃了大亏。胡长清在临死前说了一句话："交朋友糟蹋了我的一生。"此话道出了交友不慎是其犯罪的重要原因。包工头、"大款"主动与你交朋友，大都并不是尊重你的人品和才干，而是看中了你手中的权，如果你一不谨慎，与他们交了朋友，从接受了他们第一次"帮助"之时，他们就已经为你铺设了一条通往监狱或通向刑场之路。俄国寓言作家克雷洛夫说："选择朋友一定要谨慎！地道的自私自利，会戴上友谊的假面具，却又设好陷阱来坑你。"就像赖昌星说的："不怕什么规章制度，就怕领导干部没有爱好兴趣。"为此，领导干部头脑要特别清醒，交友要特别谨慎，警惕戴上友谊、志趣的假面具，否则兴趣爱好就会成为心术不正之人腐蚀领导干部的最佳突破口。笔者认为必须树立确立正确的交往观、择友观，从思想上把好关口。要选择结交人格高尚、守信用、有共同理想和志向的同志，选择结交求真务实、不唯虚、踏实肯干的同志，选择结交在你有难、有错时，能够真心实意地帮你，诚心诚意开导甚至尖锐批评你的同志。要提高鉴别力，主动与不可交的人划清界限。真正的朋友无需酒场上的吃吃喝喝，也没必要有形式上的亲亲热热；要始终保持高雅的格调，在交往中把握自己，做到守好规矩、树好形象。古人说"君子之交淡如水"，知心朋友的关系并不是靠利益来维系的。

八、因拒绝监督而受贿

因拒绝监督而犯罪的典型莫过于江苏省徐州市物资集团原总经理、党委书记傅厚刚了。拒绝监督的他曾扬言取消公司纪委："的确有一些同志提醒过我，也有同志在相关问题上提出反对意见，当时的我不仅听不进这些好言忠告，反而对他们极为不满，认为他们是跟我过不去。"类似的还有江苏省宿迁市市委原常委曾鸿翔忏悔道："十多年的领导岗位经历，我既不接受组织的监督，又不加强自我约束。自从当了"一把手"，开会一言堂，表态一个音，听不得批评意见，容不得反对意见，打击刺耳的意见。对我经济上、生活上存在的严重经济问题，班子成员提醒过，老干部告诫过，群众也有议论，自己就是听不进去。我是一个既不自律，又没有很好地接受他律的典型。"

上述问题的出现表明对领导干部，尤其是"一把手"缺乏有效的制约和监督，个人凌驾于组织之上。问题是傅厚刚、曾鸿翔们为什么能够拒绝监督呢？笔者认为，根本原因在于绝对的权力导致绝对的腐败，贪官手中拥有拒绝监督的权力。正如已经被枪决的胡长清在"自供状"中说的那样："我当上副省长后，就好像小猫关进牛圈里，天马行空，来去自由。"对于高级领导干部，同级的纪委和监察部门往往难以起到监督作用。对中高级领导干部的监督管理缺乏应有力度、足够的经验和勇气，这或许才是问题的关键所在。要其虚心纳谏、闻过则喜，可行的办法是剥夺了其手中拒绝监督的权力，让其无权、无法、无力拒绝监督。那么，如何剥夺官员拒绝监督的权力呢？可行的措施有三：一是官员头上的"乌纱"由人民来决定，即改"上级任命制"为"人民票决制"，将监督官员的权力变为"撒手锏"。二是从制度设计上真正能保证执纪执法单位公正执纪、执法，而不是成为官员拒绝监督的"工具"。三是加大舆论监督的力度，使媒体成为那些拒绝监督、恣意妄为之官员的"天敌"。

作为领导干部，应明白手中的权力是人民赋予的，在行使权力过程中，自觉接受组织和广大人民群众监督，同时必须增强自我监督意识。要把好"自己"这第一关，"灯红酒绿不迷眼，不义之财不伸手"。千万不能等别人来监督自己、法律来制裁自己的时候才后悔没有做好自我监督。

九、因生活腐化而受贿

因生活腐化而犯罪的典型就是江苏省徐州市政府原副秘书长、办公室主任张华："随着地位的变化、职务的升迁，我在思想上开始放纵自己，追求享乐的心态也随之萌生。1995 年下半年，我发生了婚外恋。只要有机会，我就带情人出去吃喝玩乐。在思想霉菌的作用下，我的灵魂发生了病变。上班时，在大庭广众之下，我衣冠楚楚，道貌岸然；下班后，我却是歌舞升平，纸醉金迷。思想的霉菌一旦产生，就会一天天扩散，不断侵蚀肌体，最终腐败变质。"

腐败犯罪者大多是从自我放纵开始的，贪恋美色，搞权色交易必然发展到钱色交易、权钱交易。可以说，大凡搞权色交易，一般都会出现经济问题。因此，领导干部必须要时刻检讨自己的行为，控制自己的情感，经得起美色的考验，切实懂得"贪如火，不遏则自焚；欲如水，不遏则自溺"的道理。生活作风不是小事。在生活作风上把住了关，也能防止经济上和政治上犯错误。

十、因居功自傲而受贿

因居功自傲而犯罪的典型就是湖北兴化股份有限公司原常务副总经理佃国炎："我认为是我把一个小小的兴化公司在短短的几年之内办成了一个由国家控股、知名度很高的大型股份制企业。在公司内部，我的作风开始专横起来，听不得不同意见，一个人说了算。"江苏省无锡市某工程总公司原总经理陆惠丰在《第一次受贿，我就把灵魂出卖了》中忏悔道："在功劳荣誉和地位面前，我开始不能自制，感到自己了不起，领导和同事们的一些善意忠告逐渐听不进去了，工作方式也越来越粗暴，工作决策主观臆断。见到有越来越多的人想方设法地接近我，我开始变得飘飘然起来。"

任何时候、任何情况下，作为党员领导干部都不能凌驾于党纪国法之上，当特殊党员、做特殊干部！要清醒地认识到自己取得的成绩固然与自己的努力有关，但更大程度上应归功于上级党组织的正确领导、下属的努力奋斗、群众的支持。要纠正在遵纪守法问题上的各种糊涂观念和错误认识，不断反思自己，在纷繁复杂的社会生活中做到慎独、慎微、慎权、慎欲、慎终，自律、自重、自省、自警、自励，用党纪国法来规范自己的言行。管住自己的头，不要想不该想的事；管住自己的嘴，不吃不该吃的饭；管住自己的手，不拿不该拿的钱；管住自己的脚，不到不该到的地方。不降低对自己的要求，不随波逐流。

余 论

古人云："以铜为鉴，可以正衣冠；以人为鉴，可以明得失；以史为鉴，可以知兴替。"上述活生生的案例值得借鉴和反思。最后笔者提两点忠告：

第一，珍惜自由。仕途得意、踌躇满志之时，很多人总认为权力、金钱就是幸福，并陷入其中而不能自拔。"水能载舟，亦能覆舟"。不论他官位有多高，权力有多大，政绩多么突出，只要敢以身试法，法律不会放过他，都将绳之以法。而一旦被关进看守所或监狱，就深深感悟到人生最大的痛苦就是失去自由。建议多去看守所或监狱看看。

第二，切勿迈出走向悬崖的第一步。慕绥新从最初逢年过节接收礼物觉得理亏心虚，到一次收受 10 万美金觉得心安理得；成克杰逢年过节从最初在家收些烟酒，发展到带着小孙子向官员索要压岁红包；胡长清从最初躲在宾馆里偷偷吃喝嫖赌，到后来堕落为不给钱不办事，给了钱胡办事……这些都不难看出贪官落马的轨迹。苍蝇不叮无缝的蛋，物必自腐而后虫生。由最初欲望缺口，到最后欲壑难填，中间或长或短，或许要经历一段时间。但是，只要缺口已被打开，哪怕当初仅小如"蚁穴"，如果不及时察觉和修补，最后就难免导致"千里长堤，溃于蚁穴"。

"小洞不补，大洞受苦。"这句俗语蕴涵的事物发展的辩证法，往往被有些自认为聪明的人所忽视。这些朴素的话语还可被犯罪学理论和实践所证实：受贿就像吸毒易成隐，一旦有第一次，就很容易一发不可收拾：犯罪自觉性和主动性增强、非法欲望更强烈、作案经验更加成熟、丰富。而一旦达到动力定型的程度，即使想改也非常困难。四川省犍为县委原书记田玉飞忏悔道："一个个体老板从我办公室离开时，送给我 50 万元。我当时看着钱腿都发抖，这个老板拍着我的肩膀告诉我，三哥你别怕，打死我也不会说，慢慢地收钱就成了一种习惯。"

严惩受贿却宽纵行贿　反腐须强化源头治理

刑法理论上，行贿和受贿是对合（向）性犯罪，一般来说，有受贿就有行贿（被索贿的除外），行贿、受贿的关系就如同卖淫、嫖娼的关系。严惩受贿犯罪，宽纵行贿犯罪，如同只罚嫖娼的、不罚卖淫的一样，很难遏制贿赂犯罪。然而近些年来，一些国家工作人员被"银弹"击中沦为阶下囚者众，而发射"银弹"者却鲜见上堂受审。在很多受贿大案要案中，行贿人很少被司法追究。每年在最高检工作报告中披露的受贿案件数字和行贿案件数字，也严重不成比例，前者远远高于后者。这一"严打"受贿、"宽纵"行贿的司法现状，被形象地称为"开着水龙头拖地"。受贿者判了，行贿者毫发无损，贿赂的发生照样进行。下面仅列举众所周知的两例。

案例一： 原中国石化总经理陈同海受贿 1.95 亿元，受贿共有 5 笔，其中最大的一笔高达 1.6 亿元，另一笔为 1000 万元，其余 3 笔共计 2563 万元。陈同海一审被判死缓，但此案的 5 名行贿人未被起诉。毫无疑问，5 名行贿人的犯罪情节都特别严重，尤其是一次性向陈同海支付 1.6 亿元的行贿，更是创造了新中国成立以来单笔行贿的最高纪录。

案例二： 2003 年，原阜阳市颍上县委书记张华琪案发。公诉机关指控：1997 年 10 月，时任谢桥镇书记的张治安送现金张华琪 10 万元，并向其提出了职务升迁的要求，张治安后来如愿以偿。然而，张治安的行贿行为，却没有被司法追诉，以致张治安在官途上越走越顺，造就更多刑事罪案。

行贿犯罪逍遥法外，打击不力，让人纳闷。因为司法机关对行贿的危害性有着深刻且清醒的认识。早在 1999 年 3 月 4 日，最高人民法院、最高人民检察院就联合发出通知依法严肃惩处严重行贿犯罪，"要充分认识严肃惩处行贿犯罪，对于全面落实党中央反腐败工作部署，把反腐败斗争引向深入，从源头上遏制和预防受贿犯罪的重要意义"。对行贿犯罪的危害性有深刻且清醒的认识，"各级人民法院、人民检察院依法严肃惩处了一批严重受贿犯罪分子，取得了良好的社会效果。但是还有一些大肆拉拢、腐蚀国家工作人员的行贿犯罪分子却没有受到应有的法律追究，继续进行行贿犯罪，严重危害了党和国家的廉政建设"。事实的确如此，如福建省政和县原县委书记丁仰宁通过行贿当上县委书记后，其下属纷纷效仿，为谋求官职向丁仰宁行贿，县委副书记陈鸣华和副县长钟昌瑞、叶建光等人不但多次向丁行贿，还介绍他人向丁行贿，严重影响了党政干部队伍的纯洁性。

　　行贿犯罪被宽纵的一个重要原因或许来自于刑事政策、来自于受贿犯罪的难查处。从刑事政策的角度看，受贿犯罪的查处确有其难点。纪检监察机关和检察机关为了突破受贿案件，往往以"宽纵行贿"换取行贿人的配合。但这种交易并不是都有法可依。《刑法》第390条只是规定："……行贿人在被追诉前主动交代行贿行为的，可以减轻处罚或者免除处罚。"从实践看，多数行贿人是在受贿者东窗事发后，权衡再三才向侦查机关交代。如果不在行贿人、受贿人方面寻求突破口，难以查清事实的真相。但是，对行贿人在行贿后主动交代行贿事实的，一律不追究刑事责任并非合理，更为重要的是连党纪政纪责任都不追究就更不合理。这样会导致行贿的人更加猖狂地实施行贿行为。

　　严惩受贿却又宽纵行贿，反腐如同开着水龙头拖地。这一做法须得到纠正。行贿罪是受贿罪的源头，对于行贿罪的从重打击，是从根源上消除贿赂犯罪的刑事政策之一。实践中发生的行贿、受贿案件，有不少是基于受贿人主动索贿，行为人被动行贿，行贿人的主观恶性较小，对于此种类型的行贿行为，的确有必要较之相应的受贿行为从宽处罚。但是，实践中大多数的行贿、受贿犯罪均是行贿人积极地实施行贿行为，从这一意义上看，受贿的根源在于行贿行为，有必要对于行贿行为予以较重的打击，从而从根源上防止行贿、受贿行为。行贿犯罪往往是受贿犯罪发生的诱因，在行贿猖獗的地区，受贿犯罪的发生概率必然较高，打击行贿犯罪自然成了抑制受贿犯罪的手段之一。如果对于行贿不予处罚，则对行贿人起不到震慑作用，受贿也就随之而生。

　　对于行贿犯罪的处罚，应当放在全球视野下审视，结合我国现阶段国情背景进行。《联合国反腐败公约》对受贿与行贿同等处罚，即对行贿行为与受贿行为作相同的评价。例如，西班牙、美国、菲律宾、阿根廷、新西兰等。《西班牙刑法典》第423条规定："任何人以赠品、礼品、承诺或者应答等方式腐化或试图腐化当局或者公务员者，除不给予停职处分外，与受贿公务员者的处罚相同。但满足当局或者公务员索贿要求的，根据前项规定减轻一级处罚。"在现阶段，我们的办案机关以"宽纵行贿"换取行贿人的配合，不追究行贿人的刑事责任已是对其天大的恩赐了，同时鉴于我国的检察机关已建立行贿人查询档案，禁止某些行贿人再次进入某些建筑工程承包、房地产等领域，问题是对行贿人是国家公职人员的处理，基于从严治吏的内在要求，建议对情节严重的行贿人予以重处分，并记入档案，不得提拔重用。

随笔·感悟工作

四大法纪误区　公职人员当远离

导致腐败的现实因素很多，但有一点不容忽视，那就是一些国家公职人员的法律意识不高。很多时候，他们认为自己的行为不会触犯刑法，殊不知自己已经走进法纪的误区。

误区一：收钱未办事，或者为他人谋取合法利益，不算受贿

现实中，一些腐败分子认为，自己虽然收受了请托人的钱物，但只要没有为请托人谋取利益或者谋取的是合法利益，就不构成受贿。事实上，按照《全国法院审理经济犯罪案件工作座谈会纪要》的规定，为他人谋取利益包括承诺、实施和实现三个阶段的行为，只要具有其中一个阶段的行为，如国家工作人员收受他人财物时，根据他人提出的具体请托事项，承诺为他人谋取利益的，就具备了为他人谋取利益的要件。而按照最高人民法院、最高人民检察院《关于在办理受贿犯罪大要案的同时要严肃查处严重行贿犯罪分子的通知》的规定，不正当利益不仅限于非法利益，还包括因违反程序性要求产生的合法利益。因此，收钱未办事，或者为他人谋取合法利益，在一定情形下也构成受贿。

误区二：事后收受财物，或者在案发前将受贿所得退还行贿人，不算受贿

现实中，一些党员干部认为，在自己为他人谋取利益后，他人向自己送财送物是礼尚往来，自己收下也是人之常情，不应视为受贿；在得知有关部门将调查自己的违纪违法行为后，只要及时将受贿所得退还行贿人，自己的行为也不算受贿。事实上，依据我国刑法规定，只要有证据证明行为人具有受贿故意，那么，不管是在事后收受财物，还是在案发前将受贿所得退还行贿人，只要其利用职务上的便利为请托人谋取利益，其行为就已经构成受贿。

误区三：在节假日收受巨额"红包"、礼金，仅构成收受礼金违纪，不构成受贿

现实中，一些党员干部认为，在节假日相互走访是一种社会风气，其间如因无法拒绝而收受巨额"红包"、礼金，仅仅构成收受礼金违纪，而不构成受贿违纪。对此，我们认为不能一概而论。因为，现实中，一些行贿人为了掩人耳目，常常寻找各种机会和借口与国家公职人员"沟通感情"，如逢年过节看望一下、住院治病慰问一下、家人生日祝贺一下、家有丧事凭吊一下等等。如果行贿人是为了利用国家公职人员的职务之便，而在节假日以"沟通感情"为由送去巨额"红包"、礼金，那么这一行为貌似馈赠、实为贿赂。一旦有证据证明国家公职人员利用职务之便为行贿人谋取利益，则这种在节假日收受巨额"红包"、礼金的行为，便构成受贿违纪。

误区四：因严重不负责任而导致行政不作为或乱作为的，仅承担党纪政纪责任，不需要承担刑事责任

现实中，一些国家公职人员法律意识淡薄，对法律特别是刑法，缺乏足够的学习和正确的认识，认为发生"过错行政"，仅需要承担党纪政纪责任，不会触犯刑法，从而陷入一系列误区：其一，哪怕损失再大，"钱不进个人腰包不犯罪"；其二，"为公不犯罪"，甚至美其名曰"好心办坏事"；其三，"失误在所难免"，造成重大损失是"交学费"；其四，"法不责众"；其五，"集体研究无责任"或者"领导决定无责任"。事实上，我国《刑法》专门在"渎职罪"一章对玩忽职守罪作出了规定。国家机关工作人员因严重不负责任、不履行或不正确地履行自己的工作职责，致使公共财产、国家和人民利益遭受重大损失的，要接受刑法的制裁。

来源：《中国纪检监察报》2013 年 12 月 20 日

纪委书记的四大特质

纪委书记作为党委领导班子的重要成员和纪委领导班子的"一把手"，岗位重要，责任重大，使命光荣。俗语说："火车跑得快，全靠车头带"，"群雁高飞头雁带"。纪委书记的素质如何，可以在很大程度上影响到纪检监察干部队伍整体形象乃至全面从严治党方略目标的实现。优秀的纪委书记应具备如下特质：党的忠诚卫士、监督执纪问责行家里手、群众贴心人、廉洁的楷模。

党的忠诚卫士。纪委书记首先是党的忠诚卫士，保持绝对忠诚的政治本色。《党章》第44条规定：党的各级纪律检查委员会主要任务有三：（1）维护党的章程和其他党内法规；（2）检查党的路线、方针、政策和决议的执行情况；（3）协助党的委员会加强党风建设和组织协调反腐败工作。纪委姓"纪"，纪委书记作为纪委的主要负责人，也应姓"纪"。纪委工作的性质、职责和作用，决定了讲政治是对纪委书记第一位的要求，所以纪委书记必须强化思想政治建设，克服单纯业务观点。强化思想政治建设要求纪委书记要不断地提高政治素养，不断增强政治敏锐性和政治鉴别力；强化思想政治建设要求纪委书记坚定理想信念，坚持党性原则，善于从政治上观察、分析和处理问题，政治上、思想上、行动上自觉同以习近平同志为核心的党中央保持高度一致，在重大问题上旗帜鲜明、立场坚定，在关键时刻和重大事件中经得起风浪考验；严格遵守和自觉维护党的纪律特别是政治纪律，坚决同违犯党的纪律的行为做斗争，坚决反对和纠正有令不行、有禁不止以及"上有政策、下有对策"的行为，确保中央政令畅通，履行好忠诚卫士职责。以作风建设为例，与党中央保持一致，就是要坚决执行中央八项规定精神，持续反对"四风"，决不能让"四风"问题反弹回潮。如果出现反弹，吃喝、送礼等不正之风卷土重来，那么人民群众就会对我们党失去信心。所以我们一定要站在人心向背的高度来正确认识加强作风建设的重要性，为此要做到越往后，执纪越严、处理越重。

监督执纪问责行家里手。习近平总书记在十八届中央纪委六次全会上指出，纪委是党内监督、管党治党的重要力量，党章规定了纪委的三项主要任务和五项经常性工作，概括起来，就是监督执纪问责。《中国共产党党内监督条例》第 26 条规定，党的各级纪律检查委员会是党内监督的专责机关，履行监督执纪问责职责。监督执纪问责是纪检机关的专责所在，纪委书记理应是监督执纪问责的行家里手。纪委监督本质上是纪律监督。纪委书记会监督、敢监督：加强对同级党委特别是常委会成员、党的工作部门和直接领导的党组织、党的领导干部履行职责、行使权力情况的监督。批评和自我批评要随时随地开展，抓早抓小、见人见事，使"红脸出汗"成为常态；要把纪律挺在法律前面，纪委书记要把监督中发现的问题，及时向同级党委和上级纪委报告，负责任地提出处置意见和建议，做到早发现、早报告、早处置，以纪律为尺子判别党员干部的行为，有错即纠、违纪即查；要坚持有腐必反、有贪必惩，坚持无禁区、全覆盖、零容忍惩治腐败，对腐败分子决不能有丝毫的手软，一定要坚决查处，决不留情，以维护党的肌体健康和队伍纯洁，厚植党的执政基础。作为党内监督专责机关负责人，纪委书记要把自己摆进去，监督执纪问责，以永远在路上的恒心和韧劲，不忘初心、砥砺前行。

纪委书记还应善于带兵打战。这是因为查处违纪行为是纪检监察机关的天职，不执纪、不问责就是失职，执纪问责如同带兵打仗，作为纪委书记，必须会带兵、会打仗、会执纪。纪委书记在纪检监察机关查处重要违纪案件时，既要做带兵打仗的指挥员，又是冲锋在前的战斗员：亲自指挥和适当参与，在错综复杂的案情中把握办案方向，选准突破口，做到领导指挥在一线，情况掌握在一线，措施落实在一线，问题解决在一线：及时掌握纪律审查进程，对下属工作中遇到的困难，亲自出面协调解决，对纪律审查过程中遇到的压力和阻力，要善于排除，为同志们撑腰，做纪律审查人员的坚强后盾，创造一个有利于执纪审查的良好外部环境。

群众贴心人。作为纪委书记，一方面要有敢于碰硬、疾恶如仇的凛然正气；另一方面还应是群众可亲、可信、可敬的贴心人。作为纪委书记，既要有铮铮铁骨，也要有丹心柔情。要始终坚持在思想上尊重群众、在感情上贴近群众、在行动上密切联系群众。深入了解群众的生产生活状况，认真倾听群众的意见建议乃至呼声，千方百计为群众排忧解难，放下架子与其打成一片，赢得其信任，达到心连心、同呼吸、共命运。严肃查处群众身边的不正之风和腐败问题，推动全面从严治党向基层延伸，对发生在群众身边的不正之风和腐败问题，对那些虚报冒领、克扣侵占，优亲厚友、吃拿卡要，执法不公、欺压百姓，高高在上、漠视群众等行为，要高度重视，严肃查处，增强全面从严治党为群众带来的获得感。

纪检监察干部作为群众的一部分，"群众贴心人"还内在地要求纪委书记知人善任、善待下属、严格管理。人才是纪检监察机关最核心的战略资源，也是纪检监察机关核心竞争力最坚强的后盾。人才需要培养，人才需要发现，人才需要发挥，有了发现与发挥，才会有发展的机遇与平台。这就要求纪委书记熟练掌握下属的政治、思想、业务能力、工作志趣、业余爱好以及家庭情况等信息，从政治、工作、生活、学习等各个方面入手，帮助他们解决实际困难和问题，让他们全身心地、积极地投入到党风廉政建设和反腐败斗争中去。知人善任、因材施用、用人所长，合理配置人才，采取正确的标准、健全的制度、规范的程序等公平竞争的用人机制，为同志们创造一个挖掘潜力、展示自我、竞争成才、实现人生价值的最佳平台。同时注重把那些政治上靠得住、工作上有本事、作风上过得硬的人选拔到重要岗位上来，用事业留人、待遇留人、感情留人，使纪检监察机关永葆生机活力。作为纪委书记，对每一位纪检监察干部都要严格管理、严格约束，发现纪检监察干部有反映、有问题，就要抓早抓小，及时提醒，不要等到纪检监察干部违反严重纪律规矩，甚至是违法犯罪、妻离子散、家破人亡的时候，再发菩萨心肠。

廉洁的楷模。纪委书记须是党员干部清正廉洁、勤政廉政的表率。俗话说，"正人先正己""打铁需自身硬"，作为党的忠诚卫士，作为纪委书记，肩负着监督他人是否认真履行职责、是否有违纪行为等重任。这就要求纪委书记严格执行党员干部廉洁自律有关规定，"一身正气敢碰硬、两袖清风不染尘"，洁身自好，管住小节、抗住诱惑，堂堂正正做人，清清白白做官，做到"三个管住"，即管住自己的嘴，不该吃的坚决不吃；管住自己的手，不该拿的坚决不拿；管住自己的腿，不该去的地方坚决不去。始终保持高尚的精神追求，培养健康的生活情趣，坚决抵制腐朽没落的思想和生活方式的侵蚀，始终保持纪委书记的高风亮节和浩然正气。

知足·不知足·知不足

2005 年 7 月 28 日，我从河南省驻马店市人民检察院考入驻马店市纪委，从事来访接待工作。说句心里话，刚到纪委的一段时间，我很不适应，法律专业出身的我曾在检察机关从事过反贪污贿赂侦查、审查起诉等工作，从事检察工作游刃有余，而来访接待工作繁琐，且与专业不对口，感觉有劲使不上，为此，那段时间我一直比较郁闷。

直到有一天，有一位农民来市纪委投诉：因为让车不及时，他被市直某单位领导的司机打了几个耳光。我对他的遭遇非常同情，当即向领导汇报，要求这位司机来纪委说明情况，经查证，投诉属实。我严肃地指出这位司机的错误，并要求其向受害人当面赔礼道歉。经过入情入理的教育，这位司机认识到了自己的错误，当面给受害人赔礼道歉，并给予 1000 元精神损害慰问金。事后，受害人给我单位送来了锦旗，上面写着："一身正气敢碰硬，两袖清风不染尘"。这件事情对我触动很大，使我深刻认识到接访工作的意义和价值所在。自此以后，我逐渐转变观念、调整心态，积极投入到工作中去，摸索出行之有效的"五步工作法"：第一步是"请"字当头，热情接待；第二步，"问"字在先，摸清诉求；第三步，"听"要擅长，探究真相；第四步，"答"得在理，耐心释法；第五步，"帮"字贴心，排忧解难。在此基础上，我又征得领导同意制作了《纪检监察机关信访举报指南》，大量印刷，免费发放给来访群众，深受群众欢迎。看到自己的工作受到群众的肯定，我也由衷地感到高兴、知足。

2009 年 4 月，我被组织安排到专业对口的审理室工作。在审理室，我充分发挥专业特长，用所学的法学理论审查违纪违法案件，得心应手。工作中，每遇到一个疑难案件，我不是浅尝辄止，而是作为一个专题深入地研究，有时还向我的研究生导师请教，我对案件质量高度负责的态度，得到了领导、同事和当事人的一致好评；但我不满足于此。新时期的案件审理工作要求审理人员及时扩充知识领域，深化知识内涵，优化知识理念，更新知识结构，不断提升工作能力。为此，业余时间，我几乎都是在钻研法律法规、法学理论，撰写了不少文章，先后在《中国纪检监察报》等媒体上公开发表了一百余篇法学专业文章。良好的读书写作习惯，让我法学功底更加扎实，综合素质得到进一步提升。

越是学习，越能发现自己存在很多不足。医生看病，若病情诊断错误，不能对症下药，必然给病人造成伤害和痛苦。审理工作也是如此，若违纪事实认定不清、定性不准，量纪也会随之发生偏差。我清醒地认识到：每一件案件，对纪检监察机关来说可能是众多案件中的一个，但对当事人来说却是大事，关系其切身利益。因此，我必须以高度的责任感认真细致、全面准确地审查判断每一起案件，以完整的证据链来证明事实，尽可能再现事实真相，依法依纪确定错误性质和处分档次，不偏不倚、不枉不纵。

在工作中，我努力保障当事人的权利，以诚相待，换位思考，尽最大努力教育和挽救被调查人。如为提高审理谈话质量，我征得领导同意后制作了《审理对象权利义务告知书》，以书面形式对审理谈话对象实行权利义务告知，消除其不敢辩解的思想顾虑；谈话时，心平气和地与谈话对象坦诚交流，对谈话对象法律上的困惑，我充分利用自身的专业知识为其解疑释惑；为充分发挥审理谈话的教育功能，我对近年来办理的各类违纪违法案件进行认真梳理，分析出违纪违法的常见原因，形成了《五大法律认识误区 领导干部须远离》一文，让谈话对象阅读，谈话对象读后深刻感受到组织对其教育和挽救的良苦用心。

从事审理工作几年来，我深刻体会到，这是我施展自身才华、实现人生价值的最好平台。在这个平凡的工作岗位上，心灵沐浴在党纪国法中，目光游离于规范与事实间，累并快乐着！

来源：《中国纪检监察报》2011 年 3 月 5 日

我参加司法考试的遗憾之处

去年，我参加全国司法考试，虽然顺利过关，但是仔细回想起来，在参加考试过程中还是有一些遗憾之处。今年的司法考试又将临近，把自己参加考试的一些"遗憾"之处说出来，希望对大家有一些启发。

首先，没有选择好备考教材。没有使用权威和针对性的教材，让我备考时走了不少弯路。许多考题，比如法理学和宪法学，一些考题都是教材上的内容，如果选择一本好的教材，自己还可以多考一些分数。

司法考试是标准化的考试，教材和必读法规的重要性是不言而喻的。无论科班生也好，非法律专业的考生也好，都应该把教材吃透。在参考资料的选择上，我认为最好是本着少而精的原则，选择针对性强的备考资料。现在司法考试的辅导用书以及培训市场鱼龙混杂，一定要选择口碑好、对读者负责的资料。现在互联网很发达，网上的资料也不可小视，加之其互动性强，更新很快，消息及时，对复习会有很大的帮助。

第二个遗憾是习题做得过多、太滥。当时认为复习时间充裕，于是拼命做题，做到最后自己都感觉做腻了。我感到2001年以前的5年试题和2002年全真试题，毕竟凝聚了好多命题专家的心血和智慧，值得反复领会。每做一次，都应该有新的体会和收获。2001年12月，我几乎把时间都用在了做题和看参考答案上。但一个人的精力和时间是有限的，像这样大面积地撒网做题，效果却不好。现在想一想，那个时候的复习走入歧途了。

一些该记忆准确的知识点没有准确记忆，一些富有理论深度的文章需要加强学习。比如法理学、诉讼法、刑法、民商法中的一些热点问题、前沿问题，还是没有搞深、搞透。

对试题的类型分析不够。考试之前，我没有意识到多项选择题会增加10

道题，思想准备还不够充分。多项选择题的增加无形中增加了试卷的难度。因为多项选择题覆盖面大、涉及知识点多，考生不能忽视一些小的知识点，因为多选一个或者少选一个都会丢分。

其次，复习安排还有不科学的地方。复习时总想面面俱到，现在看来，如果能够把基础知识复习再扎实一些，我想分数可能还会再高一些。平时应该全力复习6大法，等到考试前夕，再突袭其他内容。无论如何，大家不应放弃基础考点的复习，只有打好基础，掌握一定的解题技巧和思路，才是万全之策！

来源：《检察日报》2003年4月8日

纪检人手记——治病救人心得

《党章》第 38 条第 1 款规定："党组织对违犯党的纪律的党员，应当本着惩前毖后、治病救人的精神，按照错误性质和情节轻重，给以批评教育直至纪律处分。"根据新修订的《中国共产党纪律处分条例》第 4 条第 5 项规定，党的纪律处分原则之一就是惩前毖后、治病救人。处理违犯党纪的党组织和党员，应当实行惩戒与教育相结合，做到宽严相济。

然而之前很长一段时间，跟绝大多数纪检干部一样，我也是以追究办理案件数量多、案值大为荣，认为办理大案要案才是我的工作业绩。很多时候是为办案而办案，很少静下心来反思：为什么要办案、办案的根本目的是什么？如何从源头上遏制腐败增量、减少腐败存量？办案的终极目标是什么？

近年来办理的两起违纪案件给我很大的启示：副处级领导干部杨某 2010 年因为私设小金库等违纪问题被给予党内警告的处分，但杨某没有从内心深处反思自己不足，不屑一顾的态度为其犯更大错误埋下了隐患。杨某有个致命的缺陷：哥们义气重、喜欢别人的小恩小惠、原则性不强。其实，做事不讲原则恰恰是危险的开始。2015 年，杨某在接受开发商的多次宴请和"小恩小惠"后，无视组织纪律，擅自指使单位会计将单位全体职工的集资购房款一千多万元借给房地产开发商使用后无法追回，杨某因严重违纪被"双开"，因涉嫌挪用公款犯罪被移送司法机关追究刑事责任。杨某违纪案让我意识到治病要治得彻底，不能只治标不治本！要让被处分人从内心深处认识到自己不足、意识到党组织的良苦用心、让更多人受到教育从中汲取教训。

还有一起违纪案件给我启示更大。2015 年秋，县委副书记丁某严重违纪违法被移送司法机关追究刑事责任，在看守所我见到了丁某。我推心置腹地与其谈心："作为党员领导干部，如何才能避免犯类似的严重错误呢？"他沉思了一会，流着泪说："上个世纪 80 年代初，那时的我是个年轻的小伙子，刚上班时领导对我要求很严，我有点小问题、小毛病，领导会及时给我指出来，我都能及时改正，不会犯大错误。后来我逐渐成长为县处级领导干部，原来的老领导或退休或离世，再也没有人及时提醒我注意小节、小问题了，更多的人是变着法子吹捧我，时间长了，我也就飘飘然、自我陶醉了，习惯于颐指气使，这为犯大错埋下了隐患。"丁某严重违纪案让我深刻意识到抓早抓小的重要性和必要性。

为了达到惩前毖后、治病救人的目的，经领导同意，我将杨某、丁某在立案审查期间写的忏悔录复印给该单位所有党员干部阅读。他们看后内心受到强烈的震撼，纷纷表示要以活生生的反面题材警示自己，党组织用身边事教育身边人的教育形式非常好，希望多开展这样类似的教育活动。众多党员干部对我的殷切期望和迫切要求为我做足纪律审查后半篇文章提供了充足的动力和源泉。我深刻感受到执纪审理大有作为：办理一案、教育一片，最终实现让绝大多数党员都能"健康"而充满活力地为党、为国工作。为此，我深刻地领悟到了"纪委决不能成为党内的公检法，执纪审查决不能成为司法调查"的理念和要求，坚决克服以法代纪的思维定势，纠正以大案要案论英雄的政绩观。做好纪律审查的后半篇文章，大有作为，用身边事教育身边人的做法，已被实践证明行之有效，要果断地坚持下去。

早发现、早治疗应当是治病救人的最高境界。"将纪律挺在前面"不是一句空话，而是治病救人的一剂良方、一副好药。但要用好这副药，还需要我们纪检干部要有强烈的监督意识和问题意识：坚持抓早抓小，对党员干部身上出现的苗头性、倾向性问题要在第一时间提提领子、咬咬耳朵、扯扯袖子，做到防病于未萌、治病于初起；如果采取鸵鸟政策、明哲保身，养痈为患，不能在出现轻微违纪问题时及时制止住，最终会害了同志。我们要经常拿起纪律的尺子，主动对所谓的"小节问题"去量一量，构成违纪的及时给予相应处理，防止小错酿成大祸、"病树"变成"烂树"，护好"森林"才能基业长青。

"四种形态"在惩前毖后、治病救人，教育保护党员干部方面释放出强大的能量。王岐山同志强调，运用好监督执纪的"四种形态"，其本质就是要从操作层面织密监督执纪的笼子，为"把纪律和规矩挺在前面"制定操作手册，主要目的是对破纪与违法现象进行全方位、综合辩证诊疗，解决监督执纪的突出问题。运用监督执纪"四种形态",如同医生给病人看病,须对症下药,既不能对轻病下猛药,也不能对重病采取姑息疗法,甚至讳疾忌医。只有具体问题具体分析,真正做到实事求是,体现区别对待,才能取得预期效果。

第一种形态重在"治未病",解决的是党员干部破纪之初的思想意识问题,筑牢思想防线,让大家远离纪律底线。目前,当务之急是让各级党委(党组)和纪委(纪检组)深刻认识到"治未病"的重要性和紧迫性以及"治未病"的方法要领。在这方面,扁鹊三兄弟治病的故事,值得各级党委(党组)和纪委(纪检组)感悟。扁鹊一家是中医世家,不仅他本人行医,他的父辈和两个哥哥也都是医生,只是他们术有不同。有一次,谈起他们兄弟三人的医术,魏文侯问当时最有名气的扁鹊:"你们家弟兄三人,都精于医术,是天下有名的医生,那么,如果分个伯仲,究竟谁的医术最高?"这是一个吹嘘自己的机会。如果换做一般人,肯定会说自己是 NO.1。可是,面对这个难得的机会,扁鹊并没有借机吹嘘自己,而是毫不迟疑地回答:"我们三个人的研究各有侧重,也各有所长,但论医术的高明程度,大哥最好,二哥次之,我是最差的那一个。"魏文侯听了,感到十分纳闷,于是再问:"可是,你是全国知名的神医啊?他们的名气显然不如你。既然你医术不如他们,为何最出名?难道是名不符实?"扁鹊不慌不忙地解释道:"大哥治病主要在病情发作之前,由于一般人不知道他事先能铲除病因,所以他的名气无法传出去,只有我们家的人才知道。二哥治病,主要是治病于病情发作初起之时,一般人认为他只能治轻微的病,所以他的名气只传于本乡里。而我治病,是治病情最严重的时候,一般人都看到我能做大手术,也能起死回生,所以,认为我的医术高明,名气自然就响遍全国。"党的纪律处分原则是惩前毖后、治病救人,现在中央提出"抓早抓小",这和扁鹊"上医治未病,中医治欲病,下医治已病"是一个道理。党委(党组)要狠抓日常管理和思想道德建设,筑牢思想道德防线,把管党治党落实到日常工作中,把功夫下在平时,随时了解干部情况,对干部多问多听多看,听到反映就及时提醒告诫;取得成绩的干部犯了错误,也不能迁就纵容,必须督促其立行立改;对出现苗头性问题的干部,要综合运用批评教育、组织处理、纪律处分等多种方式,让他猛警醒、急刹车。"治未病"——首先要取得"病人"(党组织和党员)的理解和信任,要让党组织和党员深刻明白党中央整风肃纪的落脚点是治病救人,而不是整人害人,这才是严肃纪律的出发点和最终归宿。

"治未病"，还要提前告知党员干部容易患哪些常见病及患病的原因。要告知重点岗位的廉政风险，比如，我们近几年办理了多起常务副县长严重违纪案，案发的一个突出特点就是在土地出让金减免和返还方面容易发生权钱交易。为此，我们将此廉政风险及时告知各县区党委、政府主要负责人和常务副县长（副区长），希望引起高度警觉。国土资源系统，一个重要廉政风险点是土地整理项目和土地利用手续办理环节容易出现廉政风险，我们也及时告知了国土资源系统。党员干部容易"患病"的一个重要原因是对量变到质变的规律、偶然性和必然性的关系、对侥幸心理的种种表现及发生原因等了解不多、把握不深；对权力的边界、按权力的运行规则把握不够。

第二种形态重在"治微恙"，解决的是轻微破纪之后的警戒问题，通过抓早抓小，及时点刹、叫停，防止小错变大错，使轻违纪的党员干部及时知止收手，直接切断由"好同志"滑向"阶下囚"的通道。其实，不论是身体之病，还是社会之病，病的治疗效果如何，除了和医生德艺有关外，病人是否愿意"看医生"、是否讳疾忌医、是否如实告知病情等，与医生的医术同样重要。现实生活中，有些党组织和党员自当蔡桓公，有病深藏，不请医生（上级党委、纪委）把脉，甚至把医生（上级党委、纪委）之言当"耳旁风"；有些党组织和党员对小病不重视；有的寄情于关系学不可自拔，以为关系、后台更可靠；有的则是等到病入膏肓，才寻医问药，木已成舟，悔之晚矣，医生医术再好也是回天无力，只能"望桓侯而走"。

第三种形态重在"治重疾"，对犯错的党员干部作"最后挽救"，让违纪情节严重的干部停职反思、悬崖勒马，防止其贻误终生。对犯错误、走弯路的同志不能"一处了之"，更不能一棍子打死，而是要通过思想政治工作教育感化，引导党员干部在思想上明白错在哪里、过在何处，在行动上纠正错误、改过自新。对知错、悔错、改错的同志给政策、给出路，把执纪审查过程变成引导审查对象重建对党忠诚的过程。县处级领导干部赵某在接受组织调查后期，对组织给予的留党察看2年、行政撤职处分毫无怨言，还发自肺腑地感谢党组织。他深情地说："感谢党组织挽救了我，组织给我关了一扇门，同时又给我开启了另一扇门。"坚持"惩前毖后、治病救人"的理念，从谈话一开始就给谈话对象送《党章》，与其一道重温入党誓词，唤醒对激情燃烧岁月的记忆。在执纪审查中，不是就审查而审查，而是通过扎实有效的思想政治工作，使执纪审查的过程成为审查对象思想转变、党性逐步被"唤醒"的过程。

特别需要说明的是，在"治微恙""治重疾"过程中，切忌惩而不治，要有"医者仁心"、不离不弃。处分不是监督执纪的最终目的，处分决定下达后，首要任务是让受处分的同志放下思想包袱、重塑工作信心：如果思想转变快、工作业绩好、工作作风实，党员干部即便受到处分了，组织也会重新使用。要告知本人所在单位全体党员尤其是党组织主要负责人——有义务伸出援助之手，帮助受处分的党员同志解开思想疙瘩，让其尽快回到正轨，决不能投来鄙夷的眼光。

第四种形态重在"处不治之症"，体现法律的威严和刚性约束，对完全突破纪律，已经触碰法律底线的极少数党员，交由司法机关，接受法律的惩处。即便已经触碰法律底线的极少数党员患有"不治之症"，如果有治愈的可能，仍应尽力挽救，不抛弃、不放弃、不离弃，为以后的刑事诉讼和刑罚执行、人格矫正奠定扎实的基础。如在审查某县处级领导干部严重违纪案件时，通过耐心细致的思想政治工作，在其外孙女出生后20天，让其在纪委"两规"点看外孙女照片和视频，与其一同观看《永远在路上》，使谈话对象最终幡然悔悟，痛哭流涕、真诚向组织忏悔、书写多份保证书，表示永不翻供（之前将受贿款说成是索要之前投资款本金和利息），自愿主动上交一切违纪违法所得，坚决服从组织的处理和法律的审判，无论何时何地，都永远跟党走，永远做党的人。

办案的根本目的是什么？是惩前毖后、治病救人！办案的最高境界是什么？是无案可办！

来源：《中国纪检监察报》2017年2月25日，发表时有删节

附《监督执纪工作规则（试行）》及说明

中国共产党纪律检查机关监督执纪工作规则（试行）

（2017 年 1 月 8 日中国共产党第十八届中央纪律检查委员会第七次全体会议通过）

第一章 总 则

第一条 为全面从严治党，维护党的纪律，规范纪检机关监督执纪工作，根据《中国共产党章程》，结合工作实践，制定本规则。

第二条 监督执纪工作以马克思列宁主义、毛泽东思想、邓小平理论、"三个代表"重要思想、科学发展观为指导，深入贯彻习近平总书记系列重要讲话精神，坚持依规治党、依规执纪，把监督执纪权力关进制度笼子，落实打铁还需自身硬要求，建设忠诚干净担当的纪检干部队伍。

第三条 监督执纪工作应当遵循以下原则：

（一）坚持以习近平同志为核心的党中央集中统一领导，牢固树立政治意识、大局意识、核心意识、看齐意识，体现监督执纪的政治性，严守政治纪律和政治规矩；

（二）坚持纪律检查工作双重领导体制，监督执纪工作以上级纪委领导为主，线索处置、立案审查在向同级党委报告的同时必须向上级纪委报告；

（三）坚持以事实为依据，以党规党纪为准绳，把握政策、宽严相济，惩前毖后、治病救人；

（四）坚持信任不能代替监督，严格工作程序、有效管控风险点，强化对监督执纪各环节的监督制约。

第四条 监督执纪工作应当把纪律挺在前面，把握"树木"与"森林"的关系，运用监督执纪"四种形态"，让"红红脸、出出汗"成为常态；党纪轻处分、组织调整成为违纪处理的大多数；党纪重处分、重大职务调整的成为少数；严重违纪涉嫌违法立案审查的成为极少数。

第五条　创新组织制度，建立执纪监督、执纪审查、案件审理相互协调、相互制约的工作机制。市地级以上纪委可以探索执纪监督和执纪审查部门分设，执纪监督部门负责联系地区和部门的日常监督，执纪审查部门负责对违纪行为进行初步核实和立案审查；案件监督管理部门负责综合协调和监督管理，案件审理部门负责审核把关。

第二章　领导体制

第六条　监督执纪工作实行分级负责制：

（一）中央纪律检查委员会受理和审查中央委员、候补中央委员，中央纪委委员，中央管理的党员领导干部，以及党中央工作部门、党中央批准设立的党组（党委），各省、自治区、直辖市党委、纪委等党组织的违纪问题。

（二）地方各级纪律检查委员会受理和审查同级党委委员、候补委员，同级纪委委员，同级党委管理的党员干部，以及同级党委工作部门、党委批准设立的党组（党委），下一级党委、纪委等党组织的违纪问题。

（三）基层纪律检查委员会受理和审查同级党委管理的党员，以及同级党委下属的各级党组织的违纪问题；未设立纪律检查委员会的党的基层委员会，由该委员会负责监督执纪工作。

第七条　对党的组织关系在地方、干部管理权限在主管部门的党员干部违纪问题，应当按照谁主管谁负责的原则进行监督执纪，并及时向对方通报情况。

第八条　上级纪检机关有权指定下级纪检机关对其他下级纪检机关管辖的党组织和党员干部违纪问题进行执纪审查，必要时也可直接进行执纪审查。

第九条　严格执行请示报告制度，对作出立案审查决定、给予党纪处分等重要事项，纪检机关应当向同级党委（党组）请示汇报并向上级纪委报告，形成明确意见后再正式行文请示。遇有重要事项应当及时报告，既要报告结果也要报告过程。

坚持民主集中制，线索处置、谈话函询、初步核实、立案审查、案件审理、处置执行中的重要问题，应当经集体研究后，报纪检机关主要负责人、相关负责人审批。

第十条　纪检机关案件监督管理部门负责对监督执纪工作全过程进行监督管理，履行线索管理、组织协调、监督检查、督促办理、统计分析等职能。

第十一条　派出机关应当加强对派驻纪检组监督执纪工作的领导，经常听取工作汇报。派驻纪检组依据有关规定和派出机关授权，对被监督单位党的组织和党员干部开展监督执纪工作，重要问题应当向派出机关请示报告，必要时可以向被监督单位党组织通报。

第三章　线索处置

第十二条　纪检机关信访部门归口受理同级党委管理的党组织和党员干部违反党纪的信访举报，统一接收下一级纪委和派驻纪检组报送的相关信访举报，分类摘要后移送案件监督管理部门。

执纪监督部门、执纪审查部门、干部监督部门发现的相关问题线索，属本部门受理范围的，应当送案件监督管理部门备案；不属本部门受理范围的，经审批后移送案件监督管理部门，由其按程序转交相关监督执纪部门。

案件监督管理部门统一受理巡视工作机构和审计机关、行政执法机关、司法机关等单位移交的相关问题线索。

第十三条　纪检机关对反映同级党委委员、纪委常委，以及所辖地区、部门主要负责人的问题线索和线索处置情况，应当向上级纪检机关报告。

第十四条　案件监督管理部门对问题线索实行集中管理、动态更新、定期汇总核对，提出分办意见，报纪检机关主要负责人批准，按程序移送承办部门。承办部门应当指定专人负责管理问题线索，逐件编号登记、建立管理台账。线索管理处置各环节均须由经手人员签名，全程登记备查。

第十五条　纪检机关应当根据工作需要，定期召开专题会议，听取问题线索综合情况汇报，进行分析研判，对重要检举事项和反映问题集中的领域深入研究，提出处置要求。

第十六条　承办部门应当结合问题线索所涉及地区、部门、单位总体情况，综合分析，按照谈话函询、初步核实、暂存待查、予以了结四类方式进行处置。

线索处置不得拖延和积压，处置意见应当在收到问题线索之日起30日内提出，并制定处置方案，履行审批手续。

第十七条　承办部门应当定期汇总线索处置情况，及时向案件监督管理部门通报。案件监督管理部门定期汇总、核对问题线索及处置情况，向纪检机关主要负责人报告。

各部门应当做好线索处置归档工作，归档材料应当齐全完整，载明领导批示和处置过程。

第四章　谈话函询

第十八条　采取谈话函询方式处置问题线索，应当拟订谈话函询方案和相关工作预案，按程序报批。对需要谈话函询的下一级党委（党组）主要负责人，应当报纪检机关主要负责人批准，必要时向同级党委主要负责人报告。

第十九条　谈话应当由纪检机关相关负责人或者承办部门主要负责人进行，可以由被谈话人所在党委（党组）或者纪委（纪检组）主要负责人陪同；经批准也可以委托被谈话人所在党委（党组）主要负责人进行。

谈话过程应当形成工作记录，谈话后可视情况由被谈话人写出书面说明。

第二十条　函询应当以纪检机关办公厅（室）名义发函给被反映人，并抄送其所在党委（党组）主要负责人。被函询人应当在收到函件后 15 个工作日内写出说明材料，由其所在党委（党组）主要负责人签署意见后发函回复。

被函询人为党委（党组）主要负责人的，或者被函询人所作说明涉及党委（党组）主要负责人的，应当直接回复发函纪检机关。

第二十一条　谈话函询工作应当在谈话结束或者收到函询回复后 30 日内办结，由承办部门写出情况报告和处置意见后报批。根据不同情形作出相应处理：

（一）反映不实，或者没有证据证明存在问题的，予以了结澄清；

（二）问题轻微，不需要追究党纪责任的，采取谈话提醒、批评教育、责令检查、诫勉谈话等方式处理；

（三）反映问题比较具体，但被反映人予以否认，或者说明存在明显问题的，应当再次谈话函询或者进行初步核实。

谈话函询材料应当存入个人廉政档案。

第五章　初步核实

第二十二条　采取初步核实方式处置问题线索，应当制定工作方案，成立核查组，履行审批程序。被核查人为下一级党委（党组）主要负责人的，纪检机关应当报同级党委主要负责人批准。

第二十三条　核查组经批准可采取必要措施收集证据，与相关人员谈话了解情况，要求相关组织作出说明，调取个人有关事项报告，查阅复制文件、账目、档案等资料，查核资产情况和有关信息，进行鉴定勘验。

需要采取技术调查或者限制出境等措施的，纪检机关应当严格履行审批手续，交有关机关执行。

第二十四条 初步核实工作结束后，核查组应当撰写初核情况报告，列明被核查人基本情况、反映的主要问题、办理依据及初核结果、存在疑点、处理建议，由核查组全体人员签名备查。

承办部门应当综合分析初核情况，按照拟立案审查、予以了结、谈话提醒、暂存待查，或者移送有关党组织处理等方式提出处置建议。

初核情况报告报纪检机关主要负责人审批，必要时向同级党委（党组）主要负责人报告。

第六章　立案审查

第二十五条 经过初步核实，对存在严重违纪需要追究党纪责任的，应当立案审查。

凡报请批准立案的，应当已经掌握部分违纪事实和证据，具备进行审查的条件。

第二十六条 对符合立案条件的，承办部门应当起草立案审查呈批报告，经纪检机关主要负责人审批，报同级党委（党组）主要负责人批准，予以立案审查。

纪检机关主要负责人主持召开执纪审查专题会议，研究确定审查方案，提出需要采取的审查措施。

立案审查决定应当向被审查人所在党委（党组）主要负责人通报。对严重违纪涉嫌犯罪人员采取审查措施，应当在24小时内通知被审查人亲属。

严重违纪涉嫌犯罪接受组织审查的，应当向社会公开发布。

第二十七条 纪检机关主要负责人批准审查方案。

纪检机关相关负责人批准成立审查组，确定审查谈话方案、外查方案，审批重要信息查询、涉案款物处置等事项。

执纪审查部门主要负责人研究提出审查谈话方案、外查方案和处置意见，审批一般信息查询，对调查取证审核把关。

审查组组长应当严格执行审查方案，不得擅自更改；以书面形式报告审查进展情况，遇重要事项及时请示。

第二十八条 审查组可以依照相关法律法规，经审批对相关人员进行调查谈话，查阅、复制有关文件资料，查询有关信息，暂扣、封存、冻结涉案款物，提请有关机关采取技术调查、限制出境等措施。

审查时间不得超过 90 日。在特殊情况下，经上一级纪检机关批准，可以延长一次，延长时间不得超过 90 日。

需要提请有关机关协助的，由案件监督管理部门统一办理手续，并随时核对情况，防止擅自扩大范围、延长时限。

第二十九条　审查谈话、执行审查措施、调查取证等审查事项，必须由 2 名以上执纪人员共同进行。与被审查人、重要涉案人员谈话，重要的外查取证，暂扣、封存涉案款物，应当以本机关人员为主，确需借调人员参与的，一般安排从事辅助性工作。

第三十条　立案审查后，应当由纪检机关相关负责人与被审查人谈话，宣布立案决定，讲明党的政策和纪律，要求被审查人端正态度、配合调查。

审查期间对被审查人以同志相称，安排学习党章党规党纪，对照理想信念宗旨，通过深入细致的思想政治工作，促使其深刻反省、认识错误、交代问题，写出忏悔和反思材料。

审查应当充分听取被审查人陈述，保障其饮食、休息，提供医疗服务。严格禁止使用违反党章党规党纪和国家法律的手段，严禁侮辱、打骂、虐待、体罚或者变相体罚。

第三十一条　外查工作必须严格按照外查方案执行，不得随意扩大调查范围、变更调查对象和事项，重要事项应当及时请示报告。

外查工作期间，执纪人员不得个人单独接触任何涉案人员及其特定关系人，不得擅自采取调查措施，不得从事与外查事项无关的活动。

第三十二条　严格依规收集、鉴别证据，做到全面、客观，形成相互印证、完整稳定的证据链。

调查取证应当收集原物原件，逐件清点编号，现场登记，由在场人员签字盖章；调查谈话应当现场制作谈话笔录并由被谈话人阅看后签字。已调取证据必须及时交审查组统一保管。

严禁以威胁、引诱、欺骗及其他违规违法方式收集证据；严禁隐匿、损毁、篡改、伪造证据。

第三十三条　暂扣、封存、冻结、移交涉案款物，应当严格履行审批手续。

执行暂扣、封存措施，执纪人员应当会同原款物持有人或者保管人、见证人，当面逐一拍照、登记、编号，现场填写登记表，由在场人员签名。对价值不明物品应当及时鉴定，专门封存保管。

纪检机关应当设立专用账户、专门场所，确定专门人员保管涉案款物，严格履行交接、调取手续，定期对账核实。严禁私自占有、处置涉案款物及其孳息。

第三十四条　审查谈话、重要的调查谈话和暂扣、封存涉案款物等调查取证环节应当全程录音录像。录音录像资料由案件监督管理部门和审查组分别保管，定期核查。

第三十五条　未经批准并办理相关手续，不得将被审查人或者其他谈话调查对象带离规定的谈话场所，不得在未配置监控设备的场所进行审查谈话或者重要的调查谈话，不得在谈话期间关闭录音录像设备。

第三十六条　执纪审查部门主要负责人、分管领导应当定期检查审查期间的录音录像、谈话笔录、涉案款物登记表，发现问题及时纠正并报告。

第三十七条　查明违纪事实后，审查组应当撰写违纪事实材料，与被审查人见面，听取意见。要求被审查人在违纪事实材料上签署意见，对签署不同意见或者拒不签署意见的，审查组应当作出说明或者注明情况。

审查工作结束，审查组应当集体讨论，形成审查报告，列明被审查人基本情况、问题线索来源及审查依据、审查过程、主要违纪事实、被审查人的态度和认识、处理建议及党纪依据，并由审查组组长及有关人员签名。

对执纪审查过程中发现的重要问题和意见建议，应当形成专题报告。

第三十八条　审查报告以及忏悔反思材料、违纪事实材料、涉案款物报告，应当报纪检机关主要负责人批准，连同全部证据和程序材料，依照规定移送审理。

审查全过程形成的材料应当案结卷成、事毕归档。

第七章　审　理

第三十九条　纪检机关案件审理部门对党组织和党员违反党纪、依照规定应当给予纪律处理或者处分的案件和复议复查案件进行审核处理。

审理工作应当严格依规依纪，提出纪律处理或者纪律处分的意见，做到事实清楚、证据确凿、定性准确、处理恰当、手续完备、程序合规。

坚持审查与审理分离，审查人员不得参与审理。

第四十条　审理工作按照以下程序进行：

（一）案件审理部门收到审查报告后，应当成立由 2 人以上组成的审理组，全面审理案卷材料，提出审理意见。

（二）对于重大、复杂、疑难案件，执纪审查部门已查清主要违纪事实并提出倾向性意见的；或者对违纪行为性质认定分歧较大的，经批准可提前介入审理。

（三）坚持集体审议，在民主讨论基础上形成处理意见；对争议较大的应当及时报告，形成一致意见后再作出决定。审理部门应当根据案件审理情况与被审查人谈话，核对违纪事实，听取辩解意见，了解有关情况。

（四）对主要事实不清、证据不足的，经纪检机关主要负责人批准，退回执纪审查部门重新调查；需要补充完善证据的，经纪检机关相关负责人批准，可以退回执纪审查部门补证。

（五）审理工作结束后形成审理报告，列明被审查人基本情况、线索来源、违纪事实、涉案款物、审查部门意见、审理意见。审理报告应当体现党内审查特色，依据《中国共产党纪律处分条例》认定违纪事实性质，分析被审查人违反党章、背离党的性质宗旨的错误本质，反映其态度、认识及思想转变过程。

对给予同级党委委员、候补委员，同级纪委委员纪律处分的，在同级党委审议前，应当同上级纪委沟通，形成处理意见。

审理工作应当自受理之日起 30 日内完成，重大复杂案件经批准可适当延长。

第四十一条 审理报告报纪检机关主要负责人批准后，提请纪委常委会会议审议。需报同级党委审批的，应当在报批前以办公厅（室）名义征求同级党委组织部门和被审查人所在党委（党组）意见。

处分决定作出后，应当通知受处分党员所在党委（党组），抄送同级党委组织部门，并在 30 日内向其所在党的基层组织中的全体党员及本人宣布。处分决定执行情况应当及时报告。

第四十二条 被审查人涉嫌犯罪的，应当由案件监督管理部门协调办理移送司法机关事宜。执纪审查部门应当在通知司法机关之日起 7 个工作日内，完成移送工作。

案件移送司法机关后，执纪审查部门应当跟踪了解处置情况，发现问题及时报告，不得违规过问、干预处置工作。

审理工作完成后，对涉及的其他党员、干部问题线索，经批准应当及时移送有关纪检机关处置。

第四十三条 对被审查人违纪所得款物，应当依规依纪予以没收、追缴、责令退赔或者登记上交。

对涉嫌犯罪所得款物，应当随案移送司法机关。

对经认定不属于违纪所得的，应当在案件审结后依纪依法予以返还，办理签收手续。

第四十四条 对不服处分决定的申诉，应当由批准处分的党委或者纪检机关受理；需要复议复查的，由纪检机关相关负责人批准后受理。

申诉办理部门成立复查组，调阅原案案卷，必要时可以调查取证，经集体研究后，提出办理意见，报纪检机关相关负责人批准或者纪委常委会会议研究决定，作出复议复查决定。决定应当告知申诉人，抄送相关单位，并在一定范围内宣布。

坚持复议复查与审查审理分离，原案审查、审理人员不得参与复议复查。

复议复查工作应当在 90 日内办结。

第八章　监督管理

第四十五条 纪检机关应当严格依照《中国共产党党内监督条例》，强化自我监督，健全内控机制，并自觉接受党内监督、社会监督、群众监督，确保权力受到严格约束。

纪检机关应当严格干部准入制度，严把政治安全关，监督执纪人员必须对党忠诚、忠于职守、敢于担当、严守纪律，具备履行职责的基本条件。

纪检机关应当加强对监督执纪工作的领导，严格教育、管理、监督，切实履行自身建设主体责任。

审查组应当设立临时党支部，加强对审查组成员的教育监督，开展政策理论学习，做好思想政治工作，及时发现问题、进行批评纠正，发挥战斗堡垒作用。

第四十六条 对纪检干部打听案情、过问案件、说情干预的，受请托人应当向审查组组长、执纪审查部门主要负责人报告并登记备案。

发现审查组成员未经批准接触被审查人、涉案人员及其特定关系人，或者存在交往情形的，应当及时向审查组组长、执纪审查部门主要负责人直至纪检机关主要负责人报告并登记备案。

第四十七条 严格执行回避制度。审查审理人员是被审查人或者检举人近亲属、主要证人、利害关系人，或者存在其他可能影响公正审查审理情形的，不得参与相关审查审理工作，应当主动申请回避，被审查人、检举人及其他有关人员也有权要求其回避。选用借调人员、看护人员、审查场所，应当严格执行回避制度。

第四十八条　审查组需要借调人员的，一般应从审查人才库抽选，由纪检机关组织部门办理手续，实行一案一借，不得连续多次借调。加强对借调人员的管理监督，借调结束后由审查组写出鉴定。借调单位和领导干部不得干预借调人员岗位调整、职务晋升等事项。

第四十九条　严格执行保密制度，控制审查工作事项知悉范围和时间，不准私自留存、隐匿、查阅、摘抄、复制、携带问题线索和涉案资料，严禁泄露审查工作情况。

审查组成员工作期间，应当使用专用手机、电脑、电子设备和存储介质，实行编号管理，审查工作结束后收回检查。

汇报案情、传递审查材料应当使用加密设施，携带案卷材料应当专人专车、卷不离身。

第五十条　纪检机关涉及监督执纪秘密人员离岗离职后，应当遵守脱密期管理规定，严格履行保密义务，不得泄露相关秘密。

监督执纪人员辞职、退休 3 年内，不得从事与纪律检查和司法工作相关联、可能发生利益冲突的职业。

第五十一条　在监督执纪过程中，对谈话对象检举揭发与本案不直接相关人员并属于按程序应当报纪检机关主要负责人的问题线索，应当由其本人书写，不以问答、制作笔录方式记载，密封后交由部门主要负责人径送本机关主要负责人。

第五十二条执纪审查部门主要负责人、审查组组长是执纪审查安全第一责任人，审查组应当指定专人担任安全员。被审查人发生安全事故的，应当在 24 小时内逐级上报至中央纪律检查委员会，及时做好舆论引导。

发生严重安全事故的，省级纪检机关主要负责人应当向中央纪律检查委员会作出检讨，并予以通报、严肃问责。

案件监督管理部门应当开展经常性检查和不定期抽查，发现问题及时报告并督促整改。

第五十三条　对纪检干部越权接触相关地区、部门、单位党委（党组）负责人，私存线索、跑风漏气、违反安全保密规定，接受请托、干预审查、以案谋私、办人情案，以违规违法方式收集证据，截留挪用、侵占私分涉案款物，接受宴请和财物等违纪行为，依照《中国共产党纪律处分条例》严肃处理。

第五十四条　开展"一案双查"，对审查结束后发现立案依据不充分或者失实，案件处置出现重大失误，纪检干部严重违纪的，既追究直接责任，还应当严肃追究有关领导人员责任。

第九章　附　则

第五十五条　各省、自治区、直辖市纪委可以根据本规则，结合工作实际，制定实施办法。

中央军事委员会纪律检查委员会可以根据本规则，制定相关规定。

纪委派驻纪检组（派出纪检机构），国有企事业单位纪检机构，应当结合实际执行本规则。

第五十六条　本规则由中央纪律检查委员会负责解释。

第五十七条　本规则自发布之日起施行。此前发布的有关纪检机关监督执纪工作的规定，凡与本规则不一致的，按照本规则执行。

关于《中国共产党纪律检查机关监督执纪 工作规则（试行）》的说明

王岐山

为贯彻落实党的十八届六中全会精神，中央纪委研究制定了《中国共产党纪律检查机关监督执纪工作规则（试行）》。受中央纪委常委会委托，我就规则起草的有关情况向全会作说明。

一、关于规则稿起草的必要性

党的十八大以来，以习近平同志为核心的党中央高度重视纪检干部队伍建设，要求监督别人的人首先要监管好自己，把纪委的权力关进制度笼子。2015 年6 月，中央纪委常委会贯彻落实习近平总书记在中央政治局第二十四次集体学习时的讲话精神，提出整合监督执纪相关制度，制定一部适应新形势新任务的工作规则。2016 年年初，启动规则制定。党的十八届六中全会后，习近平总书记对在中央纪委七次全会上确定此项规则给予充分肯定。

关于制定规则的必要性，有以下几方面考虑：

第一，全面从严治党，纪检机关首先要把自己摆进去，扎紧制度的笼子。六中全会以审议通过《关于新形势下党内政治生活的若干准则》《中国共产党党内监督条例》为切入点，对全面从严治党作出新的战略部署。党内监督条例规定，各级纪委是党内监督专责机关，肩负着监督执纪问责的重要职责。己不正，焉能正人。要密切联系实际，牢固树立政治意识、大局意识、核心意识、看齐意识，强化自我监督，从严管好自己。监督既要靠组织和敢于担当的人，也要靠制度。制定监督执纪工作规则，是中央纪委贯彻落实六中全会精神的重大举措，以实际行动向全党作出郑重承诺，建设忠诚干净担当的队伍，回应党内关切和人民群众期盼。

第二，制定规则的根本目的是构建自我监督体系，推进纪检机关治理体系和治理能力现代化。加强党内监督是全面从严治党的迫切要求，纪律检查机关的自我监督是党内监督的重要方面。党的领导本身就包含着教育、管理和监督，对纪委的监督首先在于各级党委。信任与监督、自律与他律辩证统一。制定规则就是"信任不能代替监督"理念的制度体现，健全监督执纪规程，并向党内外公布，有利于加强党委对纪委的领导和监督，有利于把纪委的自我监督同接受党内监督、民主监督、群众监督、舆论监督等有机结合起来，形成发现问题、纠正偏差的有效机制，确保党和人民赋予纪委的权力不被滥用，用担当的行动诠释对党的忠诚。

第三，制定规则是坚持问题导向，解决纪检机关突出问题的迫切要求。监督执纪问责是纪委最重要的权力，也是最容易出问题的环节。党的十八大以来，中央纪委机关及全国纪检系统查处了一批违纪违法的纪检干部，反映出纪检干部并没有天然的免疫力，纪检系统在管理监督方面存在不少薄弱环节。一是制度本身不完善，需要与时俱进。案件审理工作条例颁布于 1987 年，案件检查工作条例修改于 1994 年，不少内容已难以适应当前工作需要，100 多个配套制度，规定零散、标准不一，一些关键环节存在制度漏洞。二是有纪律不执行，严重损害纪检干部形象。有的朋友圈、关系圈不干净，与有问题反映的干部、商人勾肩搭背；不讲规矩、不守纪律，越权接触相关地区、部门、单位党委（党组）负责人；规避审批程序，私自留存、擅自处置问题线索；无视审查纪律和保密纪律，打探消息、跑风漏气；面对"围猎"防线失守、以案谋私，说情抹案、收钱收物；利用权力寻租，做生意、拿项目，为他人提拔打招呼，甚至充当保护伞，令人触目惊心。没有更加严格的制度制约，就会造成管理漏洞，产生监督盲区。必须找准风险点，扎紧制度篱笆，向全党全社会昭示，纪委的权力是有监督的，纪检干部是有严格纪律约束的。

第四，监督执纪纪律是政治纪律，必须有针对性地提出更加严格的要求。全面从严治党，要用严明的纪律管全党、治全党，对纪委自身的监督，依据就是党章党规，尺子同样是党的纪律。纪检机关是政治机关，监督执纪是政治性极强的工作，纪检干部在作风和纪律上偏出一寸，纪检事业就会离党中央的要求偏出一丈。执行党的纪律情况，直接关乎全面从严治党、党风廉政建设和反腐败工作给全党全社会带来的政治效果。在党中央坚强有力领导下，纪检机关尊崇党章、找准职责定位，加强自身建设、持续深化"三转"，推进监督执纪理念和实践创新。明确纪律审查是党内审查，必须讲政治顾大局，把握"树木"与"森林"的关系；把纪律挺在前面，实践监督执纪"四种形态"；转变谈话调查、审查审理方式，回归党内执纪审查的本质，用深入细致的思想政治工作，把犯错误的干部拉回到正确轨道上来；规范审查程序和工作流程，严格涉案款物管理，建立审查安全责任制，努力降低各环节风险。实践探索在前、总结提炼在后。规则明确了执行政治纪律和政治规矩、组织纪律的具体标准，体现了以自我革命的勇气和担当，建设一支党和人民信得过、靠得住的过硬队伍的决心。

二、关于规则稿起草过程

中央纪委常委会组织文件起草组，分10多个专题深入研究，将清监督执纪制度的来龙去脉，结合剖析典型案例，查找哪些问题是有制度没执行、哪些是制度本身需要与时俱进。起草工作始终遵循以下原则：依据党章和相关党内法规，把习近平总书记对纪律检查工作的要求细化具体化；坚持信任不能代替监督，强化监督制衡和刚性约束；坚持纪严于法、纪法分开，运用党言党语、纪言纪语；继承与创新相结合，注重与其他党内法规和国家法律的协调衔接。

起草规则和征求意见的过程，就是全国纪检机关深入学习思考、统一思想认识、加强纪律教育的过程。众人拾柴火焰高。中央纪委领导同志主持召开部分省区市纪委书记座谈会，深入开展调查研究，广泛听取意见建议。组织中央纪委机关18个部门和部分省区市纪委，分别起草规则初稿，在汇总梳理、提炼概括基础上，形成规则征求意见稿。2016年10月，下发全国182家纪检机关（机构）征求意见，掀起了学习制度、研究规则的热潮。从反馈情况看，各单位一致认为这部规则全面贯彻党的十八大和十八届三中、四中、五中、六中全会精神，体现了"四个全面"战略布局的要求，向全党全社会释放了正人先正己的强烈信号，具有很强的针对性和可操作性。在征求意见过程中，各单位提出许多很好的建议，共计1150条。中央纪委常委会责成文件起草组认真梳理、吸收修改。

中央纪委先后召开10多次常委会会议、办公会议、专题会议对规则稿进行深入研究、讨论和修改。12月，中央政治局常委会会议、中央政治局会议分别审议了规则送审稿，同意将其提交本次全会审议。

三、需要重点说明的几个问题

第一，坚持审查手段要宽、审查决策要严。习近平总书记在中央政治局会议审议国家监察体制改革方案时指出，坚持宽打窄用，调查手段要宽、调查决策要严，必须有非常严格的审批程序。规则紧扣监督执纪工作流程，严格规范立案条件、审查程序、审批权限和请示报告制度，要求审查谈话、调查取证全程录音录像，严格移送司法机关程序和对涉案款物的管理，这些规定既突出了监督执纪特色，又与正在制定的国家监察法相互衔接和配套，体现了全面深化改革、全面依法治国、全面从严治党的有机统一。

第二，把纪律挺在前面，运用监督执纪"四种形态"。监督执纪"四种形态"，是从党的历史和从严治党实践中总结出来的。规则坚持惩前毖后、治病救人这个一贯方针，详细规定了谈话函询的工作程序，推动红脸出汗成为常态。对初步核实、立案审查、调查谈话和证据收集作出具体规定，尤其是对审查时限作出严格限制，原则上不能超过3个月，特殊情况下经过审批，也只能延长一次，不得超过3个月。这样就倒逼纪检机关，条件不具备、基础工作不扎实，就不能立案，为今后实践"四种形态"、强化自我约束提供了重要保障。

第三，提炼有效做法和具体实招，上升为制度规范。管理监督不能大而化之，必须落实落细，盯住人看住事。规则提出，审查组设立临时党支部，加强对审查组成员的教育和监督；调查取证应当收集原物原件，逐件清点编号，现场登记；建立打听案情、过问案件、说情干预登记备案制度；审查组借调人员，一般从审查人才库抽选，实行一案一借；实行脱密期管理，对纪检干部辞职、退休后从业作出限制规定；开展"一案双查"，对执纪违纪、失职失责者严肃查处。把这些行之有效的实招写进制度，有利于加强监督制约，管住我们队伍中的大多数，惩治极少数。

特别需要说明的是，提交本次全会审议的规则稿，在名称中增加了"试行"二字。监督执纪的实践不断发展，各级纪检机关情况千差万别，有很多问题是起草规则时难以预见的。本着实事求是、求真务实态度，中央纪委常委会建议，规则先试行一段时间，再根据实践修改完善。

全面从严治党永远在路上，制度建设是一个渐进的过程，只有进行时。希望同志们站在全面从严治党、推进标本兼治的战略高度，深刻领会党中央意图，严肃认真地审议规则稿，提出修改完善的意见建议，使规则成为纪检机关依规治党、强化自我监督的制度利器。

纪检干部（监察委工作人员）阅读书目

一、纪检监察类必读条规

1. 中国共产党章程
2. 关于新形势下党内政治生活的若干准则
3. 中国共产党廉洁自律准则
4. 2016 中国共产党纪律处分条例
5. 2003 中国共产党纪律处分条例
6. 中国共产党问责条例
7. 中国共产党党内监督条例
8. 中国共产党党组工作条例（试行）
9. 中国共产党发展党员工作细则
10. 中国共产党巡视工作条例
11. 中国共产党党内法规制定条例
12. 中国共产党党员权利保障条例
13. 中国共产党地方委员会工作条例
14. 中国共产党纪律检查机关监督执纪工作规则（试行）
15. 王岐山：关于《中国共产党纪律检查机关监督执纪工作规则（试行）》的说明
16. 中国共产党纪律检查机关控告申诉工作条例
17. 中央纪委监察部关于保护检举、控告人的规定
18. 中国共产党纪律检查机关案件检查工作条例
19. 中国共产党纪律检查机关案件检查工作条例实施细则
20. 中国共产党纪律检查机关案件监督管理工作规则（试行）
21. 中共中央纪委关于进一步加强和规范办案工作的意见

22. 党的纪律检查机关案件审理工作条例

23. 中央纪委关于审理党员违纪案件工作程序的规定

24. 关于进一步加强和改进新形势下纪检机关案件审理工作的意见

25. 中央纪委中央组织部关于在查处违犯党纪案件中规范和加强组织处理工作的意见（试行）

26. 中央纪委监察部关于纪检监察机关加强对没收追缴违纪违法款物管理的通知

27. 中央纪委关于处分违犯党纪的党员批准权限规定的通知

28. 中央纪委关于修改《关于处分违犯党纪的党员批准权限的具体规定》的通知

29. 党的各级纪律检查委员会的党纪处分批准权限

30. 行政机关公务员处分条例

31. 事业单位工作人员处分暂行规定

32. 关于领导干部报告个人有关事项的规定

33. 关于公务员纪律惩戒有关问题的通知

34. 关于公务员被采取强制措施和受行政刑事处罚工资待遇处理有关问题的通知

35. 关于受党纪处分的党政机关工作人员年度考核有关问题的意见

36. 关于公务员受处分工资待遇处理有关问题通知

37. 关于党的机关、人大机关、政协机关、各民主党派和工商联机关公务员参照执行《行政机关公务员处分条例》的通知

38. 中共中央组织部办公厅《关于党的机关工作者中违纪党员降级、开除公职等行政处分的批准权限、办理程序等问题的答复意见》

39. 关于事业单位工作人员和机关工人受处分工资待遇处理有关问题的通知

40. 关于事业单位工作人员和机关工人被采取强制措施和受行政处罚工资待遇处理有关问题的通知

41. 档案管理违法违纪行为处分规定

42. 干部人事档案造假问题处理办法（试行）

43. 关于对党员领导干部进行诫勉谈话和函询的暂行办法

44. 关于组织人事部门对领导干部进行提醒、函询和诫勉的实施细则

45. 习近平：关于《关于新形势下党内政治生活的若干准则》和《中国共产党党内监督条例》的说明

46. 王岐山解读《关于新形势下党内政治生活的若干准则》《中国共产党党内监督条例》

47. 王岐山解读《中国共产党廉洁自律准则》《中国共产党纪律条例》

48. 王岐山解读《中国共产党问责条例》

49. 《党政主要负责人履行推进法治建设第一责任人职责规定》

50. 《信访工作责任制实施办法》

51. 中共中央组织部《关于中国共产党党费收缴、使用和管理的规定》

52. 推进领导干部能上能下若干规定（试行）

53. 党政领导干部选拔任用工作条例

54. 关于加强干部选拔任用工作监督的意见

55. 关于防止干部"带病提拔"的意见

56. 县以上党和国家机关党员领导干部民主生活会若干规定

57. 关于受党纪处分公务员年度考核有关问题的答复意见

二、法律类

1. 刑法及相关立法解释、司法解释

2. 刑事诉讼法及相关立法解释、司法解释

3. 中共中央纪委关于严格禁止利用职务上的便利谋取不正当利益的若干规定

4. 最高人民法院、最高人民检察院关于办理贪污贿赂刑事案件适用法律若干问题的解释

5. 最高人民法院、最高人民检察院关于办理渎职刑事案件适用法律若干问题的解释（一）

6. 最高人民检察院关于渎职侵权犯罪案件立案标准的规定

7. 张明楷教授：刑法学、刑法分则解释原理、法益初论

三、平时需要重点关注的网站

中央纪委监察部网站（中国纪检监察杂志、中国纪检监察报）、微信公众号"我们都是纪检人"、法律类重点网站：正义网（检察日报）、中国法院网（人民法院报、刑事审判参考）

四、纪检业务书籍

常用执纪审查文书格式、六大纪律相关法规适用手册、监督执纪问责实务问答、纪检监察机关查办案件常见程序性问题解答